Baedeker

Allianz Reiseführer

Kreta

www.baedeker.com

Verlag Karl Baedeker

TOP-REISEZIELE ★★

Die Liste der Sehenswürdigkeiten ist lang, doch wo liegen die Highlights auf Kreta? Egal, ob herrliche Strände, bedeutende Ausgrabungsstätten, beeindruckende Landschaften oder malerische Städte – wir haben für Sie zusammengestellt, was Sie auf keinen Fall versäumen dürfen!

1 ★★ Samaría-Schlucht
Die längste Schlucht Europas ist ein imposantes Naturerlebnis. ► **Seite 277**

2 ★★ Chaniá
Interessante Stadt mit Bauten aus verschiedenen Zeiten, dazu ein romantischer Hafen, an dem es besonders stimmungsvoll am Abend ist. ► **Seite 160**

3 ★★ Réthymnon
Réthymnon lockt mit einer malerischen Altstadt, wo Bauten aus türkischer und venezianischer Zeit erhalten sind. Der idyllische Hafen ist ein beliebter Treffpunkt für Touristen und Einheimische.
► **Seite 259**

4 ★★ Kloster Arkadi
Nationalheiligtum der Kreter; das Kloster spielte eine zentrale Rolle in einem traurigen Kapitel kretischer Geschichte.
► **Seite 266**

5 ★★ Iráklion
Die Hauptsehenswürdigkeit der Inselhauptstadt ist das Archäologische Museum, in dem die einmaligen Exponate der minoischen Kultur, der ersten Hochkultur Europas, zu sehen sind. ► **Seite 202**

6 ★★ Knossós
Der bedeutendste minoische Palast eröffnet durch seine Rekonstruktionen einen Einblick in die minoische Lebenswelt. ► **Seite 231**

Chaniá

Abendliches Promenieren am malerischen venezianischen Hafen

7 ** Ágios Nikólaos

Zauberhaftes Städtchen mit einem kleinen Süßwassersee, wo man am Abend ein gutes Glas kretischen Weins und vielleicht griechische Live-Musik genießen kann. Es ist ein guter Ausgangspunkt für Ausflüge in den Inselosten mit herb-schönen Landschaften. ▸ **Seite 142**

8 ** Mirámbellou-Bucht

Herrliche Bucht in Ostkreta; im hiesigen Elounda sind die besten Hotels der Insel versammelt. ▸ **Seite 149**

9 ** Vái-Strand

Der einzige Palmenstrand Kretas lockt sehr viele Besucher an. ▸ **Seite 284**

DIE BESTEN BAEDEKER TIPPS

Von allen Baedeker Tipps in diesem Buch haben wir hier die interessantesten für Sie zusammengestellt! Erleben und genießen Sie Kreta von seiner schönsten Seite.

! Einfach köstlich!
Hervorragend ist der griechische Joghurt, den man unbedingt probieren sollte.
► **Seite 92**

! Wenigstens eine Kopie ...
... berühmter griechischer Kunstwerke kann man sich kaufen.
► **Seite 104**

! »Minoische« Tropfen
Verkosten Sie gute kretische Weine in der Weinkelterei Minos bei Archánes.
► **Seite 156**

! Traditionelle Weberei
Interessant ist der Besuch der Weberei Roka in Chaniá, wo noch auf alten Webstühlen Waren hergestellt werden.
► **Seite 165**

! Lederwaren
Eine gute Adresse für Lederwaren ist – wie der Name schon sagt – die Skridlof, die »Ledergasse«, in Chaniá.
► **Seite 166**

Anógia
Hier werden Webwaren mit traditionellen Mustern und Handarbeiten angeboten.

Iráklion
Tagsüber geht es in der Korai-Straße noch ruhiger zu als am Abend.

! Schlucht mit Ausblick

Herrliche Ausblicke kann man bei einer Wanderung in die Arádena-Schlucht bei Anópolis genießen.

► **Seite 180**

! Für Nachtschwärmer

Rund um den Korai-Platz in Iráklion herrscht abends lautes und quirliges Leben; vor allem junge Leute treffen sich hier zum Plaudern.

► **Seite 207**

! Außergewöhnliche Fische

Für Kreta etwas Besonderes sind Forellen, die in einem kleinen See bei Záros gezüchtet werden. Ein Ausflug dahin würde sich also lohnen.

► **Seite 226**

! Schattiger Rastplatz

Eine lauschige Taverne erwartet den Besucher in Krási, dazu noch unter einer der ältesten Platanen Kretas.

► **Seite 244**

! Traditionelle Handwerke

Einen Einblick in überkommene Arbeitsweisen vermittelt das Freilichtmuseum Lychnostátis in Chersónisos; so wird beispielsweise das Raki-Brennen demonstriert. ► **Seite 253**

! Jugendtreff

Die Altstadtgasse Vernardou ist in Réthymnon die angesagte Adresse für junge Leute. ► **Seite 264**

Krási
Schattiger als unter der uralten Platane kann man kaum rasten.

Den guten Bauernsalat bekommt man in allen Lokalen.
► **Seite 91**

HINTERGRUND

PRAKTISCHE INFORMATIONEN VON A bis Z

PREISKATEGORIEN

► **Hotels**
Luxus: ab 130 €
Komfortabel: 60 – 130 €
Günstig: 35 – 60 € (Für DZ pro Nacht)

► **Restaurants**
Fein und teuer: über 15 €
Erschwinglich: 10 – 15 €
Preiswert: bis 10 € (Für Hauptgericht)

Einmalig auf Kreta ist der Palmenstrand Vái.
▸ **Seite 284**

TOUREN

REISEZIELE VON A bis Z

Knossós: Der bedeutendste und größte minoische Palast auf Kreta
▸ **Seite 231**

Hintergrund

KURZ UND KNAPP, VERSTÄNDLICH GESCHRIEBEN UND SCHNELL NACHZUSCHLAGEN. WISSENSWERTES ÜBER IHRE REISEREGION, ÜBER LAND UND LEUTE, WIRTSCHAFT UND ALLTAGSLEBEN.

MYTHISCHE INSEL

Licht, Wasser und Stein verzaubern Kreta, wo Göttervater Zeus in einer Höhle des gewaltigen Ídi-Gebirges aufwuchs, im Wechsel der Jahreszeiten. Schluchten und Karsthöhlen, weiße Strände vor azurblauem Himmel, Wellenschlag entlang der Küsten und Wassergeriesel im Fruchtland, flirrende Hitze und Grillenzirpen in Olivenhainen sind nur einige Facetten des Inselerlebens.

Der lüsterne Zeus wählte Kreta auch zum Liebeslager, als er in Stiergestalt mit der entführten Prinzessin Europa die Insel nochmals aufsuchte. Der tapfere Theseus und die kluge Ariadne im Kampf gegen das Ungeheuer Minotauros, der erfinderische Dädalos und sein übermütiger Sohn Ikaros, die hübschen Jünglinge und tanzenden Frauen auf den Fresken im Palast von Knossós, allesamt Gesalten aus einer mythenumwobenen Vergangenheit, machen heute als Postkartenmotive und nette Andenken Werbung für die Insel. Kulturgeschichtlich gilt Kreta als die Wiege Europas dank der minoischen Kultur, die sich zwischen 2000 und 1400 v. Chr. zur ersten europäischen Hochkultur entwickelte. Zeugnisse dafür gibt es zuhauf wie die großartigen, labyrinthisch anmutenden Palastanlagen von Knossós, Festós, Mália und Káto Zakros oder die vielen Exponate im Archäologischen Nationalmuseum von Iráklion sowie in den Museen von Chaniá, Réthymnon, Ágios Nikólaos und Sitía. Dort sind formschöne Keramik, filigraner Schmuck, außergewöhnliches Opfergerät, verzierte Sarkophage, farbenfrohe Wandmalereien sowie allerlei nützliche Alltagsgegenstände zu bewundern.

Sonne, Sand und Meer *– so sehen Urlaubsträume aus – hier der Strand von Balí.*

Immer wieder bildete die Insel eine Brücke zwischen Okzident und Orient. Römer, Byzantiner, Araber, Venezianer, Türken und Griechen hinterließen Spuren und trugen zur Ausprägung einer kretischen Mischkultur bei. Reich freskierte byzantinische Kreuzkuppelkirchen, imposante venezianische Kastelle und schmucke gotische Kirchen, türkische Moscheen und Bäder bereichern bis heute das vielgestaltige Bild der fünftgrößten Insel im Mittelmeer. Orientalisch anmutende Düfte und Speisen, süffiger Wein, edles Olivenöl, aber auch mitreißender Volkstanz, fremdartige Musikklänge, stundenlan-

←Mirambéllou-Golf

Bauernsalat
Er darf bei keinem Essen fehlen und wird oft als »greek salad« angeboten.

Abendlicher Treffpunkt
esonders stimmungsvoll ist es am Hafen von Chaniá, wenn die Dämmerung kommt.

Karibisches Flair ...
... verspricht der wunderschöne Elafónisi-Strand an der Westküste Kretas.

Typischer Küstenort
Agía Galíni: weiße Häuser, blaues Meer und Boote am Hafen

Größter minoischer Palast
Knossós gehört zum Pflichtprogramm jedes Kreta-Urlaubers.

Köstlichkeiten
Auf den Märkten läuft einem das Wasser im Mund zusammen.

ge Palaver im Kafenion und die viel gepriesene Gastfreundschaft sind weitere Ingredienzien kretischer Lebensart. Hitzköpfe und Heißsporne sind ebenso unter den Kretern zu finden wie Intellektuelle vom Format des Literatur-Nobelpreisträgers Odysseas Elytis oder des Schriftstellers Nikos Kasantzakis, dessen Romanheld »Alexis Sorbas« die kretische Seele in ihrer Zerrissenheit wie kaum ein anderer verkörpert. Unter den vielen Fremdherrschaften war es nicht immer leicht, die eigene Identität in Sprache und Kultur zu wahren, denn zu Griechenland gehört Kreta erst seit 1913.

Kulturpflege und Tourismus

Mittlerweile ist Kreta die wirtschaftlich dynamischste Region Griechenlands und zur traditionell starken Landwirtschaft hat sich seit dem Zweiten Weltkrieg der Tourismus als wichtige Einnahmequelle gesellt. Man zählt jährlich über drei Millionen Besucher. Die Bausünden des Massentourismus sind auch auf der Insel zu spüren, vor allem zwischen den größeren Hafenstädten entlang der Nordküste, die andererseits durch die vielen flachen schönen Strände zahlreiche Urlauber anzieht. In den Küstenorten Limín Chersónisou und Mália herrscht Highlife rund um die Uhr. Das venezianisch geprägte Chaniá mit seinem stimmungsvollen Hafen, die türkisch geprägte Altstadt von Réthymnon und die malerische Lage von Ágios Nikólaos sind durchaus lohnenswerte Sehenswürdigkeiten. Doch sollten die Naturschönheiten des Hinterlandes, die dem Empfinden des kretischen Poeten Kasantzakis nach »frei von Überladenheit« sind, bei einem Inselbesuch nicht fehlen. Die Landschaftsvielfalt reicht vom pittoresken Mirambéllou-Golf bis zu waldreichen Höhenzügen mit Zypressenhainen, Eichen- und Kastanienwäldern. Kulturland mit Reben und großflächigen Ölbaumbeständen, fruchtbare Ebenen wie die Messará und die Lassíthi-Hochebene wechseln ab mit zerklüfteten Küstenpartien, einladenden Sandstränden und tief eingeschnittenen Schluchten wie der eindrucksvollen Samariá-Schlucht, ganz zu schweigen vom stets präsenten Psiloritis, dem 2456 m hohen Gipfel des Ídi-Gebirges. »In Kreta zeigt sich das Griechische in seiner unbändigen Kraft«, urteilte Erhart Kästner. Beim Zeus, ein Hauch von Mythos ist auch im 21. Jh. noch spürbar in der herb-schönen Natur und in den tiefgründigen Seelen der Inselbewohner.

Mediterranes Lebensgefühl
... spürt man vor allem an einem lauen Sommerabend im Freien beim Essen in einer Taverne.

Fakten

Auf Kreta spürt man noch die Wurzeln einer alten bäuerlichen Kultur. So bildet auch heute noch die Landwirtschaft nach dem Tourismus eine Säule der Wirtschaft. Große Olivenhaine sind ein prägendes Element der kretischen Landschaft.

Die Schreibung der griechischen Namen ist problematisch, da es für die Transkription der griechischen Sprache ins Deutsche keine allgemein verbindlichen Richtlinien gibt. Um zumindest in diesem Reiseführer eine Einheitlichkeit zu erreichen, erfolgt die Umschrift nach einer auch von der UNO verwendeten Transliterationstabelle (vgl. S. 107), wobei einige Namen in der allgemein üblichen Transliteration wiedergegeben werden (wie z. B. Iráklion statt Irákleio). Die Betonung des Wortes ist durch die Akzente zu erkennen.

Schreibweise griechischer Namen

Natur und Umwelt

Vor der sachlichen Beschreibung der kretischen Landschaft soll die poetische Darstellung aus Nikos Kasantzakis' berühmtem Roman »Alexis Sorbas« (1946) stehen: »Die kretische Landschaft ist gleich einer guten Prosa: klar durchdacht, nüchtern, frei von Überladenheiten, kräftig und verhalten. Sie drückt das Wesentlichste mit einfachen Mitteln aus. Sie spielt nicht. Sie wendet keine Kunstgriffe an und bleibt jeder Rhetorik fern. Was sie zu sagen hat, das sagt sie mit einer gewissen männlichen Strenge. Aber zwischen den herben Linien dieser kretischen Landschaft entdeckt man eine Empfindsamkeit und Zartheit, die keiner vermuten würde – in den windgeschützten Schluchten duften Zitronen- und Orangenbäume, und in der Ferne ergießt sich aus dem endlosen Meer eine grenzenlose Poesie.«

»Die kretische Landschaft ... ist frei von Überladenheit«

? WUSSTEN SIE SCHON ...?

- ... dass Kreta die größte griechische Insel und die fünftgrößte im Mittelmeer nach Sizilien, Sardinien, Korsika und Zypern ist?

Kreta ist das Hauptglied des Inselbogens, der sich von Südgriechenland bis Kleinasien erstreckt. Es sitzt auf dem Schelfsockel der **Ägäischen Platte**, unter die sich die in nördliche Richtung driftende Afrikanische Platte schiebt. In dieser geologischen Spannungszone werden gelegentlich Erdbeben ausgelöst, deren Auswirkungen an der Erdoberfläche mitunter katastrophale Ausmaße annehmen (► Baedeker Special S. 18). In geologisch jüngster Zeit ist der Westen Kretas durch tektonische Vorgänge emporgehoben, der Osten der Insel hingegen abgesenkt worden. Welche Spannung in der Kruste dieses Teils der Erde herrscht, zeigt die Tatsache, dass der Höhenunterschied zwischen der höchsten Erhebung der Insel und der tiefsten vor Kreta gemessenen Stelle im Meer über 7000 m beträgt.

Geologie

Das Relief der Insel Kreta hat sich in besonderem Maß seit dem Pleistozän, also seit den letzten von mehreren Eiszeiten geprägten

Relief

← Auch junge Leute treffen sich zum Tavli-Spielen im Café.

Zahlen und Fakten Kreta

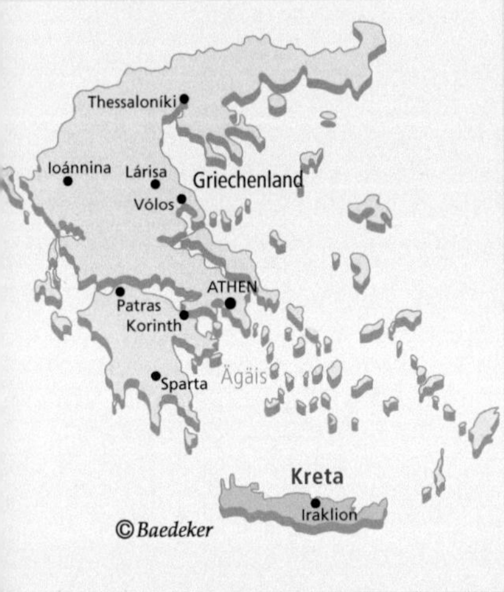

Griechischer Name

- Kríti

Lage

- 100 km südöstlich des Peloponnes am Südrand des Ägäischen Meeres

Fläche

- 8261 km²

Ausdehnung

- Breite 12 – 60 km
- Länge 260 km
- Küstenlänge: 1046 km

Bevölkerung

- Bevölkerungszahl: 600 000
- Bevölkerungsdichte: 73 Einw./km²
- Größte Städte:
  Chaniá (53 000 Einw.)
  Réthymnon (30 000 Einw.)
  Ágios Nikólaos (8000 Einw.)
  Ierápetra (9000 Einw.)
  Sitía: 8000 (Einw.)

Politische Gliederung

- Hauptstadt: Iráklion (138 000 Einw.)
  Vier Verwaltungsbezirke (Nomós):
  Chaniá, Iráklion, Réthymnon, Lassíthi

Wirtschaft

- Beschäftigungsstruktur:
  Dienstleistungen: 62 %
  Landwirtschaft: 20 %
  Industrie: 18 %
- Tourismus:
  Jährlich ca. 2 Mio. Besucher

zwei Millionen Jahren, herausgebildet. Die an sich plump wirkenden Gebirge sind stark verkarstet, ihre Ränder von Schluchten und Tälern zerfranst. In höchst spektakulärer Weise wirken die landschaftlichen Kräfte der Erosion im Süden des Levká-Gebirges, wo die **Samariá-Schlucht** inzwischen zu einem Touristenmagneten erster Ordnung geworden ist. Die verschiedenen Kalt- und Warmzeiten haben zu Meeresspiegelschwankungen geführt, die vor allem an den Küsten Ostkretas nachweisbar sind. Auch junge Niveauveränderungen sind im Landschaftsbild zu erkennen.

Der Westen Kretas ist seit der Antike durch tektonische Vorgänge um fast 10 m angehoben worden. In der Antike genutzte Häfen im Südwesten der Insel sind inzwischen landfest geworden. Tektonisch bedingte Absenkungen führten jedoch im Osten Kretas zum Versinken einiger antiker Hafenstandorte im Meer.

Gebirgsmassive

Drei überraschend hohe Gebirgsmassive bilden das Rückgrat Kretas. Im Westen der Insel erheben sich die oft schneebedeckten **Levká Óri** (»Weiße Berge«) bis zu 2452 m über den Meeresspiegel. Im Zentrum Kretas ragt das ebenfalls schneereiche **Ídi-Gebirge** auf, das im 2456 m hohen Psiloritis, dem höchsten Berg Kretas, gipfelt. Im Osten ist das **Díkti-Gebirge** aufgewölbt, dessen höchste Erhebung 2148 m erreicht. An der Ostspitze der Insel – jenseits des nur 12 km breiten Isthmus von Ierápetra – schwingen sich die **Thryptí-Berge** bis zu 1476 m auf. Die großflächig entwaldeten kretischen Gebirge sind stark verkarstet und zerklüftet. Sie lassen nur eine eher bescheidene Weidewirtschaft zu. In den mit fruchtbarer Erde angefüllten Poljen (Einbruchswannen) dagegen kann Landwirtschaft und Gartenbau betrieben werden. Ganz im Süden der Insel begrenzt die **Asteroúsia-Küstengebirgskette**, deren höchster Gipfel der 1231 m hohe Kófinas ist, die fruchtbare Messará-Ebene. Nördlich vor dem Ídi-Gebirge erstreckt sich das **Kouloúkonas-Bergland** westwärts bis an die Peripherie der Stadt Réthymnon. Seine Plattenkalke tauchen im Osten in den Golf von Iráklion ein.

Höhlen und Grotten

Auf Kreta sind mehrere Tausend Grotten und Höhlen bekannt, von denen viele überwältigende Tropfsteinbildungen (auch Stalaktiten und Stalagmiten) aufweisen. Sie sind in erster Linie das Ergebnis che-

Levká Óri: das zweithöchste Gebirge Kretas

Vielleicht ist auch der Palast von Knossós durch ein Erdbeben zerstört worden.

AFRIKA GEGEN EUROPA

Den 24. Mai 1994 werden die Bewohner von Kreta so schnell nicht vergessen. Am helllichten Montagvormittag um zehn vor zehn begann die Erde zu wackeln. Schulkinder liefen schreiend aus ihren Klassenzimmern ins Freie, Hauswände bröckelten, die Stromversorgung und die Telefonverbindungen brachen zusammen.

Was war geschehen? Ein **Erdbeben** der Stärke 6.1 auf der nach oben offenen Richter-Skala hatte die Insel erschüttert. Glücklicherweise waren keine Menschenleben zu beklagen. Es war nicht das erste Mal, dass es in Kretas Untergrund heftig rumorte. In den letzten sechs Jahrtausenden ist die Insel schon mehrfach von schlimmen Erbebenkatastrophen heimgesucht worden. Im 3. Jh. v. Chr. hatte ein Erdstoß eine solche Wucht, dass er den Westteil der Insel um etliche Zentimeter anhob.

Seit dem 13. Jh. ist Kreta von mindestens sechs schlimmen Erdbeben heimgesucht worden. Dabei wurden zahlreiche prachtvolle Bauten der byzantinischen und venezianischen Periode zerstört. Schlimme Schäden richtete auch ein Beben an, das sich 1926 ereignete. Warum sich auf Kreta die Erde immer wieder einmal heftig bewegt ist leicht erklärt, denn die Insel liegt in einer der seismisch aktivsten Zonen des gesamten Mittelmeerraums, nämlich genau dort, wo sich die nordwärts driftende Afrikanische Platte unter die am Südrand der Eurasischen Landmasse ausgebildete Ägäische Platte schiebt.

Driftende Kontinente

Dieser Vorgang verläuft jedoch nicht kontinuierlich und vor allem auch nicht ohne Spannungen. Dennoch kommt die Afrikanische Platte jährlich ein paar Zentimeter voran. Die Gesteinskörper der Erdkruste sind jedoch nur bis zu einem gewissen Grad elastisch. Auch verhaken sich Schollen ineinander. Entlang der Gleitflächen können sich somit extreme Spannungen aufbauen, die sich nach Erreichen eines bestimmten Grenzwertes ruckartig entladen und die Eroberfläche von einem Epizentrum aus erbeben lassen.

So ist es nicht verwunderlich, dass die Athener Erdbebenwarte monatlich bis zu 500 Erdstöße unterschiedlicher Stärke im Ägäischen Meer registriert. Nach neueren geophysikalischen Erkenntnissen bringen Konvektionsströme im Erdmantel die Kontinentalplatten hier in Bewegung.

mischer Verwitterung im wasserdurchlässigen Kalkstein. In Risse, Spalten und Klüfte dringt Oberflächenwasser ein, das unterirdisch abfließt. Das Sickerwasser reichert sich vor seinem Eindringen ins klüftige Gestein mit Kohlensäure aus der Luft an. Das nunmehr leicht säurehaltige Wasser löst den Kalk in Rissen und Spalten auf. Die schmalen Hohlräume werden mit der Zeit immer größer, bis schließlich eine Grotte oder Höhle entsteht. Dort, wo das Wasser in die Hohlräume tropft, wird der gelöste Kalk aus dem Wasser wieder ausgeschieden. So entstehen bei der Verdunstung des Wassers an der Höhlendecke **Tropfsteine**, die als so genannte Stalaktiten nach unten wachsen. Tropft das Wasser relativ schnell auf den Höhlenboden, so bilden sich Stalagmiten. Oft verwachsen die Tropfsteine miteinander und bilden steinerne Orgelpfeifen oder gar versteinerte Wasserfälle.

Dolinen, Poljen

Wenn die Decke einer Höhle oder Grotte einbricht, dann entsteht an der Erdoberfläche eine schüssel- oder trichterförmige Mulde, die als Doline bezeichnet wird. Brechen die Decken ganzer Höhlensysteme ein bzw. breiten sich die chemischen Lösungsvorgänge in die Tiefe und die Breite aus, so können ganze Dolinenfelder, Poljen und Karstebenen entstehen.

Ebenen

Zwischen den hohen Gebirgsmassiven dehnen sich fruchtbare Ebenen aus, in denen lukrativer Obst- und Gemüseanbau betrieben werden kann. Berühmt ist die weite und sehr fruchtbare **Messará-Ebene** im Süden. Das Wasser des Hieropotamos ermöglicht hier einen besonders ertragreichen Gartenbau. Für allerlei Obst- und Frühgemüsesorten sind Sonderkulturen angelegt.
Von Bergzügen umschlossen sind hingegen die Hochebenen von Omalós, Nída und Lassíthi. Die **Lassíthi** ist besonders eindrucksvoll. Sie erstreckt sich mit einer Fläche von rund 45 km² in ca. 800 m Meereshöhe und ist fast rund. Schon vor Jahrhunderten hat man hier ein ausgeklügeltes Be- und Entwässerungssystem installiert, das einen lohnenden Acker- und Gartenbau ermöglicht. Auf der Lassíthi werden vor allem Kartoffeln, Gurken und Getreide angebaut. Im Norden der Insel ist eine fruchtbare Küstenebene ausgebildet, die seit dem Altertum landwirtschaftlich genutzt wird und verkehrsmäßig gut erschlossen ist.

Wasserläufe, Seen

Betrachtet man das Relief Kretas, so fällt ein vergleichsweise dichtes Netz von Tälern und Tälchen ins Auge. Die meisten Bach- und Flussläufe führen nur in den regenreichen Wintermonaten bzw. zur Zeit der Schneeschmelze Wasser und bieten sich ansonsten in ausgetrocknetem Zustand dar. Westlich von Réthymnon gibt es den kleinen Süßwassersee **Kournás**, der von einem unterirdischen Wasserlauf gespeist wird und auch einen unterirdischen Abfluss hat. Der fischreiche ehemalige Süßwassersee **Voulisméni** von Ágios Nikólaos ist im 19. Jh. durch einen Kanal mit dem Meer verbunden worden und enthält heute Mischwasser.

Almiros Unterirdische Wasserläufe (Höhlenbäche) bringen das an den drei hohen kretischen Gebirgsmassiven reichlich eindringende Sickerwasser – es handelt sich hierbei um Süßwasser – südostwärts in Küstennähe, wo es sich mit unterirdisch eindringendem und salzhaltigem Meerwasser vermischt. Das Mischwasser tritt an etlichen Stellen auf der Insel in »Almiros« genannten **Quelltöpfen** aus, so z. B. westlich von Iráklion, am Golf von Georgoupolis und östlich von Ágios Nikólaos.

Küsten, Strände Während die buchtenarme **Südküste** über weite Strecken schroff und steil ins Meer abfällt, ist die **Nordküste** flacher und stärker gegliedert. Deshalb sind an der Nordküste die größten Siedlungen der Insel herangewachsen, und auch der Hauptfremdenverkehr spielt sich zum größeren Teil an den eher geschützten und flacheren Stränden hier ab. Zwar gibt es auch an der Südküste einige schöne Badestrände, doch sind diese nur schwer zu erschließen. Einige dieser Strände sind sogar nur vom Meer aus zugänglich.

Kranz von Inselchen Die Hauptinsel Kreta ist von mehr als zwei Dutzend kleinen Inseln umgeben, von denen die meisten ziemlich kahl und unbewohnt sind. Die Insel **Día** vor Iráklion ist ein 12 km² großes Eiland, dessen höchste Erhebung immerhin 265 m erreicht. Südlich vor Kreta, im Libyschen Meer, liegt das kleine Eiland **Gávdos** als südlichster Punkt Europas.

Beeindruckend, aber nicht zum Baden geeignet: Felsküste bei Agía Rouméli

Pflanzen und Tiere

Flora

Die Vegetation der ursprünglich weithin von lichten Eichen-, Zedern- und Kiefernwäldern sowie von Zypressenhainen bedeckten Insel Kreta korrespondiert stark mit den klimatischen Verhältnissen. Die obere Waldgrenze liegt bei 1700 bis 1800 m, wobei Kermes- und Steineichen in besonderem Maß hervortreten. Als **»Frigana«** bezeichnete Felsheiden und Macchiengestrüpp prägen jedoch weite Bereiche der kretischen Landschaften. Dies sind mehr oder weniger offene mediterrane und bis zu 2 m hohe Gebüschformationen, in denen Kermeseichen, Zwergeichen, Myrte, Mastix sowie diverse andere Hartlaubzwergsträucher und Wolfsmilchgewächse vergesellschaftet sind. Dazu gehören – sozusagen als besondere »Duftnoten« – Diktamus, Majoran, Lavendel, Rosmarin, Thymian, Salbei – und verschiedene Orchideenarten. Die **Zypresse** ist für viele Inselkenner der Charakterbaum Kretas. Sie ist in südexponierten Lagen bis in eine Höhe von 1200 m anzutreffen. Das Landschaftsbild prägt heute der genügsame **Olivenbaum**, der die wichtigste Wirtschaftspflanze auf der Insel ist. An noch trockeneren Standorten gedeihen Johannisbrotbaum, Agave und Feigenkaktus. Wichtige Wirtschaftspflanzen neben der Olive sind die Weinrebe (u. a. Kulturen zur Gewinnung von Wein- und Tafeltrauben, Rosinen und Sultaninen), Zitrusfrüchte (besonders Orangen und Mandarinen) und Getreide. Seit einiger Zeit florieren auch Gemüseanbau (u. a. Frühkartoffeln, Gurken, Tomaten, Zwiebeln), Obstkulturen (u. a. Aprikosen, Pfirsiche, Äpfel, Melonen, Esskastanien, Bananen, Feigen, Mandeln) und Blumenkulturen.

? WUSSTEN SIE SCHON ...?

- ... dass der Diktamus die berühmteste Heilpflanze Griechenlands ist? Wahre Wunderkräfte wurden ihr zugeschrieben. Der berühmte antike Arzt Hippokrates setzte sie beispielsweise zur Wundheilung ein. Heute wird der Diktamus, der in Kräuterläden zu kaufen ist, als Magentee getrunken.

Fauna

Vergleichsweise arm an Arten ist die Tierwelt der Insel Kreta. Nutztiere haben längst die Wildtiere verdrängt, auch wenn man in abgelegeneren Bereichen noch die berühmten kretischen Wildziegen **Agrími** (Capra aegarus), Schafe, Wildkatzen, Dachse und Wiesel antreffen kann. Stark zurückgedrängt sind Vögel und Reptilien. Im Gebirge sind noch Wanderfalken und Habichte zu beobachten. Vereinzelt sieht man auch Lämmergeier durch die Lüfte schweben. Im Winter suchen Seeschwalben und schwarz-weiße Austernfischer an den Küsten nach Nahrung. Zu den schönsten Vögeln Kretas zählen der bunte Bienenfresser und die Blauracke, die sich besonders an Steilküstenabschnitten wohl fühlt. Häufiger sieht man diverse Ammern und vor allem Elstern. Typisch für den Mittelmeerraum – und somit auch auf Kreta heimisch – ist die Zikade. Nicht nur im Dickicht und Gestrüpp hat man sich vor den Vipern sowie vor auftretenden Skorpio-

Der Thymian setzt eine »Duftnote«.

nen und giftigen Rogalida-Spinnen in Acht zu nehmen. In ihrem Bestand bedroht sind einige Vogelarten – u. a. Singdrossel, Nachtigall, Wachtel – und die früher an einigen Stellen zu beobachtenden Robben. Schutzmaßnahmen werden für die **Meeresschildkröten** (caretta caretta) durchgeführt. Kreta beherbergt einige der letzten Brutgebiete im Mittelmeerraum; eine große Kolonie brütet in der Bucht von Réthymnon. In den Gewässern um Kreta leben mehrere Arten von Triglidenfischen. Besonders begehrt ist das weiße und sehr schmackhafte Fleisch des »Trigla lineata«. Weitere in größerer Zahl vorkommende Meeresbewohner sind der Tunfisch, die Meeräsche, die Makrele, der Stint, diverse Brassen (u. a. Barsch und Zahnbrasse), die rötliche Meerbarbe, Hechtdorsch, Kabeljau und Sardelle sowie Delphine. An der Küste der südlich vor Kreta liegenden Insel Gávdos leben noch einige der stark gefährdeten Mönchsrobben.

Umweltschutz

Raubbau Das natürliche Gleichgewicht auf der Insel Kreta ist seit dem Altertum durch menschliches Handeln nachhaltig beeinträchtigt worden. Um Holz für den Haus- und Schiffbau bzw. für die Energiegewinnung zu erhalten und um Kulturland, besonders Ackerbauflächen, zu gewinnen, hat man die Zedern- und Pinienwälder sowie die Zypressenbestände bis heute auf wenige Prozente ihres ursprünglichen Bestands reduziert. Und auch die Sekundärvegetation (Frigana, Macchie) wird seit einiger Zeit durch Kultivierungsmaßnahmen stark zurückgedrängt. Dadurch werden die zerstörerischen Kräfte der Erosion freigesetzt. Im Lauf der Zeit haben sich auch klimatische Veränderungen ergeben. Man ist bemüht, zumindest auf lokaler Ebene durch Wiederaufforstung eine Bodenverbesserung zu erreichen.

Situation Die Landwirtschaft, vor allem aber der intensiv betriebene Obst- und Gemüseanbau mit übermäßig hohem Düngemittel- und Pestizideinsatz haben inzwischen auch auf Kreta verschiedenenorts zu einer Besorgnis erregenden Verschlechterung der Bodenqualität und des Grundwassers geführt. Zudem tragen die fortschreitende Industrialisierung und der stürmisch wachsende Fremdenverkehr zu einer

Verschärfung der bestehenden ökologischen Probleme bei. Sichtbares Zeichen dieser Entwicklung ist der Rückgang von Pflanzen- und Tierarten im Küstenbereich. Trotz der Proteste von Umweltorganisationen und Kommunalpolitikern ist in Timbaki an der Küste der Messara-Buch ein Großcontainerhafen geplant, wodurch die Nistplätze der Meeresschildkröten bedroht sind.

Wasserarmut

Raubbau an der Naturlandschaft und übermäßige Entwicklungsbestrebungen haben in den letzten drei Jahrzehnten zu einer drastischen Verschärfung des Wasserproblems geführt. Die natürlichen Süßwasservorkommen werden vor allem in den sehr trockenen Sommermonaten regelmäßig übernutzt. In den dicht besiedelten und vom Fremdenverkehr besonders frequentierten Gebieten an der Nordküste hat man die Grund- und Quellwasservorkommen örtlich bis zur Neige ausgeschöpft mit der Folge, dass der Grundwasserspiegel immer weiter absinkt. Damit korrespondiert im küstennahen Bereich ein Eindringen von salzhaltigem Meerwasser in den klüftigen Untergrund. Mit **rigorosen Bau- und Nutzungsvorschriften** versucht man seit einiger Zeit, das Problem in den Griff zu bekommen. So sind für alle größeren Beherbergungsbetriebe eigene Kläranlagen mit biologischer Stufe zwingend vorgeschrieben. Das auf diese Weise aufbereitete Wasser wird zum Berieseln von Gärten und Feldern benutzt. Erst danach gelangt es wieder in den natürlichen Kreislauf. Der komplizierte geologische Aufbau Kretas erschwert die Trinkwasserversorgung in erheblichem Maß. Trotzdem bemüht man sich mit enormem Aufwand, ein zumindest dezentrales Trinkwasserversorgungssystem aufzubauen.

Bevölkerung · Politik · Wirtschaft

Bevölkerungszahl

Die Bevölkerungszahl Kretas stieg von der Mitte des 19. Jh.s bis 1960 trotz der Auswanderungswelle nach Übersee zur Jahrhundertwende stetig an. Sie verringerte sich in den 1960er-Jahren durch Landflucht. Die kleinen Ackerbauflächen reichten nicht mehr für den Lebensunterhalt, weshalb eine große Anzahl von Männern nach Deutschland zum Arbeiten ging. Viele zogen auch nur nach Iráklion oder Athen. Inzwischen hat sich die Bevölkerungszahl wieder erhöht und beträgt heute ca. 600 000. Die Landflucht allerdings hält weiterhin an; die Menschen ziehen in die Städte und Hotelorte.

Siedlungsstruktur

Die Verteilung der Bevölkerung auf die vier Verwaltungsbezirke sieht etwa so aus: die Hälfte in Iráklion, ein Viertel in Chaniá und je ein Achtel in Réthymnon und in der Region Lassíthi. Die größte Stadt ist Iráklion, dann folgen Chaniá, Réthymnon, Ágios Nikólaos, Sitía und Ierápetra. Somit leben die meisten Bewohner an der Nordküste, nur ein Viertel im Süden, wobei hier der Schwerpunkt in der Messará-Ebene liegt. Die restliche Südküste und die Gebirge sind dünn oder gar nicht besiedelt.

Bevölkerungsentwicklung

Die Kreter sind in ethnischer Hinsicht keine einheitliche Volksgruppe, denn im Lauf der letzten 8000 Jahren kam es durch Zuwanderung zur Vermischung der Einheimischen mit den Fremden. Zudem haben Abwanderungen die Bevölkerungsstruktur verändert. Nachdem die Minoer und Mykener auf die Insel gekommen waren, vollzogen sich im Rahmen der so genannten ägäischen Völkerwanderung um 1200 v. Chr. die Abwanderung der Kreter in die Levante und der Rückzug von den Küsten- in die Bergregionen. Dann siedelten die Dorer auf der Insel. Nachdem seit der arabischen Eroberung Kretas (824) muslimische Flüchtlinge hier sesshaft geworden und die noch existierende alte Inselbevölkerung emigriert war, setzte im Jahr 961, als die Region wieder zum Byzantinischen Reich kam, die Zuwanderung von dort ein. Später zogen Italiener und Türken – von denen die letzten 1923 verjagt wurden – und anschließend griechische Flüchtlinge aus Kleinasien nach Kreta.

Familienstrukturen, Familienpolitik

Die kretische Gesellschaft ist immer noch durch **Patriarchalismus** gekennzeichnet. Der Grund, warum er sich so lange erhalten hat, besteht zum einen darin, dass es in der kretischen Geschichte keine sozialen Reformen gegeben hat. Zum anderen ist die Industrialisierung, die für die Frauen mehr ökonomische Unabhängigkeit mit sich bringt, in Griechenland geringer als in anderen europäischen Ländern. Darüber hinaus bietet die patriarchale Ordnung mehr soziale Sicherheit als der Staat, dem die Kreter grundsätzlich misstrauisch gegenüberstehen. In der kretischen Familie herrscht strikte Rollenverteilung. Der Mann ist Familienoberhaupt, auch nach dem Gesetz, während die Frau für Haushalt und Kindererziehung zuständig ist. Die Landwirtschaft ist häufig noch ihre Aufgabe. Sie verdient damit den größten Teil des Familieneinkommens und bestimmt über die Ausgaben.
Durch die in der Landwirtschaft zunehmende Technik, die eine Domäne der Männer ist, verliert die Frau jedoch an Einfluss und Selbstständigkeit. Auch die Freizeit verbringen Mann und Frau getrennt. Während er ins Kafenion geht, sitzt sie mit anderen Frauen zusammen vor den Häusern. Es gibt jedoch starke Tendenzen, den Patriarchalismus zurückzudrängen, vor allem in den Städten, nicht zuletzt unter dem Einfluss des Tourismus. Mit einher geht die Entwicklung von der Groß- zur Kleinfamilie. In den 80er-Jahren des 20. Jh.s änderte das griechische Parlament in wesentlichen Punkten das Ehe-, Familien- und Scheidungsrecht. So soll die Frau gleichberechtigt über die Erziehung der Kinder mitbestimmen und gleichen Lohn für gleiche Arbeit erhalten. Bei Scheidung bekommt sie ein Drittel des während der Ehe erworbenen Zugewinns.

Kafenion: bevorzugter Treffpunkt der Männer – hier unter kirchlicher Aufsicht.

STAMMKNEIPE DER MÄNNER

Das Kafenion, das traditionelle girechische Café, ist der Ort, wo sich die Männer treffen, lesen oder Tavli spielen. Hier zeigt sich noch besonders deutlich der kretische Patriarchalismus.

Die Domäne des Mannes ist das Kafenion. Vor allem ältere Männer treffen sich hier und palavern über die »große« und »kleine« Politik sowie über das Neueste aus dem Ort. Zudem spielt man Karten oder **Tavli**, eine Art Backgammon, oder liest Zeitung. Oder die Männer lassen das vom Islam übernommene Komboloi, eine Kette aus Perlen, Olivenholz, Bernstein, Silber oder Edelsteinen spielerisch durch die Finger gleiten. Das wichtigste Getränk ist dabei der **griechische Kaffee**, der entweder ohne Zucker, leicht gesüßt oder süß getrunken wird. An dem Kaffee wird immer nur genippt, und zwar über einen langen Zeitraum, auch wenn er schon längst kalt ist. Wem nicht nach Kaffee ist, der kann sich auch einen Ouzo oder »gliko tou koutalio« bestellen, eine sirupartige Masse mit eingelegten Früchten. Getränkezwang gibt es allerdings nicht, und es wird niemand schief angesehen, wenn er stundenlang bei einem Kaffee oder der Zeitung sitzt oder ins Tavli-Spiel vertieft ist. Auch Geschäfte werden im Kafenion abgeschlossen, wobei ein Handschlag bindend ist, denn Unehrlichkeit kann sich niemand erlauben. Noch heute tragen die Männer manchmal im Kafenion ihre Partisanenkleidung: Pluderhosen, hohe Schaftstiefel und Fransenkopftuch. Man geht bevorzugt in das Lokal, dessen Wirt die gleiche politische Einstellung wie man selbst hat. Die Kafenia sind oft nüchtern und einfach ausgesstattet. Die Jüngeren ziehen deshalb die schicken Cafés als Treffpunkte vor. Im Kafenion zeigt sich die **kretische Pariarchalismus** besonders deutlich. Der Besuch des Männerlokals ist zwar Frauen nicht verboten, aber für sie gibt es andere Treffpunkte. So begegnen sich Frauen vor den Häusern oder beim Einkaufen.

Zwei Generationen und zwei sehr unterschiedliche Welten

Geschlechterbeziehung Zwischen den Geschlechtern besteht immer noch ein strenger Sittenkodex, wobei die Kluft zwischen Stadt, wo zunehmend nach westlichen Normen gelebt wird, und Land immer mehr zunimmt. Dem Mann wird zugestanden, vor der Ehe seine Erfahrungen zu sammeln. Die Jungfernschaft ist dagegen immer noch von großer Bedeutung. Die Volta, das abendliche Hin- und Herbummeln auf der Hauptstraße oder am Hafen, bietet auch für die jungen Leute Gelegenheit, zu sehen und gesehen zu werden.

Hochzeit Eltern und Verwandte suchen vor allem in ländlichen Gebieten immer noch einen Bräutigam für die junge Frau aus, und zwar nach pragmatischen Erwägungen wie Herkunft, Vermögen, Einfluss, wobei die älteste Tochter zuerst an der Reihe ist. Ehelosigkeit gilt für beide Geschlechter als trauriges Los. Nach traditionellen Vorstellungen ist für ein Mädchen ein erfülltes Leben nur als Frau und Mutter möglich. Obwohl 1983 die **Aussteuerpflicht** gesetzlich abgeschafft wurde, müssen Frauen trotzdem eine reiche Mitgift in die Ehe einbringen. Es wird entweder ein Eigenheim, ein größeres Stück Land, ein höherer Viehbestand oder ein guter Beruf der Braut erwartet. Die Mitgift ist zum einen eine Prestigesache, dient aber auch der Versorgung der Frauen in den neuen Familien und gewährleistet ihnen somit eine gewisse ökonomische Unabhängigkeit. Da die Familien dadurch finanziell sehr belastet werden, ersetzen sie die materielle

Mitgift durch die »geistige«, indem die Mädchen Schulen und Universitäten besuchen, wo sie inzwischen etwa die Hälfte der Studierenden ausmachen. Diese gebildeten Frauen sind jedoch nicht mehr bereit, sich den patriarchalen Strukturen der kretischen Gesellschaft unterzuordnen. Die Hochzeit kommt die Familien teuer zu stehen. Nicht selten dauert sie mehrere Tage, und das ganze Dorf ist dazu eingeladen. Nach der Hochzeit zieht die junge Ehefrau in der Regel in das Haus des Mannes. Erst mit der Geburt von Kindern, vor allem von Jungen, festigt sich ihre Stellung in der neuen Familie.

Gastfreundschaft

Die Gastfreundschaft hat bei den Kretern eine uralte Tradition und ist geradezu **sprichwörtlich** geworden. Sie war in der Notwendigkeit begründet, auch außerhalb der Familie Kontakte zu anderen Menschen aufzunehmen, wobei eine Verpflichtung zur Gegenseitigkeit herrschte. Die Gastfreundschaft hatte einen außergewöhnlich hohen Stellenwert, was schon darin zum Ausdruck kommt, dass das griechische Wort »xénos« gleichzeitig »Fremder« und »Gast« bedeutet. Aus dieser Auffassung erwuchsen bei der Zunahme des Tourismus Probleme, denn man konnte nicht alle Besucher einladen. Zudem nutzten Touristen bedauerlicherweise die Gastfreundschaft der Einheimischen aus. Die Kreter schufen einfallsreich Abhilfe: Sie bezeichneten die Fremden mit dem Begriff »tourístas« und waren damit der Pflicht zur Gastfreundschaft enthoben.

»Volk … berstend vor Vitalität und Originalität …«

Am Ende dieses Kapitels über die kretische Bevölkerung soll der deutsch-griechische Schriftsteller **Johannes Gaitanides** (1909 – 1968) mit einem Zitat aus seinem Reisebuch »Das Inselmeer der Griechen« (1962) zu Wort kommen, wo er die Kreter so beschreibt: »Kreta, das älteste Europa, trägt sein jugendlichstes Volk, berstend vor Vitalität und Originalität, ebenso unersättlich in seinem Lebenshunger wie bedenkenlos in der Selbstvergeudung. So viele Sedimente der Geschichte auf ihm lasten, keine Müdigkeit, keine Spur von Verbrauchtheit – allenfalls ein Touch von Weisheit, so weise, dass sie sich keine Torheit entgehen läßt.«

Politik

Verwaltungsgliederung

Ganz Griechenland war bisher in 13 Regionen, 54 Präfekturen und 1034 Demen (Stadt- oder Samtgemeinden) untergliedert. Kreta bildete eine eigenständige Region mit vier Präfekturen. Eine **Reform**, die nach Kallikrates, dem Baumeister der Athener Akropolis, benannt ist, soll bis spätestens 2013 die Verwaltung straffen und erhebliche Kosten einsparen. Aus den 13 Regionen werden durch Zusammenlegungen sieben Verwaltungsregionen. Darunter soll es eine zweite Ebene mit nur noch 13 Bezirken geben. Die Zahl der Demen wird um über zwei Drittel auf nur noch 326 gekürzt. Kreta wird auf jeden Fall eine der sieben obersten Verwaltungsebenen bilden, über die weitere Untergliederung wird noch diskutiert werden.

Kreta Verwaltungsgliederung

Wirtschaft

Kreta ist die **wirtschaftlich dynamischste Region Griechenlands**, und die Durchschnittseinkommen der Bewohner liegen über denen des restlichen Landes. Die wichtigsten Erwerbszweige der Inselbewohner sind der Fremdenverkehr und die Landwirtschaft. Der Dienstleistungsbereich beschäftigt inzwischen zwei Drittel der arbeitenden Bevölkerung.

Landwirtschaft Die Landwirtschaft ist immer noch ein wichtiger Wirtschaftszweig Kretas. Die Insel hat wegen ihres fruchtbaren Bodens und des günstigen Klimas eine reiche Agrarproduktion. Die zu etwa 40 % bebaute Fläche wird überwiegend von Kleinbauern und ihren Familien bestellt. Obwohl auf Kreta der Durchschnittsbetrieb kleiner ist als sonst im Land, liegt das landwirtschaftliche Einkommen höher als im griechischen Durchschnitt. Der Ausbau des Straßennetzes und der Fährschiffverbindungen sowie der Gewächshausanbau führten dazu, dass heute landwirtschaftliche Produkte, die früher für den Eigenbedarf bestimmt waren, zum Großteil nach Athen und nach Mitteleuropa ausgeführt werden. **Hauptexportprodukte** sind Olivenöl und Tafeltrauben. Getreide muss Kreta allerdings importieren, was vor allem darauf zurückzuführen ist, dass heute auf der Insel überwiegend Früchte und Gemüse kultiviert werden.

Oliven ► Oliven sind das wichtigste Anbauprodukt der kretischen Landwirtschaft. Auf der Insel wird ein Drittel der griechischen Oliven geerntet, wobei sich immer mehr der biologische Anbau durchsetzt. Aus den Früchten wird Olivenöl von hervorragender Qualität gewonnen. Das Olivenöl, mit dem die Kreter ausschließlich kochen und dessen Verbrauch etwa doppelt so hoch ist wie in Italien, wird überall in Griechenland geschätzt. Es wird in Ölmühlen gepresst, die meist genossenschaftlich organisiert sind (►Baedeker Special S. 89).

Traubenanbau ► Von großer Bedeutung ist auch der Traubenanbau, der neben **Wein** – bekannt ist der Retsina – vor allem **Tafeltrauben** sowie **Rosinen** und **Sultaninen** umfasst. Die Weine, denen keine chemischen Mittel zugesetzt werden, sind von guter Qualität und Verträglichkeit. Wichtige

Oliven: jahrtausendealte Kulturpflanze auf Kreta

Anbaugebiete sind der Bezirk von Iráklion – bei Archánes wächst die berühmte Rosaki-Traube – und der Osten der Insel. Die Rosinenherstellung wurde von in den letzten Jahrzehnten eingewanderten kleinasiatischen Siedlern auf der Insel eingeführt, die inzwischen der viertgrößte Rosinenexporteur der Welt ist. Der Bedarf der Kreter an diesem Trockenobst ist gering, Hauptabnehmer ist Deutschland.

Auch der Gemüseanbau ist wichtig, der vor allem in den nördlichen Küstenebenen Westkretas, in der Gegend von Iráklion, in der Messará, dem wichtigsten Anbaugebiet Kretas, und in der Ebene von Ierápetra betrieben wird. Die Hauptprodukte sind Tomaten, Melonen, Gurken, Bohnen, Kürbis, Auberginen und Avocados. Auf der Lassíthi-Hochebene gedeihen vor allem Kartoffeln, Gurken und Getreide. Die wichtigsten Anbaugebiete für Zitrusfrüchte (Orangen, Mandarinen, Zitronen) liegen im Süden und bei Chaniá im Westen. Eine gewisse Bedeutung haben noch die Früchte des Johannisbrotbaumes und Bananen, die bei Mália und Árvi wachsen. ◄ Gemüse- und Obstanbau

In zunehmendem Maß geht man zur **Bewässerung** der landwirtschaftlichen Flächen über, wobei die traditionellen Windräder durch Motorpumpen ersetzt werden. Außerdem hat man eine riesige Anzahl von **Gewächshäusern** aus Kunststofffolien erstellt, die eine ganzjährige Produktion von Nahrungsmitteln ermöglichen. Dadurch konnte der Export von Gemüse enorm gesteigert werden.

Ein weiterer wichtiger Wirtschaftszweig ist die Viehzucht. An **Nutztieren** werden vorwiegend Ziegen, Schafe, Schweine und Hühner gehalten. Im Sommer treiben die Hirten ihre Ziegen- und Schafherden zum Weiden bis in die Hochgebirgsregionen hinauf. Etwa die Hälfte ◄ Tierhaltung des kretischen Bodens ist Weideland. Durch die Tiere, die auch Bäume und Büsche fressen, kommt es jedoch zur Überweidung und zur zunehmenden Verkarstung des Landes. Erst allmählich setzt hier ein Umdenken ein. Sehr gefragt ist der Schafs- und Ziegenkäse, der sich durch hervorragende Qualität und guten Geschmack auszeichnet.

Industrie Die Industrie ist auf Kreta von **geringer Bedeutung**, denn es sind kaum Rohstoffe vorhanden. Diese werden zur Verarbeitung eingeführt und danach wieder exportiert. Der Schwerpunkt liegt auf der Nahrungs- und Konsumgüterindustrie (Seifenfabriken, Ölpressen, Weinkeltereien, Getränkeindustrie und Möbelwerkstätten), und zwar überwiegend in Iráklion. Die vorkommenden Bodenschätze – Eisen, Kupfer, Zink, Blei, Magnesium, Kreide und Braunkohle – werden bis auf Gips nicht mehr ausgebeutet.

Handwerk Eine wichtigere Rolle als die Industrie spielen die Handwerksbetriebe mit meist nur wenigen Arbeitskräften. Man findet Metallverarbeitung, Spinnereien, Webereien, Stickereien und Töpfereien. Die kunsthandwerklichen Produkte werden hauptsächlich für den Tourismus hergestellt.

Handel Zahlreiche Bewohner Kretas sind als Folge des Tourismus im Handel beschäftigt, wobei die Ertragslage oft nicht sehr gut ist.

Tourismus Kreta ist die **dynamischste Tourismusregion Griechenlands**, begünstigt durch das milde, sonnenreiche Klima und die zahlreichen Strände. Die Zahl der Besucher erreicht jährlich gut 2 Millionen. Die Hotelkapazitäten wurden enorm ausgebaut. Vor allem die Küste zwischen Iráklion und der Bucht von Mália sowie Ágios Nikólaos erschloss man für den Fremdenverkehr. Inzwischen wurde jedoch für diese Städte ein Baustopp für Hotels verordnet. Kleinere Orte verfügen über ein großes Angebot an Pensionen und Privatzimmern. Der Tourismus bringt jedoch auch Probleme mit sich. Die jungen Leute arbeiten lieber in der Gastronomie als auf dem Feld. Dies hat zur Folge, dass die Dörfer verlassen werden und die Arbeit in der Landwirtschaft immer mehr ausländische Tagelöhner erledigen.

Religion

Minoische Religion

Die Forschung zur minoischen Religion ist auf die Deutung der minoischen Bildwelt angewiesen und versucht Verbindungen zu knüpfen zu späteren mythologischen Vorstellungen wie zu Zeugnissen zeitgleicher Kulturen oder der vorangegangenen Epochen der ägäischen Kultur.

Große Göttin

Die Hauptgottheit der Minoer war wohl die **Große Mutter-, Erd- und Fruchtbarkeitsgöttin**, deren Name nicht überliefert ist. Charakteristisch in den Darstellungen der Göttin ist die Hervorhebung von Brüsten und Becken. Sie wurde in Kultbauten, Bergheiligtümern und Höhlen, die man mit dem Gebären in Verbindung brachte, verehrt. Zugeordnet sind ihr neben Bäumen auch Bergziegen, Vögel, Schlangen und Schiffe. Diese stellen als Symbole für Wiedergeburt und Unsterblichkeit vielleicht ein Indiz dafür dar, dass die Göttin auch als Herrscherin der Unterwelt fungierte.

Kult

Der Kult war im Wesentlichen ein **Vegetations- und Fruchtbarkeitskult**, der um Geburt, Tod sowie Werden und Vergehen in der Natur kreiste. Die Heiligtümer waren Stätten der Erscheinung der großen Naturgöttin; ekstatische Zeremonien (Tänze), Gebete und Opfer riefen sie herbei. Mohn nahm man bei diesen Kulthandlungen vielleicht wegen seiner rauschhaften Wirkung ein.

Stierkult

Der Stierkult spielte in der minoischen Religion eine zentrale Rolle; seine Bedeutung ist allerdings bis heute nicht klar. Auch in der Mythologie nimmt der Stier einen bedeutenden Platz ein. Stierhörner sind deswegen neben der Doppelaxt wichtige Kultsymbole. Stiere dienten im Kult daneben vor allem als Opfertiere. Ein außergewöhnlicher und nur auf Kreta üblicher Brauch war das **Stierspringen**, das vielleicht zur Abwehr von Urgewalten veranstaltet wurde. Die meisten Springer haben diese Kulthandlung wohl mit dem Leben bezahlt, denn solche Sprünge sind kaum durchführbar. Der Stier wurde am Ende dieser Kulthandlung geopfert, möglicherweise als Symbol für die endgültige Überwindung der Urgewalt.

Das lebensgefährliche Stierspringen war Teil des minoischen Kultes.

Griechisch-orthodoxe Kirche

Bedeutung Fast die ganze Bevölkerung Kretas gehört der griechisch-orthodoxen Kirche an, deren Einfluss im privaten wie im öffentlichen Leben ungebrochen ist. Kirche und Staat stehen in engem Verhältnis zueinander, was auch in der Zeit der Militärjunta gepflegt wurde. Bei öffentlichen Angelegenheiten ist die Kirche stets präsent. Auch private Feiern wie Hochzeit und Begräbnis sind ohne kirchlichen Segen kaum vorstellbar, obwohl im Jahr 1982 die Zivilehe eingeführt wurde.

Geschichte In den Zeiten staatlicher Machtlosigkeit hat die Kirche nicht nur für die Erhaltung der Kultur gesorgt, sondern auch die staatliche Autorität ersetzt. Unter den Fremdherrschaften kämpfte sie mit geistigen Mitteln und sogar mit Waffen für die Befreiung. Vor allem während der türkischen Besatzung waren Kirchen und Klöster Orte des Widerstandes, die Verfolgten Schutz boten. Deshalb haben viele Klöster festungsähnlichen Charakter, so Toplou, dessen Name »Kanonenkloster« bedeutet. Vielfach werden als Ortsheilige so genannte Neomärtyrer verehrt, das sind Christen, die während der Türkenzeit für den Glauben ihr Leben ließen. Diese geschichtliche Entwicklung erklärt den hohen Stellenwert der kretischen Kirche bis auf den heutigen Tag.

Kirchenstruktur Kreta gehört nicht zur autokephalen Kirche Griechenlands mit dem Metropoliten von Athen an der Spitze, sondern untersteht wie die Mönchsrepublik Athos und die Inseln des Dodekanes dem **Ökumenischen Patriarchen von Konstantinopel** (Istanbul/Türkei). Allerdings nimmt es mit seinem halbautonomen Status eine Sonderstellung ein, d. h., die Kirchenprovinz ist verwaltungsmäßig unabhängig und der Metropolit wird vom Patriarchen bestimmt. Die unterschiedliche Entwicklung der Kirchen des Festlandes und von Kreta hängt damit zusammen, dass sich die griechische Kirche 1850 als Folge des Befreiungskampfes gegen die Türken von Konstantinopel gelöst hat, während die kretische Kirche dies auch nach der Eingliederung der Insel ins Mutterland 1913 nicht tat. Die kretische Kirche ist in sieben Bistümer unterteilt, die von Metropoliten geführt werden: Chaniá, Réthymnon, Kaliviáni, Neápolis, Sitía und Iráklion, wo der Erzbischof residiert.

Priester Ein einfacher griechischer Priester muss verheiratet sein, die Ehe kann aber nur vor der Priesterweihe geschlossen werden. Stirbt die Ehefrau eines geweihten Priesters, darf er nochmals heiraten. Verheiratete Geistliche können allerdings weder in ein Kloster eintreten noch höhere Kirchenämter einnehmen. Die Kreter haben eine enge Verbindung zu ihren Papas, da diese am täglichen Leben teilnehmen. Die Geistlichen, die vom Staat bezahlt werden, stehen zur Verfügung, wenn es etwas zu besprechen und zu regeln gibt. So sind sie bei-

Ostern ist in Griechenland das bedeutendste kirchliche Fest – hier eine Karfreitagsprozession in Kritsá.

spielsweise auch im Kafenion anzutreffen. Auf der Insel gibt es knapp 800 Gemeinden mit den entsprechenden Kirchen und nahezu der gleichen Anzahl von Priestern. Dazu kommen noch 30 Klöster und etwa 3000 kleinere Kirchen und Kapellen.

Klöster

Einige Klöster auf Kreta sind direkt dem Patriarchen von Konstantinopel unterstellt, so das Arkádi-Kloster. Die Klöster haben weitgehend ihre Bedeutung verloren, viele sind aufgegeben worden, in einigen leben nur noch wenige Mönche oder Nonnen.

Geschichte

Die erste Hochkultur Europas und zahlreiche Fremdherrschaften, blutige Befreiungskämpfe für die Unabhängigkeit und schließlich der Anschluss an Griechenland: Das sind Stationen der jahrtausendelangen bewegten kretischen Geschichte.

Mythologie

Viele Geschichten der griechischen Mythologie haben mit Kreta zu tun, was darauf hinweist, dass die Menschen späterer Zeiten die Wurzeln ihrer Kultur hier sahen. Diese Mythen umgeben die Insel noch heute mit einem geheimnisvollen Zauber.

Zeus

Die zentrale Rolle in der kretischen Mythologie spielt der griechische Göttervater Zeus, um den sich die folgenden Sagen ranken. **Kronos**, der Herr der Erde, verschlang seine Kinder Hades, Poseidon, Hera, Hestia und Demeter, weil ihm prophezeit worden war, dass er durch einen Sohn seine Macht verlieren würde. Seine Ehefrau Rhea gebar deshalb ihren Sohn Zeus zum Schutz in einer Höhle auf Kreta (vielleicht die Diktäische Höhle bei Psichró) und gab ihm dafür einen in Windeln gewickelten Stein zum Essen. Um das Babygeschrei zu übertönen, beauftragte sie die Kureten, Lärm zu machen, damit Kronos nichts hören sollte. Das Kind wurde von Nymphen aufgezogen. Seine Jugendjahre verlebte es dann in der Idäischen Höhle.
Später verabreichte Zeus seinem Vater als Mundschenk eine Art Brechmittel, so dass Kronos seine Kinder wieder ausspie. Diese ernannten ihn zu ihrem Anführer, und er trat die Weltherrschaft an. Zeus schuf einen Götterstaat mit festgelegten Herrschaftsbereichen und bestimmte den Olymp als Göttersitz. Nach einer kretischen Sage soll Zeus am Berg Jouchtas bei Iráklion begraben sein, wo er jedes Jahr bestattet und dann wiedergeboren werde.

Europa

Zeus, der unzählige amouröse Abenteuer hatte, verliebte sich in die phönikische Königstochter Europa und entführte sie in Gestalt eines schönen Stieres nach Kreta. Nach der Ankunft am Strand von Mátala verwandelte er sich in einen Adler und flog mit ihr nach Górtys. Hier nahm Zeus Europa mit Gewalt und zeugte mit ihr die Söhne Minos, Rhadamantys und Sarpedon, das Herrschergeschlecht der Minoer. Dies geschah unter einer Platane, die von da an das ganze Jahr über nicht mehr ihre Blätter verlor.
Es gibt tatsächlich auf Kreta eine immergrüne Platanenart. Den Besuchern wird in Górtys die Platane, die Stelle des mythischen Ereignisses, gezeigt. Zeus hatte bald andere Liebschaften. Europa heiratete deshalb den kretischen König Astarios, der ihre drei Söhne adoptierte und nach dem dieses Königsgeschlecht Astriiden genannt wurde.

? WUSSTEN SIE SCHON ...?

- ... dass sich der Name Europas von der phönikischen Prinzessin ableitet, die von Zeus in Gestalt eines Stieres nach Kreta entführt wurde?

←Das olympische Feuer erleuchtete 2004 auch Knossós.

So stellte man sich die Entführung Europas durch den stiergestaltigen Zeus vor.

Minos, Minotauros

Minos wurde neun Jahre lang von seinem Vater Zeus in einer Höhle im Ida-Gebirge im Regieren unterrichtet und brachte daraufhin Gesetze für sein künftiges Reich mit zurück. Als Bestätigung seiner Herrschaft über Kreta – sein Hauptsitz war der Palast von Knossós – schenkte ihm Poseidon einen herrlichen Stier als Opfergabe. Als Minos jedoch ein schlechteres Tier dafür verwendete, ließ der Gott als Strafe **Pasiphae**, die Frau des Herrschers, sich heftig in den Stier verlieben. Das Universalgenie Dädalos fertigte Pasiphae eine bronzene Kuh an, in der sie sich versteckt dem Stier hingab. Daraufhin brachte sie den Minotauros als Menschen mit Stierkopf zur Welt. Entsetzt über dieses Geschöpf versteckte Minos ihn in dem ebenfalls von Dädalos erbauten **Labyrinth**, das mit dem Palast von Knossós wegen dessen kompliziertem Aufbau gleichgesetzt wird. Nach seinem Tod auf Sizilien wurde König Minos, der wegen seiner großen Gerechtigkeit sehr geschätzt wurde, später neben seinem Bruder Rhadamanthys einer der drei Richter im Hades.

Minos gab einer ganzen Epoche der kretischen Geschichte seinen Namen. Es ließ sich bis heute jedoch noch kein historischer Herrscher dieses Namens belegen. Man nimmt heute an, dass »Minos« eine allgemeine Bezeichnung für den Herrscher war.

Theseus und Ariadne

Nachdem Minos' Sohn Androgeos, der sich bei Wettkämpfen in Athen aufhielt, umgekommen war, zwang er aus Rache die Athener, ihm alle neun Jahre sieben Jungfrauen und sieben Jünglinge zu übergeben, die er dem Minotauros zum Fraß vorwarf. Beim dritten Mal fuhr Theseus, der Sohn des Königs Aigeus von Athen, mit nach Kreta, um das Ungeheuer zu töten. Ariadne, die Tochter von Minos, die sich in Theseus verliebt hatte, versprach, ihm zu helfen, wenn er sie als seine Frau mit nach Athen nähme. Sie gab Theseus den sprichwörtlich gewordenen Faden, mit dem er sich in dem **Labyrinth** orientieren konnte, wo er schließlich den Minotauros tötete. Dann zerstörte Theseus nach dem Rat von Dädalos alle Böden der Schiffe von Minos und floh mit Ariadne sowie den geretteten Jungfrauen und Jünglingen nach Náxos. Hier verließ er die Königstochter, weil sie Dionysos als Braut versprochen worden war, und kehrte nach Athen zurück.

Bei der Ankunft vergaß Theseus das weiße Freudensegel zu setzen, wie er es bei einem guten Ausgang des Unternehmens seinem Vater versprochen hatte. Als **Aigeus** das schwarze Trauersegel sah, glaubte er, sein Sohn sei ums Leben gekommen, und stürzte sich deshalb in die See, die seither den Namen »Ägäisches Meer« trägt. Theseus nahm später Phädra, die Schwester von Ariadne, zur Frau. Diese Geschichte kann als mythische Erinnerung an die Befreiung der Griechen von der minoischen Vorherrschaft im östlichen Mittelmeer gedeutet werden.

Dädalos, Ikaros

Minos ließ Dädalos und dessen Sohn Ikaros als Strafe für die Hilfe zur Flucht von Theseus im Labyrinth einkerkern. Der versierte Konstrukteur stellte jedoch für sich und seinen Sohn Flügel her, womit sie durch die Luft entflohen. Als Ikaros, berauscht von der Höhe und der Geschwindigkeit, der Sonne zu nahe kam, schmolz das Wachs seiner Flügel, und er stürzte bei einer Insel ins Meer. Seither wird diese Insel Ikaría und das Meer das Ikarische genannt. Dädalos flog nach Sizilien weiter, wo er bei **König Kokalos** Aufnahme fand. Der Rachedurst von Minos war jedoch noch nicht gestillt. Um Dädalos ausfindig zu machen, stellte er allen Königshöfen die Aufgabe, einen feinen Faden durch eine spiralförmige Muschel zu ziehen.

So fand Minos schließlich den berühmten Tüftler, der die Aufgabe löste, indem er den Faden an eine Ameise band und diese mit Honig durch die Muschel lockte. Um zu verhindern, dass er Dädalos fing, verbrühten die Töchter von Kokalos den König im Bad. Die Archäologen haben auf Sizilien tatsächlich Erzeugnisse aus dem Ägäisraum gefunden, und sizilianische Ortsnamen wie Heraklea Minoa könnten auf minoische Flüchtlinge hinweisen.

Herakles

Herakles verrichtete seine siebte Arbeit auf Kreta, indem er den **Kretischen Stier** fing, den Minos einst von Poseidon erhalten hatte. Er zwang ihn, mit ihm aufs Festland zu schwimmen, wo Herakles das Tier freiließ. Theseus tötete später den Stier.

Britomartis Britomartis, die auch den Namen Diktýnna trägt, wurde auf Kreta besonders verehrt. Man sagt, sie sei in Kainó in der Samariá-Schlucht geboren. Britomartis ist die Göttin der Reinheit und Keuschheit. Da König Minos ihr immer wieder nachstellte, stürzte sie sich ins Meer, wo sie von Fischern in Netzen gerettet wurde. Seither galt sie auch als Göttin der Fischer.

Talos Minos ließ sich von Hephaistos, dem Gott der Schmiede, aus Erz den Riesen Talos (auch Tauros) als Bewacher von Kreta anfertigen. Dieser Riese vertrieb Eindringlinge entweder mit großen Steinen oder presste sie an seine Brust, nachdem er im Feuer siedend heiß geworden war. Auch die Argonauten versuchte er auf diese Weise an der Landung auf der Insel zu hindern. Eine verletzliche Stelle an seinem Knöchel wurde Talos schließlich zum Verhängnis. Durch einen Zauber Medeas geriet er in Raserei, verletzte sich seinen Knöchel und verblutete.

Von der Vorzeit zur minoischen Kultur (6000 – 1400 v. Chr.)

um 6000 v. Chr.	Erste Siedlungsspuren
um 2000 v. Chr.	Europas erste Hochkultur entsteht.
ab 1700 v. Chr.	Minoische Kulturblüte mit herrlichen Palästen

Neolithikum (6000 – 3100 v. Chr.) Aus der Jungsteinzeit stammen die ersten Siedlungsspuren auf Kreta. Zu dieser Zeit bevölkern Jäger und Sammler die Insel. Mit der Sesshaftigkeit von Siedlern, die wohl aus Anatolien und/oder Afrika kommen, beginnen Ackerbau und Viehzucht sowie die Herstellung von Gebrauchskeramik. Feste Häuser aus Bruchsteinen oder luftgetrocknetem Lehm werden gebaut. Die sich herausbildende Sozialstruktur ist dörflich geprägt, und in der Religion herrschen Fruchtbarkeitskulte vor.

Vorpalastzeit (3100 – 2100 v. Chr.) In der Vorpalastzeit (Frühminoisch I – III) ist seit dem 3. Jt. die Herstellung und der Gebrauch von Bronzegegenständen sowie die Einführung der Töpferscheibe, mit der man u. a. die Schnabelkannen formen kann, von besonderer Bedeutung. Neben einfachen Bauten aus Lehmziegeln gibt es auch ein- bis zweigeschossige palastartige Gebäude. Die Toten werden in Kammergrabanlagen beigesetzt. In diesen Grabanlagen fand man z. B. in Móchlos filigranen Goldschmuck in stilisierten Blatt- und Blütenformen.

Alte Palastzeit (2100 – 1700 v. Chr.) Um 2100 v. Chr., zu Beginn der Alten Palastzeit (Mittelminoisch I – III), festigt Kreta seine Vorherrschaft im Ägäischen Meer. In

Knossós, Festós, Mália und andernorts werden Paläste errichtet als mehrgeschossige Bauten mit ausgedehnten Hofanlagen und zahlreichen Räumen. Aus der anfänglichen Hieroglyphenschrift, die von Forschern teils als eigenständige minoische Leistung, teils als ägyptischer Import beurteilt wird, bildet sich langsam die **Linearschrift** (Linear A) heraus. Um 1700 v. Chr. kommt es zu einem abrupten Ende dieser Kulturstufe, vermutlich als Folge eines starken Erdbebens, das erhebliche Zerstörungen auf der Insel anrichtet.

Neue Palastzeit (1700–1400 v. Chr.)

Mit dem Wiederaufbau der Paläste beginnt die Neue Palastzeit (Spätminoisch I–III a), die zur **höchsten Entfaltung der minoischen Kultur** führt. Die Ausweitung des Fernhandels erfolgt bis nach Sizilien, Ägypten und in den Vorderen Orient. Mehrstöckige, aufwändig ausgestattete Palastanlagen als Verwaltungs-, Wirtschafts- und Kultzentren unabhängiger Fürsten entstehen in Knossós, Festós, Mália und Zákros. Die Menschen leben offenbar friedlich zusammen, da es keine Wehrbauten gibt. Große Städte in Palastnähe, Gutshöfe und Landhäuser werden auf der Insel errichtet.
Intensiver Ackerbau sowie Ziegen- und Schafzucht in Verbindung mit Vorratswirtschaft sichern die Ernährungsgrundlage. Die Metallverarbeitung liefert hervorragende Bronzeerzeugnisse. Die Keramikherstellung floriert und bringt äußerst vielgestaltige Gefäßformen hervor. Eine große Handelsflotte sorgt für regen Im- und Export. Eingeführt bzw. eingetauscht werden vor allem Metalle wie Gold und Silber, Kupfer und Zinn gegen Öl, Wein, Honig und Keramik. Sehr gut ausgebildete Handwerker und eine fähige Beamtenschaft, die die Linear-A-Schrift beherrscht, garantieren Qualität im Handel und Effektivität in der Verwaltung. Im **religiösen Bereich** herrscht anfänglich der erdverbundene Naturglaube in Berg- und Höhlenheiligtümern vor, der zunehmend vom Schlangen- und Stierkult überlagert wird. Um 1600 v. Chr. kommt es zu dem Vulkanausbruch von Thera (Santorin), der durch Flutwellen und Aschenregen auch einige Gebiete Kretas verwüstet.

? WUSSTEN SIE SCHON …?

- … dass die minoische Kultur die erste Hochkultur Europas ist?

Mykenische bis archaische Zeit (1400–480 v. Chr)

1400–1000 v. Chr.	Verfall der minoischen Kultur durch Fremdherrschaft
um 700 v. Chr.	Kleine Stadtstaaten entstehen.

Ein Geheimnis umgibt immer noch die minoische Schlangengöttin.

DIE WIEGE EUROPAS

Die minoische Kultur, die älteste Hochkultur Europas, übt in ihrer Fremdartigkeit eine große Faszination aus, weil sie immer noch viel Geheimnisse birgt. Sie weist starke matriarchalische Züge auf.

Unser Kontinent hat seinen Namen von jener phönikischen Prinzessin **Europa**, die der Göttervater Zeus in Gestalt eines Stiers nach Kreta entführte und mit der er drei Söhne, das Herrschergeschlecht der Minoer, zeugte. Auch Zeus selbst wurde auf der Insel geboren und wuchs hier auf. Diese und weitere auf Kreta spielende mythologische Geschichten deuten darauf hin, dass die europäische Kultur ihre Wurzeln hier hat. Um das zweite Jahrtausend vor unserer Zeitrechnung entstand auf Kreta die älteste Hochkultur Europas, die auf das griechische Festland und weiter ausstrahlte. Sie ist deswegen so faszinierend, weil das Minoische immer noch ein großes Geheimnis umgibt. Diese Kultur ist zerstört, nur wenige Mauerreste und schwer fassbare Mythen zeugen von ihr. Da sie keine Fortsetzung fand, bleibt sie uns fremdartig. Es ist kaum möglich, eine Verbindung zwischen unseren abendländischen Traditionen, die von der griechisch-römischen Welt geprägt sind, und den Minoern herzuzustellen. Viele Fragen drängen sich bei der Besichtigung der minoischen Ausgrabungsstätten auf, sie können oft auch von Archäologen nicht hinreichend beantwortet werden. Gefallen dem Besucher auch viele Zeugnisse dieser Kultur – wie etwa die bezaubernden Wandmalereien –, so bleibt ihm doch ihr Sinn verborgen. Aber gerade dieses Geheimnisvolle übt eine besondere Faszination aus. Welcher Art war diese rätselhafte Kultur? Es ist heute unbestritten, dass die Frau eine herausragende Stellung in der minoischen Religion und Gesellschaft spielte. So stand die **Große Göttin** im Mittelpunkt der Religion. Weitere Indizien für eine matriarchale Gesellschaft sind die außergewöhnliche Friedfertigkeit und die Dominanz des weiblichen Geschmackes. Die Männer spielten eher untergeordnete Rollen. Fraglich ist noch, ob eine Priesterkönigin regierte.

Was macht nun die minoische Kultur aus? Es sind weder gewaltige Bauwerke noch materielle Schätze, noch militärische Taten oder politische Erfolge. Vielmehr ist es eine Kultur voller Schöpferkraft, Fantasie und geistiger Fähigkeiten und damit eine Kultur im echten Sinn.

Mykenische Herrschaft (1400–1200 v. Chr.)

Gesellschaftliche Konflikte und Rückgang des Handels schwächen die minoische Kultur, so dass die vom griechischen Festland vordringenden Mykener Teile der Insel erobern und beherrschen können (Spätminoisch III a–c). Während einige Paläste zerstört und aufgegeben werden, bleibt Knossós auch in mykenischer Zeit Herrschaftszentrum, doch setzt allgemein ein Rückgang in der handwerklichen und künstlerischen Produktion ein. Befestigte Burgen und Megaronanlagen der neuen Herren bestimmen die Baukunst. Als besondere Leistung der Mykener ist die Weiterentwicklung der Schrift zur so genannten Linear-B-Schrift als Vorläufer des griechischen Alphabets hervorzuheben. Mit der endgültigen **Zerstörung des Palastes von Knossós** (1200 v. Chr.) endet die minoische Zivilisation, ob durch eine Naturkatastrophe oder durch fremde Eroberer, ist ungeklärt.

Nach-Palastzeit (1200–1000 v. Chr.)

Flucht- und Wanderungsbewegungen führen zu starken gesellschaftspolitischen und wirtschaftlichen Veränderungen. Stämme der Äolier und Ionier gelangen vorübergehend in die ägäische Inselwelt, richten Zerstörungen an und verdrängen die alteingesessene Bevölkerung.

Geometrische Epoche (1000–700 v. Chr.)

Dorische Einwanderer gelangen auf die Insel und bringen neue Sitten und Gebräuche mit. Eine strenge Militärhierarchie setzt sich in Gesellschaft und Politik durch. Zahlreiche neue Siedlungen entstehen meist in Hanglage oder auf Bergkuppen mit separatem Hafen. In der Metallverarbeitung wird vorwiegend das Eisen genutzt, aus dem Waffen hergestellt werden, während in der Kleinkunst nach wie vor Bronze verwendet wird. In der Gefäßkeramik setzt sich ein neuer Dekorationsstil durch mit geometrischen Mustern aus konzentrischen Ringen und Kreuzformen. Anstelle der Erdbestattung kommt die Leichenverbrennung in Gebrauch. Der personifizierte Götterglaube ersetzt zunehmend die Naturreligion. In der Erzähl- und Dichtkunst werden die griechisch-kretischen Mythen und Sagen geprägt um König Minos, den Minotauros und das Labyrinth, Ariadne und Theseus und das Zeuskind in der Idäischen Grotte.

Orientalisierende Epoche (700–620 v. Chr.)

Auf Kreta bildet sich ein System von miteinander konkurrierenden **Stadtstaaten** heraus. Durch die Handels- und Schifffahrtsverbindungen mit Rhodos, Zypern und der kleinasiatischen Küste gelangen orientalische Kunstformen auf die Insel. Aus dem syrisch-phönikischen Raum wird das Schriftsystem übernommen und als griechisches Alphabet weiterentwickelt, wenngleich in Ostkreta noch lange eine als eteokretisch bezeichnete Schriftsprache minoischen Ursprungs in Gebrauch ist, die bis heute nicht entziffert worden ist.

Archaische Zeit (620–480 v. Chr.)

Kreta bleibt in zahlreiche kleine Stadtstaaten aufgeteilt, die wohl im Wesentlichen nach dem Vorbild der griechischen Polis organisiert sind. Górtys, Knossós und Kydonía (Chaniá) zählen zu den mächtigsten Städten. Der Handel mit der übrigen Mittelmeerwelt kommt allmählich zum Erliegen.

Griechisch-römische Antike (5. Jh. v. Chr. – 337 n. Chr.)

5. Jh. v. Chr.	Stadtrecht von Górtys
200 v. Chr.	Rivalisierende Stadtstaaten und makedonische Hegemonie
67 v. Chr.	Kreta wird römische Provinz.
um 250 n. Chr.	Christenverfolgungen
311	Tolerierung des Christentums

Griechische Klassik

Weder an den politischen Ereignissen der griechischen Antike noch an der **Blüte der Kunst** in der Zeit der Klassik hat Kreta einen nennenswerten Anteil. Die Kreter verbünden sich nicht mit den übrigen Griechen gegen die Perser und ergreifen im Peloponnesischen Krieg nicht Partei für Athen oder Sparta, sondern zerreiben sich in endlosen Kleinkriegen untereinander. Auf der anderen Seite gibt es Beziehungen zur Argolis und zu Sparta. Die griechische Rechtstradition findet in Górtys eine Heimat, wo sich 12 für die Zeit sehr fortschrittliche Gesetzestexte als so genanntes Stadtrecht von Górtys, in einem kretisch-dorischen Dialekt verfasst, auf Steintafeln aus dem 5. Jh. v. Chr. erhalten haben.

Hellenismus (330 – 67 v. Chr.)

Die Eroberungszüge **Alexanders des Großen** betrachten die Kreter mit Skepsis und erlauben sogar seinen Gegnern, z. B. den Persern und dem König von Sparta, auf ihrer Insel Unterschlupf zu finden. Wechselnde Bündnisverträge vor allem der westkretischen Städte mit auswärtigen Herrschern haben das wiederholte, doch meist nur vorübergehende Eingreifen fremder Herren auf der Insel zur Folge. Die miteinander rivalisierenden Städte Knossós und Górtys versuchen, sich auf eine Teilung der Insel in zwei Einflusssphären zu einigen, scheitern aber am Widerstand kleinerer Städte. Die innerkretischen Konflikte bewirken das Eingreifen der Großmächte, doch die griechische Welt ist durch den Bundesgenossenkrieg geschwächt. König Philipp V. von Makedonien gelingt es nur für kurze Zeit, Kreta zu einem Bundesstaat zu machen.

Steintafel mit dem Stadtrecht von Górtys

Die Hegemoniebestrebungen des makedonischen Königs rufen die Römer auf den Plan. König Philipp V. muss sich ihnen im Jahr 197 v. Chr. unterwerfen, und 184 v. Chr. erscheint eine römische Senatskommission auf Kreta, um Streitigkeiten zu schlichten. Mehr und mehr greifen nun die Römer ins östliche Mittelmeer aus und betrachten Kreta als einen wichtigen Flotten- und Handelsstützpunkt. Die Inselbewohner selbst gelangen als Söldner zu bescheidenem Wohlstand und machen mit der Piraterie gute Geschäfte. ◄ Um 200 v. Chr.

Im Rahmen der mediterranen Expansionspolitk und zur Unterbindung der Seeräuberei versucht der römische Konsul Marc Antonius die bis dahin autonom gebliebene Insel zu besetzen, scheitert aber am erbitterten Widerstand der Kreter. ◄ 74 v. Chr.

Römische Herrschaft (67 v. Chr. bis 337 n. Chr.)

Der römische Feldherr **Quintus Caecilius Metellus**, der den Beinamen »Creticus« erhielt, erobert von 69 bis 67 v. Chr. Kreta, das fortan als Provincia Creta zum Römischen Reich gehört. Nach dem römischen Bürgerkrieg fällt die kretische Provinz 42 v. Chr. Marcus Antonius zu und erhält unter Augustus den Status einer Senatsprovinz, zu der Kreta mit der Kyrenaika vereint wird. Die neue Hauptstadt der Insel ist Górtys, wo der römische Statthalter seinen Sitz hat.

Der Apostel Paulus soll in dieser Zeit in Kalí Liménes gelandet sein und das Christentum auf die Insel gebracht haben, das in der Folgezeit von Kretas erstem Bischof Titus, möglicherweise der Adressat des paulinischen Titusbriefes der Bibel, weiterverbreitet wird. ◄ 59 n. Chr.

Die Christenverfolgungen unter den römischen Kaisern Decius und Valerian fordern auch auf Kreta ihre Opfer mit den »Heiligen Zehn« (»Ágioi Déka«), jenen zehn Bischöfen, die der Überlieferung nach hingerichtet werden, weil sie an einer heidnischen Tempeleinweihung nicht teilnehmen wollen. ◄ Um 250

Durch ein Edikt des Kaisers Galerius in Thessaloníki erlangt das Christentum staatliche Anerkennung und wird auf Kreta stärker an die östliche Reichshälfte gebunden, trotz der fortbestehenden Kirchenhoheit der römischen Päpste. ◄ 311

Byzantinische und arabische Herrschaft (337 – 1204)

337	Die Kreter gehören zum oströmisch-byzantinischen Reich.
823	Maurische Sarazenen erobern die Insel.
961	Byzanz beherrscht erneut Kreta.

Erste byzantinische Periode (337 – 826)

Im Rahmen der Verwaltungsreform des Römischen Reiches verlegt Kaiser Konstantin seinen Amtssitz im Jahr 330 nach Konstantinopel und schließt 337 die neue Pronvinzialeinteilung ab, so dass Kreta fortan zur Praefectura praetoria Illyrici, Italiae et Africae gehört. Mit der endgültigen Teilung des Römischen Reiches 395 kommt Kreta unter die Oberhoheit des oströmisch-byzantinischen Reiches, das die Insel als militärischen Stützpunkt nutzt und mit Verwaltern besetzt. Während des 7. Jh.s greifen die Araber ins Mittelmeer aus und gefährden den Handel durch Seeräuberei, können sich aber auf Kreta zunächst nicht dauerhaft festsetzen. Im Jahr 731 verstärken sich die kirchenpolitischen Bande Kretas zur Ostkirche, denn die Inselbischöfe werden dem Patriarchen von Konstantinopel unterstellt.

Arabische Besetzung (823 – 961)

Aus dem damals maurischen Spanien gelangen Sarazenen an die Nordküste der kaum noch besiedelten Insel, gründen neue Hafenorte und bauen alte wieder auf. Anstelle des weitgehend zerstörten Górtys wird Rabat el Kandak (heute Iráklion) zum neuen Inselmittelpunkt. Mehrere Versuche von Byzanz, die Insel 843 oder 865 zurückzugewinnen, schlagen fehl.

Zweite byzantinische Periode (961 – 1204)

Der Feldherr Nikephoros Fokas erobert nach einer halbjährigen Belagerung der arabischen Inselhauptstadt ganz Kreta für den byzantinischen Kaiser zurück, dessen Erbe er als Nikephoros II. Fokas antritt. Nach erfolgreicher Rechristianisierung wird die Kirchenverwaltung neu organisiert, Siedler vom Festland, von den Inseln und Kleinasien werden zur Niederlassung auf Kreta angeworben. Im Rahmen der Feudalherrschaft erlebt die Insel eine **wirtschaftliche Blütezeit**. Im Zug der Kirchenspaltung von 1054 in eine weströmisch-abendländische, römisch-katholische und eine oströmisch-morgenländische, byzantinisch-orthodoxe Kirche bleibt Kreta dem Patriarchen von Konstantinopel treu und erhält einen eigenen Metropoliten. Mitte des 12. Jh.s werden den Handel treibenden Venezianern sowie Genuesen privilegierte und befestigte Stützpunkte an den Küsten zugestanden, die diese zu Kolonien ausweiten können.

Venezianische Zeit (1204 – 1669)

1204	Eroberung Konstantinopels durch die Kreuzritter und venezianische Herrschaft über Kreta
16./17. Jh.	Venezianisch-spätbyzantinische Kulturblüte
1669	Kapitulation von Candia (Iráklion) vor den Türken

Venezianisches Herzogtum im Mittelalter

Bei der Verteilung der Beute des vierten Kreuzzuges, der 1204 zur Zerstörung und Plünderung Konstantinopels führt, bekommt der lombardische **Markgraf Bonifatius von Montferrat** Kreta zugesprochen, das er gegen Thessaloniki mit der Seerepublik Venedig tauscht. Für die Seehandelsrouten im östlichen Mittelmeer hat Kreta für die Serenissima enorme Bedeutung. Bis 1218 dauert die venezianische

Eroberung der wichtigsten Inselorte gegen den heftigen Widerstand der Bewohner. Zum Schutz der neuen Herren werden zahlreiche Kastelle gebaut, darunter Sitía, Mirabello (Ágios Nikólaos), Ierapetra und Frankokastello. Als Hauptstadt fungiert Candia (Iráklion) mit Sitz des alle zwei Jahre wechselnden venezianischen Statthalters im Rang eines Herzogs (Duca). Zur Verbesserung des Handels lässt er 1252 den Hafen Canea (Chaniá) neu anlegen. Im Zug der **Durchsetzung des westlich-abendländischen Lehnssystems** werden venezianische Militärkolonisten gegen den Widerstand des einheimischen Adels mit großzügigen Landzuweisungen bedacht. Allmählich arrangieren sich kretische und venezianische Grundbesitzer bis hin zu Mischehen, doch werden sie immer wieder von Aufständen der einfachen Leute bedroht, die mitunter zwangsweise umgesiedelt werden. Die Landbevölkerung muss nämlich hohe Abgaben zahlen sowie Schanz- und Ruderdienste auf den Galeeren verrichten. Immerhin gewährt Venedig einen nachhaltigen Schutz vor der grassierenden Seeräuberei. In Glaubensangelegenheiten beruhigt sich die Lage, denn die orthodoxe Kirche wird toleriert, wenngleich in den Städten auch eine starke römisch-katholische Kraft heranwächst.

Konflikte und Kulturblüte (16./17. Jh.)

Vom venezianischen Überseereich ist im 16. Jh. nur Kreta übrig geblieben, das immer öfter von türkischen Piraten überfallen wird. Die Unzufriedenheit der Inselbewohner mit dem venezianischen Regime, dem der Ausgleich zwischen der kretischen und venezianischen Feudalklasse auf Dauer nicht gelingt, drückt sich in zahlreichen Aufständen aus. Venedig erneuert und verstärkt die Festungsbauten in Chaniá (1538) und Réthymnon (1573). Trotz aller Konflikte entfaltet sich jedoch auf der Insel **eine venezianisch-spätbyzantinische Mischkultur von hoher Qualität**. Michael Damaskinos geht ebenso aus der kretischen Malschule hervor wie Domenikos Theotokopoulos, genannt **El Greco** (►Berühmte Persönlichkeiten), der von Fodele auf Kreta über Italien nach Spanien wandert und so die Übermittlung byzantinischer Kunsttradition ins Abendland weiterführt. Andererseits finden sich Aspekte des europäischen Barocks in etlichen Inselbauten und in der Literaturgeschichte, in die Vintsensos Kornaros (Vincenzo Cornaro) eingeht mit seinem »Erotokritos« (1650), einem Liebesroman in Versen der Volkssprache.

Eroberung durch die Türken

Der Großangriff der gereizten Türken auf die letzte venezianische Bastion Candia beginnt 1645. Zunächst fällt Chaniá und 1646 Réthymnon in ihre Hände, aber es dauert 11 Jahre bis zur vollständigen Eroberung der Insel, die in drei Paschalyks umgewandelt wird. Am längsten widersetzt sich die **Hauptfestung Candia (Iráklion)**, die erst nach 21 Jahren Belagerung, der wohl längsten in der Geschichte, unter ihrem Kommandanten Francesco Morisini 1669 kapituliert. Alle Versuche der Rückeroberung schlagen fehl. Auf den Forts von Souda und Gramvousa harren die Venezianer noch bis 1692 aus, Spinalónga in der Mirambellou-Bucht kann sich bis 1715 halten.

Osmanische Epoche (1669 – 1898)

17./18. Jh.	Aufstände gegen die Türken
1830 – 1840	Ägyptische Verwaltung
1868	Kretische Mitverwaltung
1898 – 1913	Autonomiestatus der Insel und Vereinigung mit dem Königreich Griechenland

Unterdrückung Die osmanische Herrschaft konzentriert sich auf die Hafenorte, wobei Réthymnon eine Hauptstadtfunktion zukommt, während ein beträchtlicher Teil des gebirgigen Hinterlandes faktisch ohne islamisch-türkische Kontrolle bleibt, so dass es Rückzugsgebiete für Flüchtlinge und Repräsentanten der orthodoxen Kirche gibt. Ansonsten führen harte Zwangsmaßnahmen der Besatzer zum Übertritt vieler Kreter zum Islam. Bis zum 19. Jahrhundert besteht ein Viertel der Bevölkerung aus Muslimen. Auch das Alltagsleben wird zunehmend orientalisiert. Die Ausbeutung von Land und Leuten nimmt unter den osmanischen Besatzern zu, von den landwirtschaftlich prosperierenden Gebieten profitieren türkische Großgrundbesitzer.

Kloster Goniás: Ort des Widerstands bei den Befreiungskämpfen

Verschiedene **Aufstände** – bekannt ist vor allem der von 1770 unter Daskalojannis – werden niedergeschlagen. Von der panhellenistischen Bewegung im frühen 19. Jh. wird auch Kreta ergriffen, doch die zerrissene Bergwelt macht ein koordiniertes gemeinsames Handeln der Kreter unmöglich. Ibrahim Pascha beendet im Jahr 1824 die kretischen Freiheitsbestrebungen gewaltsam im Auftrag des ägyptischen Vizekönigs Mehmed Ali von Ägypten, der dem viel beschäftigten Sultan Mahmud II. seine Unterstützung anbietet. Das Blatt wendet sich, als die türkisch-ägyptische Flotte 1827 in der Schlacht von Navarino vernichtet wird. Bei den folgenden Friedensverhandlungen einigen sich die europäischen Großmächte im Londoner Protokoll von 1829 auf die Gründung eines neugriechischen Staates, dessen Souveränität 1830 besiegelt wird.

Ägyptische Verwaltung

Kreta jedoch gehört nicht dazu, denn die Großmächte Großbritannien, Russland und Frankreich vereinbaren mit Rücksicht auf das Osmanische Reich, die Insel der Verwaltung Ägyptens zu unterstellen. Das relativ milde ägyptische Regime endet 1840, und die Kreter zetteln 1841 einen vergeblichen Aufstand gegen die alten und neuen türkischen Herren an. Dabei verbieten die westlichen Schutzmächte dem Königreich Griechenland jede Form von Einmischung. 1858 und 1866 erschüttern erneut kretische Volksaufstände die Insel. Als in das Wehrkloster Arkadi bei Réthymnon 1866 türkische Verbände eindringen, sprengt sich der Abt mit den dort verschanzten Widerständlern in die Luft unter der Parole »Freiheit oder Tod« (s. Baedeker Special S. 270/271).
Zwei Jahre später kommt das türkische Regime nicht umhin, ein »Organisches Statut« zu erlassen, in dem das Griechische als offizielle Sprache anerkannt wird und Kreter im Gerichtswesen und in der Kommunalverwaltung proportional beteiligt werden. Der Berliner Kongress von 1878 beschließt sogar, auf Kreta einen Griechen als Gouverneur einzusetzen, der aber osmanischer Untertan sein muss. Die Massaker und Vergeltungsmaßnahmen der gleichermaßen fanatisierten Muslime und Kreter reißen jedoch nicht ab.

Autonome Insel

Die Revolte von 1889, die bürgerkriegsähnliche Ausmaße annimmt, bildet den Hintergrund für den Roman »Freiheit oder Tod« (1953) des berühmten kretischen Dichters **Nikos Kasantzakis**. 1896 geht von Chaniá erneut ein Aufstand aus, der vom jungen Rechtsanwalt Elefttherios Venizelos gelenkt wird. Er fordert öffentlich die Vereinigung mit dem Königreich Hellas. Von Piräus aus setzt sich die griechische Flotte in Bewegung und landet Truppen auf Kreta, so dass es 1897 zum Ausbruch des türkisch-griechischen Kriegs kommt. Im Friedensschluss von Konstantinopel muss Hellas klein beigeben, aber der geschickt verhandelnde Venizelos bewirkt durch die Großmächte den Abzug der griechischen wie der türkischen Streitkräfte von der Insel.
Die Autonomie Kretas wird garantiert durch die Berufung von Prinz Georg, einem Neffen König Georgs I. von Griechenland, zum Hochkommissar, obwohl staatsrechtlich die Insel unter osmanischer Souveränität verbleibt. Türken und islamisierte Griechen verlassen die Insel. Im Zug einer erneuten Revolte 1906 unter Führung des liberalen Politikers **Eleftherios Venizelos** (► Berühmte Persönlichkeiten) mit dem Ziel der Vereinigung Kretas mit Griechenland wird Prinz Georg zur Abdankung gezwungen. Venizélos erhält 1910 das Amt des griechischen Ministerpräsidenten und kann 1913 mit den territorialen Gewinnen nach den Balkankriegen auch die Vereinigung Kretas mit Griechenland verwirklichen.

Kretisch-griechische Entwicklung

1913–1930	Politikära des Liberalen Eleftherios Venizelos
1936–1941	Rechts gerichtetes Metaxas-Regime
1941–1944	Deutsche Besatzung
1967–1974	Diktatur der Obristen
Seit 1974	Kreta wird in der neuen Republik zum Top-Tourismusziel ausgestaltet.
2004	Knosssos ist Fackellaufetappe bei den Olympischen Spielen von Athen.

1914–1920 Im Ersten Weltkrieg bewahrt der reaktionär gesinnte König Konstantin I. zunächst strikte Neutralität. Da Venizelos hofft, mit Hilfe der Entente Gebiete von den Türken zu gewinnen, zwingt er mit Billigung der Westmächte den König 1917 zur Abdankung und erklärt den Mittelmächten, zu denen auch die Türkei gehört, den Krieg. Obwohl griechische Truppen wenig zum Einsatz kommen, kann Venizelos nach dem Krieg griechische Gebietserweiterungen herausschlagen, verliert aber 1920 die Parlamentswahlen und muss die Rückkehr König Konstantins I. aus dem Schweizer Exil akzeptieren.

»Kleinasiatische Katastrophe« (1922) Der ohne Rückendeckung durch die Großmächte aus der Idee eines Großgriechenland heraus angezettelte Krieg gegen die Türkei (1921 bis 1922) endet mit der »Kleinasiatischen Katastrophe«, denn das unterlegene Griechenland muss im Austausch gegen 600 000 Türken 1,5 Mio. Griechen aus Kleinasien aufnehmen. So verlassen alle Türken Kreta, und kleinasiatische Flüchtlinge finden auf der Insel eine neue Heimat.

Zwischenkriegszeit 1924 erreichen radikale Flügel der venizelistischen Partei die Abschaffung des Königtums. Die im März ausgerufene Republik erweist sich aber als genauso instabil wie die parlamentarische Monarchie. Parteiengerangel und Klüngelwirtschaft bestimmen auch auf Kreta die Jahre bis 1935.

Die Landreform beseitigt den Großgrundbesitz zugunsten einer einzigen Schicht kleinbäuerlicher Grundeigentümer. Infolge der Weltwirtschaftskrise bleibt der erhoffte Aufschwung aus. Ein letztes Mal versucht Venizelos 1935 mit einem Staatsstreich an die Macht zu kommen, scheitert jedoch und emigriert nach Paris. Die Armee ergreift das Ruder und führt unter General Ioannis Metaxas im Zug einer manipulierten Volksbefragung die **Monarchie** wieder ein mit Georg II. als König (Reg. 1922–1923 und 1935–1946). In der Folgezeit übernimmt General Metaxas mit Duldung des Königs die Regierungsgewalt, löst ohne großen Widerstand das Parlament auf und errichtet de facto eine Diktatur.

Zweiter Weltkrieg

Nach der deutschen Eroberung Griechenlands ziehen sich britische Truppen nach Kreta zurück, um sich die strategisch wichtige Insel zu sichern. Am 20. Mai 1941 beginnt das deutsche **Unternehmen »Merkur«**, die bis dahin größte Luftlandeoperation der Geschichte. Überall stoßen deutsche Verbände auf härteste Gegenwehr der britischen Soldaten und erleiden große Verluste. Nur unter rücksichtslosem Einsatz von Menschen und Material können die britischen Truppen allmählich zurückgedrängt werden. Am 23. Mai erreichen die Kämpfe ihren Höhepunkt, und am 26. Mai wird der Befehl zur Evakuierung der Briten und Griechen gegeben. Am 1. Juni 1941 ist Kreta in der Hand der deutschen und der zwischenzeitlich im Osten der Insel gelandeten italienischen Truppen.
Die Bewohner leiden unter der harten, mehr als drei Jahre dauernden Besatzung, die Folter und Terror mit sich bringt. Zudem kommt es in den Jahren 1941/1942 zu einer großen Hungersnot. Viele Kreter kämpfen als Partisanen zusammen mit dem britischen Geheimdienst gegen die Besatzer, was zu Massakern und weiteren Vergeltungsaktionen führt.

Bürgerkrieg und Konsolidierung (1944 – 1967)

Nach dem Abzug der deutschen Besatzer wird aus dem schon lange schwelenden Konflikt zwischen der alten Politikerclique und den Kommunisten eine gewalttätige Konfrontation. Viele kommunistische Partisanen fallen im Bürgerkrieg 1944/1945 den von den Alliierten unterstützten Regierungstruppen zum Opfer. Während dessen kehrt König Georg II. nach einer Volksabstimmung 1946 zurück, nach seinem Tod 1947 besteigt sein Bruder als Paul I. den griechischen Thron. Innenpolitisch stagniert das wiedererstandene Königreich in der Nachkriegszeit. Diktatur, Krieg und Bürgerkrieg haben die Polarisierung in der Gesellschaft verschärft. Dennoch kommen von 1952 bis zur Krise des Jahres 1967 verhältnismäßig stabile Regierungen zustande.
Die Ministerpräsidenten dieser Jahre **Alexandros Papagos** (1952 bis 1955), **Konstantinos Karamanlis** (1955 – 1964) und **Georgios Papandreou** (1964 – 1967) orientieren sich an Westeuropa. 1952 tritt Griechenland der NATO bei, erhält finanzielle Hilfe von den USA und macht Kreta zu einem wichtigen Militärstützpunkt des Bündnisses. 1961 bringt der Assoziierungsvertrag mit der EWG auch wirtschaftliche Vorteile für Kreta.

Militärdiktatur (1967 – 1974)

1967 zerbricht Papandreous heterogene Zentrumsunion unter den Intrigen des Hofs, den Erpressungen der Armee und den Erwartungen der westlichen Verbündeten. Vor den Neuwahlen putscht 1967 die Armee. Die Obristen Papadopoulos und Pattakos errichten ein Gewaltregime, das auch durch einen Gegenputsch des seit 1964 amtierenden Königs Konstantin II. im Dezember nicht beseitigt werden kann, der daraufhin nach Rom flieht. Aufgrund ausländischer Proteste tritt Griechenland aus dem Europarat aus und kündigt die internationalen Menschenrechtskonventionen. Gegen die Bestimmungen der Verfassung veranlasst Papadopoulos 1973 die Abschaffung der Monarchie und lässt unter seiner Präsidentschaft die Republik ausrufen. Der anfängliche wirtschaftliche Erfolg in dem durch Niedriglohn und Streikverbot, durch Ausspitzelung und Willkür geknebelten Land bricht in der Ölkrise und der weltweiten Rezession 1973 völlig zusammen. Schwere Studentenunruhen in Athen leiten den **Niedergang der Diktatur** ein, die 1974 durch die Absetzung von Papadopoulos beendet wird. Mit Karamanlis' Regierung der nationalen Einheit normalisieren sich die politisch-gesellschaftlichen Verhältnisse wieder.

Neue Republik Durch ein freies Plebiszit entscheiden sich am 8. Dezember 1974 rund 70 % aller Griechen, aber 90 % der Kreter gegen die Monarchie und für die Republik. Die neue Verfassung von 1975 verankert die Grundrechte, und dem Staatspräsidenten kommt neben dem Ministerpräsidenten eine stärkere Position zu. 1979 schließt die griechische Regierung den **Mitgliedsvertrag mit der EG** und gliedert sich 1980 wieder als **Vollmitglied in die NATO** ein.

Massenproteste 2010 in Athen gegen die Sparmaßnahmen der Regierung

Innenpolitik 1980 – 2000

Bei den Parlamentswahlen von 1981 und 1985 erringt die Panhellenische Sozialistische Bewegung (PASOK), deren Stimmenanteil auf Kreta überdurchschnittlich hoch liegt, unter **Andreas Papandreou** den Sieg. Ende der 1980er-Jahre schwinden allmählich die Probleme mit dem offenen Markt in der EG. Die Wirtschaft festigt sich mit Hilfe des florierenden Fremdenverkehrs und der Handelsflotte. Nach einer vierjährigen Phase von Übergangsregierungen (1989 – 1993) verschiedener Koalitionen unter Regie der zweiten großen Volkspartei Nea Dimokratia (ND) gelingt es der PASOK, bei den Parlamentswahlen 1993 die Stimmenmehrheit wiederzugewinnen.
Als Papandreou im Januar 1996 aus gesundheitlichen Gründen von seinem Amt zurücktritt, folgt als neuer Ministerpräsident **Kostas Simitis**, der bei den Parlamentswahlen im Herbst der PASOK eine regierungsfähige Mehrheit sichern kann. Bei der Neuwahl des Parlaments im Jahr 2000 kann sich die von Simitis geführte PASOK mit 43,8 % der Stimmen knapp vor der ND behaupten und die Regierung fortführen.

2002 – 2010

2002 wird der Euro auf Kreta wie in ganz Griechenland das offizielle Zahlungsmittel. Bei den Parlamentswahlen im März 2004 erreicht die ND die Mehrheit, und Kostas Karamanlis wird Ministerpräsident. Der Fackellauf zu den **Olympischen Spielen von Athen** im August 2004 macht auch in Knossós Halt und würdigt Kreta als kulturgeschichtliche Wiege Europas. Bei den vorgezogenen Parlamentswahlen im September 2007 wird die konservative Regierung unter Kostas Karamanlis im Amt bestätigt. Gegen sie richten sich die **gewaltätigen Proteste** vor allem der Jugend, die nach der Erschießung eines 15-Jährigen durch die Polizei im Winter 2008/2009 das ganze Land erschüttern. Die Hintergründe für die Unruhen sind die jahrzehntelange Vernachlässigung des Bildungssystems, sozialpolitische Versäumnisse und die hohe Jugendarbeitslosigkeit.
Bei vorgezogenen Neuwahlen im Oktober 2009 erringt die PASOK unter Georgios Papandreou, dem Sohn des früheren Premiers Andreas Papandreou, einen deutlichen Wahlsieg. Schon gleich wird klar, dass die konservative Vorgängerregierung die Ausmaße der griechischen **Finanzkrise** verschleiert hatte. Um das Land vor dem Staatsbankrott zu bewahren, sagen die EU-Staaten und der IWF Griechenland im Mai 2010 ein Hilfsprogramm in Höhe von 110 Mrd. € zu, verlangen aber strikte Sparmaßnahmen. Zahlreiche Steuern, darunter die Mehrwertsteuer, werden erhöht, die Renten aller Sozialversicherten und die Bezüge von Beamten und öffentlich Bediensteten um bis zu 20 % gekürzt. Das Renteneintrittsalter wird von 61 auf 63 Jahre angehoben. Streiks und Massendemonstrationen in den Großstädten sowie vereinzelte Bombenattentate von Terrorgruppen sind die Folge der sozial unausgewogenen Sparmaßnahmen. Im Winter 2010/2011 folgen weitere Steuererhöhungen und Einschnitte ins soziale Netz.

Kunst und Kultur

Was war das Besondere an den minoischen Palästen? Welche Spuren haben die Griechen und Römer auf der Insel hinterlassen? Was ist ein ikonografisches Programm? Welche Bedeutung haben Musik und Tanz im Leben der Kreter?

Kunstgeschichte

Minoische Kultur

Hinweis

Aus der Vielzahl der Kunstwerke kann im Rahmen eines kunstgeschichtlichen Überblicks nur eine kleine Auswahl näher vorgestellt werden. Soweit nicht anders erwähnt, befinden sich die Werke im Archäologischen Museum Iráklion einschließlich der Fresken, die in Knossós zum Teil nur als Kopien vorhanden sind.

Palastbau

Die großen Paläste, deren Überreste heute noch in Knossós, Festós, Mália und Káto Zákros Bewunderung erregen, zählen zu den bedeutendsten Bauschöpfungen der Bronzezeit im östlichen Mittelmeer, ja in Europa überhaupt. Obwohl sich in der Palastarchitektur der Minoer der **kulturelle und künstlerische Einfluss des Vorderen Orients** widerspiegelt, sind Anlage und Aussehen der Paläste an den spezifischen Lebensbedingungen auf Kreta orientiert. Die ersten Palastbauten entstanden in der Zeit von 2100 bis 1700 v. Chr., die deshalb als Alte Palastzeit oder auch als mittelminoisch bezeichnet wird. Daran schloss sich die Neue Palastzeit/spätminoische Epoche mit noch aufwändigeren Palastbauten an, die allerdings durch das Eindringen der Mykener um 1420/1410 v. Chr. abrupt beendet wurde.
Von Anfang an ging der Palastbau mit tief greifenden politischen und wirtschaftlichen Veränderungen auf der Insel einher. Die Ausbildung einer Zentralmacht im Sinn eines **Priesterkönigtums** führte gleichzeitig zu einer hierarchischen Verwaltungsstruktur und einer zentral gelenkten Wirtschaftsform, die auf den Palast als Dreh- und Angelpunkt aller Entscheidungen und Aktivitäten ausgerichtet waren. Durch die intensive Nutzung der Inselressourcen in Verbindung mit ausgeprägter Vorratswirtschaft, Arbeitsteilung und Güteraustausch wurden Kaufleute, Handwerker und Künstler vom unmittelbaren Broterwerb freigestellt und konnten sich ganz auf die eigenen Aufgaben konzentrieren. Als Auftraggeber und Abnehmer ihrer Erzeugnisse kam dabei dem Herrscher mit seinem Hof eine Schlüsselrolle zu. Durch gezielte Förderung und Kontrolle der Warenherstellung und der Verkaufsbedingungen gelangten die Inselherrscher zu immer größerer wirtschaftlicher und politischer Macht, die in den Palastbauten ihren Ausdruck fand.

◄ Vorpalastzeit

Bereits in der einfachen Baukunst der Vorpalastzeit (3100 – 2100 v. Chr.) spielte der zentrale Innenhof eine wichtige Rolle, um den sich zahlreiche nach Funktionen aufgeteilte Räume gruppierten. Seit der ältesten Palastzeit war die Raumanordnung in der Regel zentrifugal, d. h. sie führte vom Kernbau mit den Repräsentations- und Kultsälen weg zu den schlichten Kammern, die als Werkstätten oder Vorratslager in den Randbereichen des Palastes lagen. Von Anfang an

←Meisterhaftes Fresko aus der Panagía-Kerá-Kirche in Kritsá

war der Gebäudekomplex des Palastes nicht von einer Umfassungsmauer umgeben und zeigte auch kein wehrhaftes Aussehen, sondern ging oft bruchlos in die angrenzenden Wohnsiedlungen über. Offenbar hatten die Minoer weder Feinde von außen noch Rebellionen im Innern zu fürchten. Auch die Neue Palastzeit wies dem rechteckigen **Mittelhof** als Urzelle der gesamten Palastarchitektur besondere Bedeutung zu im Schnittpunkt der vielen Wege, die von dort in die einzelnen durch unterschiedliche Schaufassaden gekennzeichneten Bereiche der Palastanlage führten.

Die Bauten wurden mit Mauerwerk aus behauenen Steinen errichtet, die später verputzt wurden. Die Fußböden bestanden teilweise aus perlmuttartig glänzendem Muschelkalk. Zahlreiche Stützen wie Pfeiler und Säulen, die sowohl als Raumteiler als auch zur Ausschmückung von Wandelgängen, Treppenhäusern und Veranden dienten, wurden aus Holz gefertigt, mit Stuck verziert und bemalt.

Grundrisse ► Ein Vergleich der Grundrisse der wichtigsten Paläste auf Kreta ergibt große Ähnlichkeiten bei der Raumanordnung. In der Regel sind die Gebäudegruppen in einer Längsachse mit Nord-Südrichtung um den rechteckigen Mittelhof angelegt. Der Haupteingang lag meist im Norden und war monumental als torartige Halle mit Säulen oder Pfeilerreihen gestaltet. Die übrigen Nebeneingänge führten in die verschiedenen Teilbereiche der Palastanlage.

Westflügel ► Der Fassade des Westflügels außen vorgelagert war häufig ein weiträumiger gepflasterter Westhof, den leicht erhöht liegende Prozessionswege querten. Da der Westflügel meistens den heiligen Handlungen vorbehalten war, gab es dort zahlreiche dunkle, nur künstlich beleuchtbare **Kulträume** analog zu den Grotten- und Höhlenheiligtümern andernorts auf der Insel in Verbindung mit den minoischen Erd- und Fruchtbarkeitskulten.

Zur Ausstattung gehörten auch Ritualbecken, Altäre, Votivgaben und Schatzgruben. Daneben gab es im zweigeschossigen Westflügel auch herrlich geschmückte Repräsentationssäle für Kultzwecke und offizielle Anlässe, z. B. einen so genannten Thronsaal. Auch eine Reihe von Magazinen als einfache rechtwinklige Zellen, wo in großen Terrakottagefäßen (Pithoi) die verschiedenen Lebensmittel gespeichert wurden, gehörten zum Westflügel.

Ostflügel ► Der Ostflügel auf der anderen Seite des großen Mittelhofes bestand dagegen aus **Wohn- und Repräsentationsräumen** für den Herrscher. Im gleichen Flügel lagen hinter den königlichen Gemächern die Räume für die Dienerschaft und weitere Magazine, in deren Nähe sich auch die Werkstätten für die Kunsthandwerker befanden. Zahlreiche Brunnen, Reinigungsbecken und Zisternen dienten der Wasserversorgung mittels eines ausgeklügelten Kanalsystems, das auch Wasser aus nahe gelegenen Quellen herbeischaffte, während die Abwässer in besonderen Kanälen abgeführt wurden. Außergewöhnlich in der minoischen Architektur war die Mehrstöckigkeit der Paläste mit großen Treppenhäusern, Freitreppen, langen Korridoren, Veranden und Rampenwegen. Die Fassadengestaltung war nicht mittenbetont, son-

Dem Westflügel von minoischen Palästen war häufig ein gepflasterter Hof vorgelagert, so wie hier in Knossós.

dern bestand aus mehreren unregelmäßigen, vor- und zurückspringenden Bauteilen, und die Flachdächer waren zum Teil zinnenartig mit Stierhornmotiven verziert. Die Zugänge zu den Flügelbauten lagen meistens in den Hofecken. Zahlreiche Treppenanlagen, Säulenreihen, Licht- und Luftöffnungen nahmen dem Baukörper seine Schwere. In allen bedeutenden Herrschaftszentren wie Mália, Káto Zákros und vor allem in Festós wurden Überreste von **monumentalen Treppenanlagen** gefunden. Möglicherweise dienten die gewaltigen Stufenreihen als Sitzbänke, auf denen die Minoer Theateraufführungen oder Kultfeierlichkeiten beiwohnten. Vielleicht waren es aber auch repräsentative Aufgänge für die Prozessionen zu den im Palastinnern gelegenen Kulträumen.
In Knossós gibt es außerhalb des Nordeingangs an der so genannten königlichen Straße ein Theaterbezirk genanntes Areal aus zwei monumentalen, rechtwinklig aufeinander zulaufenden Freitreppen, die wohl als Tribünen bei festlichen Anlässen genutzt wurden. Einige Archäologen verlegen auch die Stierspiele in den Theaterbezirk, andere in den Zentralhof, und weitere Forscher vermuten die Stierspiele im Gelände außerhalb des Palastes, wobei die Zuschauer von den Veranden zusehen konnten. In der **Neuen Palastzeit** nahmen die Paläste zunehmend monumentalere Dimensionen an, die das komplexe Raumgefüge durchaus als labyrinthisch erscheinen ließen, obwohl die Planer gewissen Regeln folgten. Eine Bereicherung im minoischen Palastbau waren die zahlreichen, regelmäßig angelegten klei-

nen Innenhöfe, die den Räumen mehr Licht gaben und sie besser belüfteten. Außerdem ersetzten mehr und mehr Säulen und Pfeiler die massiven Wände im Innenausbau. Auf diese Weise entstanden vielfach Raumkonzeptionen aus zwei aneinander grenzenden Gemächern, deren Trennwand durch eine Reihe portalartiger Öffnungen durchbrochen war (Polythyron), so dass ein offener und luftiger Raumcharakter erzielt wurde.
Insgesamt fügten sich die Palastanlagen, die in Knossós und Festós beispielsweise in Hanglage errichtet wurden, gut in die Landschaft ein, einschließlich der Mehrstöckigkeit der Gebäude, die sich terrassenartig zur Ebene absenkten. Ohne größeren Abstand zum Palast, der nicht ummauert war, schlossen sich die **Städte mit den Wohnvierteln** der Bürger und einfachen Leute sowie den vornehmen Häusern der Adligen an. Diese Einbindung des Palastes in das Umland machte zugleich die wirtschaftliche Abhängigkeit der Außenbezirke vom Zentrum als auch die unangefochtene Machtposition des Herrschers deutlich.

Villen

In der Umgebung der großen Paläste haben die Archäologen Überreste von herrschaftlichen Villen gefunden, z. B. Vathípetro oder Tílisos nahe Knossós sowie in Agía Triáda in der Nähe von Festós. Obwohl sich die Forscher über die Funktion der Villen noch nicht im Klaren sind, geht die Mehrzahl davon aus, dass es sich um Sommerresidenzen handelte bzw. um Subzentren, die den Palästen vergleichbare Aufgaben in wirtschaftlicher, politischer und religiöser Hinsicht hatten. Die Anlage einer Villa entsprach der des **Palastes in kleinerem Maßstab** mit Gebäudetrakten für Repräsentationssäle, Privatgemächer, Kulträume, Magazine und Werkstätten.
Lediglich die Villa von Agía Triáda zeigt einen ungewöhnlichen Grundriss aus zwei Höfen, von denen einer nach Norden zum Meer ausgerichtet ist und vielleicht eine Art Handelshof war, während der andere eine Südausrichtung zeigt und möglicherweise Zeremonien und Kulthandlungen diente.

Kult- und Grabbauten

Mit Ausnahme der für Kulthandlungen vorgesehenen kryptenartigen Räume im Palastinnern kannte die minoische Baukunst anscheinend keine besonderen Tempelbauten, was mit dem chthonischen Charakter des Götterkults zusammenhängt, der u. a. in Grotten und Berghöhlen ausgeübt wurde. Lediglich Gipfelheiligtümer auf dem Berg Jouchtas und bei Petsofás sowie ein Felsheiligtum bei Anemóspilia sind bezeugt als schlichte ummauerte Rechteckanlagen mit Hof und einem podestartig erhöhten Kultraum.
Die Sepulkralarchitektur ist allerdings durch zahlreiche **Nekropolen** belegt, die sich in der Nähe der großen Siedlungszentren befinden. Die Totenstätten zeigen als wiederkehrende Grabtypen vor allem Schacht-, Gang- und Kammergräber, in die die Leichen direkt oder in Sarkophagen gebettet wurden. Fürstliche Grabstätten bestanden sogar aus mehreren unterirdischen Kammern wie im Fall der Nekro-

pole Chrysólakkos nördlich des Palasts von Mália. Das so genannte Tempelgrab mit zwei Stockwerken oder das Königsgrab von Isópata als Vorläufer des mykenischen Kuppelgrabes nahe Knossós zählen zu den aufwändigsten Grabbauten.

Städtebau

Die minoischen Städte entwickelten sich rund um die großen Paläste, ohne einem einheitlichen Plan zu folgen, obwohl sie sich stets optimal der Topografie anpassten und auch wirtschaftlich-soziale Gegebenheiten berücksichtigten. Im Allgemeinen waren die Städte von einem Straßennetz durchzogen, das sich vom Palast in Richtung Meer, Hinterland und Totenstädte erstreckte. In der Stadtmitte war ursprünglich ein Platz für öffentliche Versammlungen, der von Sitzreihen umgeben war, jedoch verschwand, als der Palast zum alleinigen Zentrum der Machtausübung wurde. **Gourniá** im Ostteil der Insel bietet ein recht anschauliches Bild einer minoischen Stadt in Hanglage nahe dem Meer, die von etwa 3300 bis 1100 v. Chr. bewohnt war. Die flachen Häuser bildeten unregelmäßige Gebäudeblocks, die von engen, gewundenen Gassen durchzogen waren. Im Zentrum stand auf einer Anhöhe ein herrschaftliches Gebäude, vermutlich der Verwaltungssitz eines Statthalters.

◄ Wohnbau

Kenntnisse über den Wohnhausbau verdanken wir andernorts gefundenen kleinen Fayenceplättchen mit Hausfassaden. Demnach waren die Wohnhäuser auf rechtwinklingem Grundriss ein- oder mehrstöckig und hatten ein Flachdach, das auch als Terrasse genutzt wurde. In der manchmal mit Säulen umstandenen Haupthalle befand sich die Herdstelle, und ein offener Innenhof diente der Licht- und Luftzufuhr.

Skulptur

Im Unterschied zur gleichzeitigen Monumentalplastik in Mesopotamien und Ägypten beschränkte sich das skulpturale Schaffen der Minoer auf die **Kleinkunst**: Gefäßkeramik, Schmuckstücke, Stein- und Siegelschnitt sowie Votivfiguren.

Keramik

Zu den frühen Keramikarbeiten der Vorpalastzeit zählen die so genannte Göttin von Mírtos (2400 – 2200 v. Chr.; im Archäologischen Museum Ágios Nikólaos) als menschenförmiges Gießgerät sowie die doppelkonischen Kelche mit feinen Oberflächenverzierungen im so genannten Pirgos-Stil. Mit Hilfe der wohl aus Anatolien eingeführten Töpferscheibe und neuen Brandtechniken entstanden die geflammten Gefäße mit schnabelförmigem Ausguss im Vassiliki-Stil, der vom Barbotine-Stil mit punzierten Oberflächenmustern abgelöst wird. Zu Beginn der alten Paläste (ab 2100 v. Chr.) bestimmte der Kamáresstil die Gefäßkeramik mit ornamentalen Mustern aus Streu- und Laufspiralen, aus Quasten-, Scheiben- und Blattformen, die der Oberflächengestaltung Bewegtheit verliehen. Dünnwandige tassenartige Gefäße, so genannte Eierschalenware, oft in Schwarzweißdekor, sowie männliche und weibliche Idole waren weitere Keramikerzeugnisse. Einmalig ist der tönerne **»Diskos von Festós«** (s. Abb. S. 183) mit

Kanne im Kamares-Stil

beidseitig eingeprägten hieroglyphischen Schriftzeichen, die noch nicht entziffert sind. Insgesamt herrschten in der Keramik zwei Dekortechniken vor: die Bemalung und das Relief bzw. die Applikation plastischer Elemente, die auch häufig miteinander kombiniert wurden. Dabei entstanden formschöne, oft überreich dekorierte Gefäße in großer Vielgestaltigkeit, insbesondere während der Zeit der Neuen Paläste, als der Flora- und Meeresstil zur Blüte gelangte. Meisterwerke sind die beiden **Schlangengöttinnen** (s. Abb. S. 40) in beeindruckendem Naturalismus.

Den Schlussakzent in der Keramikkunst setzte der Palaststil ausschließlich in Knossós im Übergang zur mykenischen Epoche auf Kreta, der sich durch naturalistische Darstellungen auszeichnete, die sich an Flora und Fauna der Insel orientierten. In der Nachpalastzeit entstanden u. a. Tonidole mit erhobenen Händen und zylindrischen, reifrockartigen Unterleibern, die Anbetende oder Göttinnen darstellen. Die Tonplastik erreichte u. a. mit dem kleinfigurigen Kreistanz von Frauen, einem runden Tempelmodell und einem von Stieren gezogenen Wagen als Rhyton einen letzten Höhepunkt.

Sarkophage Die minoischen Kunsthandwerker stellten auch Sarkophage in Wannenform aus Ton her, die vielfach mit naturalistischen Tier- und Blumenmotiven bemalt waren. Lediglich in einem Grab bei der Villa von **Agía Triáda** fand sich der einzige **Steinsarkophag** (s. Abb. S. 215) auf Kreta (um 1400 v. Chr.), der außergewöhnlich reich bemalt ist.

Steinschnitt Durch die **Beeinflussung des Vorderen Orients** über Handelsbeziehungen entwickelte sich auch auf Kreta die Steinschnittkunst. Ein frühes Werk aus der Vorpalastzeit von großer Schönheit ist die Steinpyxis aus Káto Zákros mit feiner Ritztechnik und einem Griff in Gestalt eines liegenden Hundes. Ein meisterliches **Rhyton** (s. Abb. S. 1) aus Steatit ist der ungemein realistische Stierkopf aus Knossós. In diese Zeit fallen auch die reliefverzierten Gefäße aus Steatit, die in der Villa Agía Triáda gefunden wurden.

Zu den bedeutendsten Stücken zählen die so genannte **Schnittervase** (s. Abb. S. 212) und der so genannte Prinzenbecher. Sie zeugen vor allem durch die Bewegtheit der Darstellung von großer künstlerischer Begabung und Raffinesse. Besonders kostbar ist auch ein wunderschönes **Rhyton aus Bergkristall** (s. Abb. S. 213) mit einem Henkel aus Kristallperlen. Eine Rarität stellt der Kernos, ein runder Opfertisch, im Palast von Mália dar.

Siegelschnitt Die in Halbedelsteinen oder Elfenbein geschnittenen Siegel waren ein weiterer Bereich, in dem sich die minoischen Kunsthandwerker von Vorbildern aus dem Orient inspirieren ließen. Vor der Einführung der Schrift hatten die Siegel ganz praktischen Wert als Erkennungszeichen für ein Besitztum und dienten der Versiegelung von Truhen, Kisten und Gefäßen. Da das Zeichen leicht wiedererkennbar, aber auch unverwechselbar sein musste, entstand eine Vielzahl verschiedener Formen. Anfangs wurden Rollsiegel aus Mesopotamien, Stempelsiegel aus Syrien und Skarabäensiegel aus Ägypten nachgebildet. Doch schon bald entstanden eigene minoische Siegel, z. B. in Form abgeflachter Zylinder mit kleinen Henkeln oder in Linsen- und Ringformen bis hin zu einem vierzehnseitigen Siegel. Im Vergleich zum Orient zeigten die Gravuren von Anfang an eine größere Freiheit in der Wahl der Motive, die meist aus der Natur (Landschaftselemente, Tiere) genommen wurden, aber auch Jagdszenen, göttliche Erscheinungen oder rituelle Tänze wiedergaben, bis es zur Ausbreitung rein heraldischer Motive kam.

Goldschmiedekunst

Zu den ältesten Schmuckstücken der Insel zählen die filigranen Goldarbeiten als Ketten und Anhänger aus den vorpalastzeitlichen Gräbern von Móchlos, z. T. in zarten Blätter- und Blütenformen (im Archäologischen Museum Ágios Nikólaos). Auch der Halsschmuck aus Archánes besticht durch seine ungewöhnliche Verbindung von Gold, Elfenbein und Fayence. Daneben gibt es zahlreiche goldene Ringe mit figürlichen Motiven sowie Halsketten aus Gold und Glasfluss, Goldanhänger in Tierform, vergoldete Schwertgriffe, zeremoniale Doppeläxte aus Gold sowie Goldbecher mit eingepressten Spiralen. Das große technische Können der minoischen Goldschmiede belegen so berühmte Schmuckstücke wie der **Bienen-Anhänger**, den man in der Nekropole von Mália fand.

Der wunderschöne Bienenanhänger aus Mália

Obwohl die **Metallverarbeitung** auf Kreta bekannt war, wurde sie kaum zur Anfertigung von Bronzeplastiken genutzt. Die wenigen entdeckten Statuetten und Tierfiguren zeigen eine mindere Qualität. Geschätzt dagegen waren die minoischen Waffenerzeugnisse, die in der Regel für den Export bestimmt waren. Zu kultischen Zwecken wurden auch **Doppeläxte** aus Bronze hergestellt.

Elfenbein

Elfenbeinarbeiten aus der Neuen Palastzeit sind vor allem als Grabbeigaben gefunden worden, u. a. Plättchen mit Reliefdarstellungen, Fragmente von einem Fußschemel und Griffe eines Möbelstücks. Außergewöhnlich lebendig gestaltet ist die Elfenbeinstatuette eines Stierspringers.

Malerei Zur Ausgestaltung der Repräsentationssäle, Prozessionskorridore und Kulträume in den Palästen wurden die Wände mit großartigen Malereien überzogen. Obwohl die Mehrzahl der erhaltenen Fresken erst um 1600 v. Chr. entstand, ist anzunehmen, dass es bereits in der Alten Palastzeit Bemalungen auf mit Gips verputzten Wänden, wohl beeinflusst von der ägyptischen Kunst, gegeben hat. Die meisten Wandmalereien stammen aus dem Palast von Knossós, einige wurden auch in Villen und Häusern entdeckt, die in der Nähe der Paläste lagen. Zeigen die Palasträume häufig figürlichen Freskenschmuck, so überwiegen in den Villen florale Dekors.

Die ältesten Malereien werden als Miniaturfresken bezeichnet, da die abgebildeten Motive in sehr viel kleinerem Maßstab als in Wirklichkeit wiedergegeben sind. Häufig werden Hofszenen dargestellt, z. B. eine Zeremonie, die sich vor einem mit Stierhörnern und Doppeläxten geschmückten Heiligtum abspielt. Dabei sitzen die Hofdamen oder vielleicht auch Priesterinnen auf einer Veranda, umgeben von einer Zuschauermenge, die durch viele in verschiedene Richtungen schauende Köpfe überaus lebendig dargestellt ist. Äußerst ausdrucksvoll ist auch die so genannte Pariserin gestaltet als Teil der Darbringung eines Trankopfers. In der Neuen Palastzeit gewann das Relieffresko an Bedeutung. Das beste Beispiel dafür ist das **Stierkopfrelief** als Teil einer größeren Komposition, die einst die Wand des nördlichen Eingangs im Palast von Knossós zierte. In einer baumbestandenen Landschaft wird das Einfangen des wilden Stiers geschildert, wobei in der Wiedergabe der kraftvollen Gegenwehr des Tieres ein hoher Grad von Lebendigkeit erreicht wird. Etliche Freskenmalereien zeigen auch Personen in Lebensgröße mit verblüffendem Realismus.

Lilienprinz-Fresko

Berühmt ist das so genannte **Lilienprinz-Fresko**. Es ist eine männliche Figur mit Lendenschurz und Gliedtasche dargestellt; sie trägt einen aufwändigen Kopfschmuck aus Lilien und Pfauenfedern. Nicht weniger bedeutend ist das **Stierspringerfresko** aus dem Ostflügel des Palasts von Knossós, das drei junge Akrobaten darstellt, die ein rituelles Wettkampfspiel mit einem Stier austragen. Szenen aus dem Hofleben und Kultspiele, Feste und Prozessionen waren aber nicht die ausschließlichen Themen, denn es gab auch reine Landschaftsbilder mit sehr naturalistischen Wiedergaben von Tieren und Pflanzen. Über den Detailrealismus hinaus war es das Ziel der minoischen Künstler, die Vorstellung einer paradiesisch anmutenden Naturlandschaft in den Augen des Betrachters zu erwecken. So entstanden **Naturdarstellungen**, in denen blaue Vögel und duftende Blumen wie Lilien und Rosen vorkommen. Auf einem anderen Fresko tummeln sich blaue Affen vor einem lotosblütenübersäten Hintergrund aus grauen, türkisfarbenen, gelben und rosa Felsen, wobei sich exotische und kretisch-ländliche Elemente vermischen. Zum Repertoire gehören Rebhühner und Katzen, ferner Delphine, die das Gemach der Königin zierten, sowie ein Greifenfries, der den Thron im Palastsaal umfing.

◄ Relief

Große Sensibilität gegenüber der Natur und genaue Beobachtung von Bewegung zeichnen die minoischen Reliefkünstler aus, die das Wiegen der Gräser im Wind genauso gut wiedergeben können wie die abrupten Wendungen des Stiers, das Auffliegen der Vögel, die Spiele der Delphine und die Tanzschritte der Menschen. Diese Bewegungsabläufe sind ein bevorzugtes Darstellungsmittel, um im Palastbau die langen Korridore, Treppenhäuser und Säle möglichst lebendig auszugestalten. Die illusionistischen Landschaften erhellen die Innenräume und lassen sie größer erscheinen. Zugleich verlagern die Fresken einen Teil des Naturgeschehens in die Innenräume der Paläste und stellen eine reizvolle Verbindung zwischen natürlicher Außenwelt und von Menschenhand gestalteter Wohnwelt dar.

Griechisch-römische Antike

Nach dem Untergang der minoischen Zivilisation lag Kreta am Rand des Kunstgeschehens im östlichen Mittelmeer, als sich zwischen 1000 und 500 v. Chr. in Griechenland Architektur und Plastik zur viel gerühmten Klassik entwickelten mit großartigen Tempelbauten und idealisierten Menschenfiguren.

Architektur

Eine der frühesten griechischen Stadtgründungen auf Kreta ist **Lato** (8./7. Jh. v. Chr.), deren Überreste in Hanglage immer noch eindrucksvoll sind. Vom Stadttor windet sich ein Treppenweg an Geschäften vorbei zur Agora, dem zentralen Versammlungsplatz in der griechischen Polis mit den öffentlichen Gebäuden und Tempeln. Die Heiligtümer waren rechteckige Bauten mit Schautreppen an der schmalen Eingangsseite. Ein weiteres Beispiel für die frühe griechische Tempelbaukunst lässt sich in **Rizenía** finden. Der dortige Tempel A, bestehend aus dem Pronaos und der Cella, entspricht im Grundriss dem griechischen Antentempel, zeigt aber keine Säulen im Eingangsbereich, sondern Pfeiler. Den Tempel B kennzeichnet eine unregelmäßige Anlage mit einem westlich angefügten Opistodomos. Das erste **Heiligtum der Diktynna** auf der Halbinsel Rodopou wurde bereits im 7. Jh. v. Chr. errichtet und im 2./1. Jh. v. Chr. in einen dorischen Peripteros umgewandelt. Als Kaiser Hadrian 123 n. Chr. Kreta besuchte, ließ er dort einen neuen Tempel in Form eines Amphiprostylos errichten mit ionischen und korinthischen Säulen.

In römischer Zeit war **Górtys** die wichtigste Inselstadt und zugleich Hauptstadt der römischen Provinz Creta et Cyrenae. Obwohl es auch noch spärliche Überreste der Akropolis und des Theaters aus griechischer Zeit gibt, bestimmen römische Bauten das Stadtbild. Die Ausgrabungen förderten die Grundmauern des Prätoriums zutage mit einer langen Halle, Verwaltungsbereichen und Privatgemächern, in denen die römischen Statthalter residierten. Das Heiligtum von Isis und Serapis wurde nach der Eingliederung Ägyptens ins Römische Reich als Rechteckbau errichtet mit einer kleinen Krypta und Statuennischen. Der Apollon-Pythios-Tempel geht auf das 6. Jh. v. Chr. zurück, wurde aber in römischer Zeit zu einer dreischiffigen Anlage mit Mittelapsis und Pronaos aus sechs dorischen Säulen umgestaltet. Außerdem haben sich Reste von Nymphäen, Aquädukten und eines Amphitheaters erhalten.

Skulptur

In den archäologischen Museen der Insel sind jeweils kleinere Sammlungen der griechisch-römischen Antike zu sehen. Die Werke können aber nicht mit den großen Leistungen in dieser Epoche andernorts konkurrieren. In der **protogeometrischen und geometrischen Epoche** (1000 – 725 v. Chr.) entstand eine Keramik mit Moti-

Wenig ist geblieben von der ehemaligen römischen Hauptstadt Górtys.

ven wie Kreisen, Laufspiralen und Schachbrettmustern. Während der **orientalisierenden und archaischen Periode** (725–550 v. Chr.) wurden formschöne Keramikgefäße hergestellt, z. B. die dreihenklige Hydria mit Bienendarstellung (im Archäologischen Museum Ágios Nikólaos). Zur figürlichen Tonplastik gehören auch die weiblichen Protome (im Archäologischen Museum Ágios Nikólaos) und natürlich die archaischen Frauenköpfe mit ihrem rätselhaften Lächeln (im Archäologischen Museum Réthymnon). In der Bronzekunst wurden Brustpanzer und Waffen hergestellt. Hervorragend sind auch die Bronzereliefs, z. B. das Bronzeschiff mit Ruderern aus der Idäischen Grotte. Außergewöhnlich ist der Relieffries des archaischen Tempels Rhizenía mit einem Reiterzug.
Aus klassischer Zeit sind die fein gearbeitete Grabstele eines jungen Bogenschützen und die Metope mit Herakles und dem erymantischen Eber eines Tempels aus Knossós erhalten. Der **römischen Periode** entstammen die reich gewandete Figur eines Jünglings in Bronze, eine Marmorstatue von Aphrodite und die bärtige Figur eines Philosophen. Unter den verschiedenen Porträtköpfen der römischen Kaiserzeit ragt das Bildnis von Marc Aurel im Lorbeerkranz hervor (im Archäologischen Museum Chaniá). Daneben gibt es zahlreiche Kleinbronzen, Parfüm- und Salbfläschchen, Öllampen, Bronzegefäße, Gebrauchskeramik und auch reliefierte Sarkophage.

Mosaik

Zahlreiche römische Fußbodenmosaike geben anstelle der verlorengegangenen Wandmalereien einen Eindruck von der Wohnkultur in römischen Stadthäusern und Landsitzen. Besonders schöne Mosaike besitzt das Archäologische Museum Chaniá, darunter eines mit Komödienmotiven von Menander.

Vasenmalerei

Da die Wand- und Tafelmalerei aus griechischer Zeit gänzlich verloren ist, gibt nur die Vasenmalerei eine Vorstellung von der Darstellungsvielfalt. Die in Korinth entstandene schwarzfigurige Vasenmalerei entwickelte sich in Athen um 530 v. Chr. zur rotfigurigen Malerei weiter. Von Attika wurde sie dann auch nach Kreta importiert. Der Formenreichtum vom 6. bis 5. Jh. v. Chr. umfasste Vorratsgefäße (Amphoren, Pelike, Stamnos), Gefäße zum Mischen von Wasser und Wein (Hydria), Kannen (Oinochoe), Trinkgefäße (Kylix, Kantharos) und Salbgefäße (Alabastron, Aryballos).

Byzantinische Epoche

Die Gründung Konstantinopels 330 n. Chr. und die Teilung in west- und oströmisches (byzantinisches) Reich 395 n. Chr. brachte vor allem dem östlichen Mittelmeerraum bis zum Untergang des Byzantinischen Reiches 1453 eine neue Kunst- und Kulturblüte, die sich auch auf Kreta auswirkte. Trotz der arabischen Besetzung von 826/827 bis 961 und der 1246 beginnenden venezianischen Herrschaft war das Kunstschaffen auf Kreta von den bedeutenden byzantini-

Kreuzkuppelkirche Orientierung

Agios Kir Ioannis in Alikianou

Aufriss

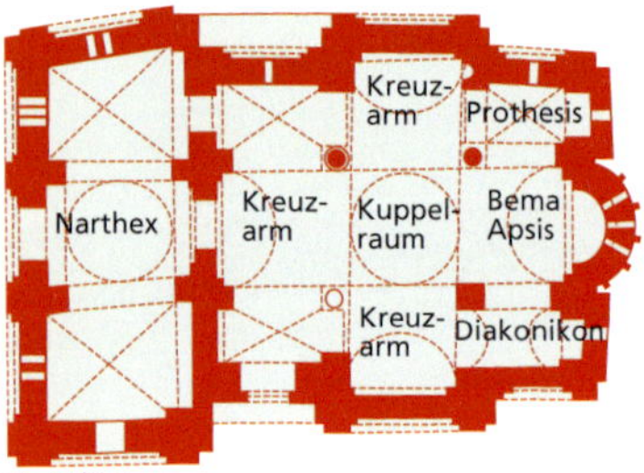

Grundriss

schen Stilepochen geprägt: der Kunst der justinianischen Kaiserdynastie (527 – 565), der Kunst des Ikonoklasmus (Bilderstreit; 726 – 843), der Kunst unter den Komnenen-Kaisern (1081 – 1185) und der Kunst der Paläologen-Kaiser (1261 – 1453).

Architektur Als im 4. Jh. n. Chr. das Christentum zur anerkannten Religion wurde, entstanden die ersten frühchristlichen Sakralbauten in Form der Basilika. Aus der 2. Hälfte des 5. Jh.s stammen die Grundmauern und das wunderschöne Fußbodenmosaik der **Basilika von Olous** bei Elounda. Ein Hauptwerk frühbyzantinischer Kirchenbaukunst ist die **Ágios-Títos-Basilika** (wahrscheinlich 6. Jh.) in **Górtys** als dreischiffige Anlage mit Vierungskuppel und Querhaus. Im Lauf der Jahrhunderte wurde der Kirchenbautypus vom Richtungsbau immer stärker zum Zentralbau. So entwickelte sich neben der Kreuztonnenkirche vor allem die Kreuzkuppelkirche im 10. Jahrhundert. Der am weitesten verbreitete Typus ist der Vierstützenbau aus Säulen mit Zentralkuppel und vier Tonnengewölben über Kreuzarmen von meist gleicher Länge und Höhe, in deren Ecken vier weitere Räume eingefügt sind. Zu beiden Seiten der Apsis im Osten dienen die Räume, Prothesis und Diakonikon genannt, liturgischen Zwecken, z. B. der Vorbereitung des Priesters auf den Gottesdienst. Im Westen schließt sich häufig eine als Narthex bezeichnete Vorhalle an. Für den Außenbau verwendete man Bruch- und Ziegelsteine in oft kunstvoller Anordnung; das Innere wurde reich freskiert.

In den ländlichen Gebieten Kretas herrscht als Kirchentypus die schlichte Einraumkapelle vor mit oft eindrucksvoller Freskomalerei. Im Innenraum ist der leicht erhöht liegende Altarbereich (Bema) anfangs durch eine steinerne Schranke vom Gemeinderaum (Naos) getrennt, aus der sich später die hohe Bilderwand als Ikonostase entwickelt.

Malerei Aus frühbyzantinischer Zeit, besonders aus der Periode des kaiserlichen Verbots der figürlichen Heiligendarstellungen (Ikonoklasmus), sind aufgrund der Zerstörungen durch die Araber im 9./10. Jh. nur wenige Malereien erhalten, zu denen die so genannten anikonischen Motive zählen wie florale oder geometrische Dekormuster, wie sie in kräftigen Farben bruchstückhaft noch in der **Ágios-Nikólaos-Kirche in Ágios Nikólaos** zu sehen sind. Meisterwerke des monumentalen komnenischen Malstils sind die Fresken (1230 – 1236) der **Ágios-Nikólaos-Kirche von Kyriaskosélia** mit ausgewogenen szenischen Darstellungen, fein modellierten Körpern, sensibler Linienführung und feierlichem Kolorit.

Die meisten mittelalterlichen Fresken des 14. und 15. Jh.s sind jedoch in Varianten des paläologischen Stils gestaltet worden. Ausdrucksvoll und lebendig ist beispielsweise der Erzengel-Michael-Zyklus (1315/1316) in der Michaíl-Archángelos-Kirche von Assómatos, einer Einraumkapelle. Den Höhepunkt der Sakralraumausschmückungen bilden die großartigen Fresken (1250 – 1350) der **Panagía-Kerá-Kirche** von Kritsá. Kraftvolle lebensnahe Gestalten wechseln sich ab mit dünngliedrigen Figuren von manierierter Bewegtheit. Reizvoll sind auch die bühnenbildartigen Hintergründe mit Landschafts- und Architekturdetails. In spätbyzantinischer Zeit gelangten die Brüder Manuel und Johannes Fokás mit ihrer Malerei zu Ruhm. Die Ausmalungen der Kirchen von Émbaros (1436/1437) und **Avdou** (1449) beeindrucken durch ihren feinen Linearismus, durch trotz gewisser

Naturalistische Darstellung in der Panagía-Kerá-Kirche in Kritsá

Schematisierungen changierende Farben und durch Architekturhintergünde. In der Tafelmalerei stand die Ikone im Mittelpunkt, die in der Regel die Ikonostase schmückte (►Baedeker Special S. 218).

Ikonografisches Programm

Die Ausmalungen der zahlreichen Kirchen auf Kreta unterlagen einem bestimmten ikonografischen Programm, das auch die Verteilung der Themen im Kirchenraum vorgab, wobei als Leitgedanke die **Vorstellung der universalen göttlichen Schöpfung** zu Grund lag, die insgesamt im Kirchenbau zum Ausdruck gebracht werden sollte. Besonderer Wert wurde auf die Ausschmückung der Kuppel als symbolischer Ort des Himmels gelegt, so dass hier Christus Pantokrator als Himmelsfürst, umgeben von Engeln und Propheten, erscheint. Hoher Rang kommt auch der Apsiswölbung zu, die symbolisch die Brücke bildet zwischen Erde und Himmel. Hier wird häufig die Fürbittegruppe (Deesis), die sich aus Christus, der Muttergottes und Johannes dem Täufer zusammensetzt, wiedergegeben. Den Altarraum (Bema) schmücken liturgische Themen, und im Gewölbe findet sich häufig eine Himmelfahrts- und Pfingstdarstellung.

An den Längswänden des Gemeinderaums (Naos) erhalten Märtyrer und Heilige als Zeugen christlicher Lehre ihren Platz. Die Tonnengewölbe in symbolischer Mittlerstellung zwischen himmlischer und irdischer Zone sind mit neutestamentlichen Szenen des Festtagskalenders der orthodoxen Kirche geschmückt. Dazu zählen Verkündigung, Geburt Christi, Darbringung im Tempel, Taufe, Einzug in Jerusalem, Kreuzigung und Marientod. Die Westwand nimmt in der Regel die Darstellung des Jüngsten Gerichts ein.

Kleinkunst

Da an Werken der Monumentalplastik nicht zuletzt aus religiösen Gründen kein Bedarf war, kam es nur zur Ausprägung von Kleinkunst. Dazu zählen kostbare Textilarbeiten bis hin zu liturgischen Gewändern, ferner Elfenbeinarbeiten sowie Werke der Gold- und Silberschmiedekunst, vor allem liturgisches Gerät.

Kreto-venezianische Epoche

Die Übernahme der Inselherrschaft durch die Venezianer 1204 hat nur im Profanbau zu einigen Neuerungen geführt, während der Sakralbau weitgehend unter byzantinischem Einfluss blieb.

Hafen- und Festungsanlagen

In den Küstenstädten Iráklion, Chaniá, Réthymnon und Sitía wurden von den Venezianern eindrucksvolle Häfen als Flotten- und Handelsstützpunkte gebaut mit langen Kaimauern, Leuchttürmen, Arsenalen, Zollgebäuden, Lagerhäusern und Verteidigungsanlagen. In Iráklion beeindrucken das trutzige **Hafenkastell Koules** mit Markuslöwenreliefs und der Festungswall mit Toren und Bastionen einschließlich Vorwerken, die nach Plänen des berühmten veronesischen Architekten und Festungsbaumeisters Michele Sanmicheli von 1550 bis 1560 ausgeführt wurden.

Öffentliche Gebäude und Wohnbau

Zu den repräsentativsten venezianischen Bauten der Insel zählen die Loggien im Hochrenaissancestil, die in den Städten als Versammlungsort des kreto-venezianischen Adels dienten. Die prächtigste Loggia, erbaut von 1626 bis 1628, wurde nach Vorbildern des italienischen Architekten Andrea Palladio in Iráklion errichtet als zweigeschossiger Bau mit Arkadenzone und Dachbalustrade. Adel und wohlhabende Bürger bauten sich im Spätmittelalter und in der Renaissancezeit zahlreiche Stadtpaläste, von denen einige noch in den ehemaligen venezianischen Stadtvierteln von Chaniá und Réthymnon zu sehen sind.

Brunnenanlagen

Von besonderem Reiz sind die verschiedenen Brunnen. Der prächtige reliefverzierte Morosini-Brunnen (1628) mit apsidialem Beckenrand und von Löwen getragener Mittelschale sowie der Bembo-Brunnen (1558) erfreuen noch heute die Menschen in Iráklion.

Kirchenbau

Als bedeutendster Sakralbau des römisch-katholischen Glaubens gilt die **San-Marco-Kirche in Iráklion** (1239) – von 1239 bis 1669 Sitz des

Das mächtige venezianische Hafenkastell Koules bewacht Iráklion.

lateinischen Erzbischofs von Kreta – in Gestalt einer dreischiffigen Säulenbasilika mit pultdachförmigen Seitenschiffen. Unter den katholischen Klosterkirchen ragt in **Chaniá die San-Francesco-Kirche** (16. Jh.; heute Archäologisches Museum) hervor als dreischiffige Pfeilerbasilika mit Spitztonne im erhöhten Mittelschiff und Kreuzrippengewölben in den Seitenschiffen.
Der venezianische Renaissancestil hat auch den byzantinisch-orthodoxen Kirchenbau im 16./17. Jh. beeinflusst, besonders bei der Fassadengestaltung. So zeigt die Westfassade (1587) des **Arkádi-Klosters** eine Doppelsäulenordnung und kräftiges Gebälk. Neben der Kreuzkuppelkirche kommen nunmehr in Westkreta auch häufig Dreikonchenanlagen auf kleeblattförmigem Grundriss vor, wozu auch die **Klosterkirche** (1634) von **Goniás** zählt.

Malerei

Im Mittelalter fanden lediglich wenige Heilige wie Franziskus oder das Thema des Gnadenstuhls aus der lateinischen Kirche Eingang in die byzantinische Freskomalerei. Im Verlauf des 16. Jh.s kamen durch die Venezianer die Einflüsse des Renaissancestils nach Kreta. Auf dem Gebiet der Tafelmalerei schuf **Michael Damaskinos** (► Berühmte Persönlichkeiten) hervorragende Werke in der zweiten Hälfte des 16. Jh.s. Seine Abendmahlsikone und die Anbetung der Könige (beide im Byzantinischen Museum Iráklion) zeichnen sich durch lebendige Personenschilderung, Bewegungsreichtum, perspektivische Darstellungsmittel und reiches Kolorit aus.
Der berühmteste Maler der Insel, Domenikós Theotokópoulos, genannt **El Greco** (► Berühmte Persönlichkeiten), hat in seiner Heimat keine Werke hinterlassen, zählt aber zu den Meistern des europäischen Manierismus. Aus der ersten Hälfte des 17. Jh.s stammen die Tafelbilder von **Emmanuel Skordilis**, u. a. ein thronender Christus und ein Jüngstes Gericht im Kloster Agía Triáda. Die alte Minas-Kathedrale von Iráklion besitzt ausdrucksvolle Werke (1740 – 1760) von **Georg und Zacharias Gastrofilákos**, darunter eine farbenprächtige Landschaftsgestaltung mit der Erschaffung Evas. Um 1770 entstanden im Kloster Toplou die vielfigurigen Ikonen von **Ioánnis Kornáros** mit großem Erzählreichtum.

Skulptur und Kleinkunst

Zahlreiche plastische Werke und Kleinkunst werden im Historischen Museum Iráklion aufbewahrt, angefangen von gotischen Reliefs, venezianischen Grabplatten, Skulpturen von verschiedenen Kirchen, Steinwappen und Architekturfragmenten bis zu Gold- und Silbermünzen, Schmuck, Kacheln, Keramik, holzgeschnitzten Kreuzen und Bischofsstäben.

Türkische Zeit

Als die Türken während des Osmanischen Reiches von 1669 bis 1898 Kreta besetzt hielten, wandelten sie einige christliche Kirchen in islamische Gotteshäuser um. In Iráklion wurde beispielsweise die Metropolitenkirche des hl. Titus zur Moschee, die als Zentralbau mit Hauptkuppel und vier Nebenkuppeln nach Mekka ausgerichtet war. Inzwischen wieder (seit dem Jahr 1925) in die orthodoxe Kirche mit drei Apsiden zurückverwandelt, erinnern noch zwei islamische Gebetsnischen mit Stalaktitgewölben an die türkische Epoche. In Chaniá, Réthymnon und Sitía zeugen noch zahlreiche Holzhäuser mit vergitterten Erkern von der Wohnkultur der Türken, die auch verschiedene Bäder und Brunnenanlagen errichteten.

19. Jahrhundert

In der zweiten Hälfte des 19. Jh.s und um die Jahrhundertwende nach der Unabhängigkeit Kretas 1898 entstanden neue **Wohnviertel** und öffentliche Gebäude in den damals in Europa vorherrschenden historisierenden Stilen von der Neurenaissance über den Neubarock bis zum Neuklassizismus. In einer schönen neuklassizistischen Villa aus der Jahrhundertwende ist heute das Historische Museum Chaniá untergebracht.
Bemerkenswert als **Industriebau** ist die dortige Markthalle aus dem Jahr 1913 auf griechischem Kreuzgrundriss, wobei die vier Kreuzarme als große Hallen konstruiert sind. Im **Kirchenbau** bleiben die Kreter den traditionellen Formen der byzantinischen Architektur treu, einschließlich der Innenraumausschmückungen mit den überlieferten ikonografischen Freskenprogrammen. Die im Jahr 1895 vollendete Metropolitenkirche des hl. Minas in Iráklion zeigt sich als fünfschiffige Kuppelraumanlage in dieser Tradition.

Musik

Musik

Musik ist aus dem Leben der Kreter nicht wegzudenken. In den Zeiten der türkischen Fremdherrschaft waren Lieder ein Mittel des Widerstandes und trugen zur Bewahrung der kulturellen Identität bei. Sie werden trotz der heute vorherrschenden Pop-Musik immer noch gesungen. Kretische Musik ist in Mitteleuropa u. a. durch die Kompositionen von **Mikis Theodorakis** (► Berühmte Persönlichkeiten) populär geworden.

Instrumente

Das wichtigste Instrument der kretischen Musik stellt die **Lyra** dar, ein dreisaitiges Streichinstrument mit einem Schellenbogen. Das Santouri, das auch von Alexis Sorbas gespielt wird, ist ein weiteres wichtiges Saiteninstrument. Dazu kommen im Kleinorchester noch die aus Venezianerzeiten stammende Lautros (Laute) und die Askomantoura, ein Blasinstrument.

◄ weiter S. 72

WENN SORBAS DEN SIRTÁKI TANZT

Der berühmte Roman »Alexis Sorbas« des kretischen Dichters Níkos Kasantzakis war die Vorlage für den gleichnamigen erfolgreichen Film von Michael Cacoyannis mit Anthony Quinn in der Hauptrolle.

»Ein Unbekannter von ungefähr fünfundsechzig Jahren, hochgewachsen, hager, mit aufgesperrten Augen, hatte sein Gesicht an die Scheibe gepreßt und blickte mich an. Er hielt ein kleines plattes Bündel unter dem Arm. Was mir besonderen Eindruck machte, waren seine Augen. Sie waren spöttisch, traurig, unruhig, ganz Feuer. So schien es mir wenigstens. Sobald sich unsere Blicke begegneten, war es, als sei er sich sicher, dass ich der war, den er suchte.« So beginnt die seltsame Begegnung zwischen einem jungen englischen Schriftsteller und einem Mann namens Alexis Sorbas – zwei Menschen, wie man sie sich gegensätzlicher nicht vorstellen könnte: der eine gebildet, introvertiert und eher in seinen Büchern als im richtigen Leben zuhause; der andere voller Lebensdrang und ungestümer Leidenschaft bei allem, was er tut, ein Mann, der vor allem aus dem Bauch und mit dem Herzen lebt. Es ist die Geschichte einer Männerfreundschaft, die vor dem Hintergrund des kretischen Alltags in all seiner Härte, aber auch all seiner Poesie und unverbrauchten, archaischen Schönheit erzählt wird. Der Autor dieser Geschichte, **Nikos Kasantzakis**, stammte zwar von Kreta, war bei aller Verbundenheit mit seiner Heimat aber auch ein überaus kosmopolitischer Geist und ein scharfsichtiger Kritiker seiner Landsleute. Sein 1946 erschienener Roman über Alexis Sorbas machte ihn, der in Griechenland als Schriftsteller kein Unbekannter mehr war, mit einem Schlag weltberühmt. Was viele nicht wissen: Alexis Sorbas ist nicht eine reine Erfindung von Kasantzakis, sondern es hat ihn tatsächlich gegeben. Der richtige Sorbas hiess Giorgos und war Bergarbeiter. 1916 kreuzten sich die Wege von Kasantzakis und Sorbas.

Alan Bates und Anthony Quinn in »Alexis Sorbas«: zwei Typen, wie sie unterschiedlicher kaum sein können

Der Schriftsteller verbrachte einige Monate mit dem mazedonischen Bergmann auf dem Peloponnes, um Braunkohle zu schürfen – das Bergbauprojekt im Roman hat hier seinen realen Vorläufer. Kaum jemand hätte erahnt, dass Giorgos Sorbas, oder, genauer gesagt, der Sorbas, den Kasantzakis aus ihm gemacht hatte, als Romanheld in die Literaturgeschichte eingehen würde! Der Erfolg des Romans war allerdings nur das Vorspiel für eine noch weit größere Popularität, die der Geschichte dieser beiden Männer durch ihre Verfilmung beschieden sein sollte.

Mit »Alexis Sorbas« gelang 1964 **Regisseur Michael Cacoyannis** ein Streifen, der die Menschen in Scharen in die Kinos lockte und von der Kritik mit Lobeshymnen überschüttet wurde. »Zorba the Greek«, so der Originaltitel, avancierte schnell zu einem Klassiker der Filmgeschichte. Gedreht wurde der Film an Originalschauplätzen auf Kreta, vor allem in dem kleinen Fischerdorf Stavrós auf der Halbinsel Akrotíri. So manches, was im Film nach echt griechisch aussieht, entpuppt sich bei näherem Hinsehen dann aber doch als (gekonnte) Mogelei. So der **Sirtáki**, den der **Hauptdarsteller Anthony Quinn** so hinreißend tanzt. Da der Schauspieler in der kurzen Zeit der Dreharbeiten die komplizierten kretischen Volkstänze nicht lernen konnte, wurde ihm zur Musik von Mikis Theodorakis eine einfache Variante maßgeschneidert. Die meisten Urlauber halten den Sirtaki deshalb für einen Traditionstanz. Dass der Film von Cacoyannis gegenüber dem Roman vieles vereinfacht oder schematisiert ist jedem, der schon mehr als eine Romanverfilmung gesehen hat, nicht fremd. Natürlich hat Cacoyannis aus den Hauptfiguren Charaktere geschaffen, die am Rand der klischeehaften Überzeichnung stehen.

Dass sie dennoch so überzeugend wirken, ist der hervorragenden Besetzung zu verdanken. Die größten Sympathien gelten allerdings Anthony Quinn. Der Charakter dieses Lebenskünstlers schien dem Schauspieler in einem Maß auf den Leib geschneidert, dass Schauspieler und Rolle für den Zuschauer eins wurden – Quinn spielte nicht den Sorbas, er war Sorbas.

Mantinades Bei Familienfeiern kommen oft Mantinades zum Vortrag, gesungene Verse mit Musikbegleitung, die aus dem Stegreif die Anwesenden mit Witz und Anspielungen auf die Schippe nehmen.

Tanz

Ausdruck des Lebensgefühls Tanz ist in der kretischen Gesellschaft – als Ausdruck ihres Lebensgefühls – tief verwurzelt und wird oft und überall ausgeführt. Die meisten kretischen Tänze haben sich in einer bestimmten Region herausgebildet, wurden dann aber abgewandelt auch in anderen Gegenden getanzt. Sie werden von **Vereinen und Volkstanzgruppen** gepflegt. Außer den unten aufgeführten Tänzen gibt es noch weitere, die heute aber leider nicht mehr in Gebrauch sind. Kreta-Besucher könnten den falschen Eindruck gewinnen, dass hier nur die Männer tanzen. Aber auch die Frauen tanzen viel und gern, auf religiösen Festen und Feiern wie Taufe und Hochzeit. Wenn der Besucher auf eine Gruppe von tanzenden Kretern trifft, sollte er nicht glauben, er könne nicht mittanzen, weil er die Schritte nicht kenne. Die Kreter werden diese Denkweise nicht verstehen. Im Tanz werden positive und negative Gefühle ausgedrückt. Dies wird auch in dem Ausspruch von **Alexis Sorbas** in Nikos Kasantzakis' gleichnamigem Roman deutlich: »Chef ich habe dir viel zu sagen, ich habe keinen Menschen wie dich geliebt, ich habe dir viel zu sagen, aber meine Zunge schafft es nicht. Ich werde es dir also vortanzen ...«

Die Lyra darf bei keiner Musikaufführung fehlen.

Viele halten den **Sirtáki** für einen alten kretischen Tanz, aber er ist vielmehr ein Produkt der Traumfabrik Hollywood, denn er entstand 1964 im Zusammenhang mit dem Film **»Alexis Sorbas«**. Da für den Hauptdarsteller Anthony Quinn kretischer Tanz zu schwierig war, wurde für ihn zur Musik von Mikis Theodorakis ein einfacherer Tanz entworfen, eben der Sirtáki (►Baedeker Special S. 72/73).

Der **Siganos** (»Langsame«), der auch »Tanz des Theseus« genannt wird, bildet die Einleitung für den **Pentosális**. Er ist ein langsamer Tanz, der von leisen Lauten- und Lyraklängen begleitet wird. Der Pentosális (»Fünf-Schritt-

Tanz«) ist wie alle kretischen Tänze minoischen Ursprungs ein temperamentvoller Tanz mit lebhafter Musik und besteht aus fünf Grundschritten. Er bietet die Möglichkeit zu Improvisationen und außergewöhnlichen Sprüngen des Vortänzers. Der leichte **Sirtós** (»Rundtanz«), auch Chaniótikos genannt, ist der ursprünglichste Tanz Kretas. Er stammt eigentlich aus Chaniá, wird heute aber überall auf der Insel gepflegt. Männer und Frauen führen die Tanzschritte mit schleifenden Füßen aus.

Der aus Réthymnon stammende **Sousta** (»Federtanz«) ist der einzige Paartanz Kretas. Er ist ein erotischer Tanz, bei dem sich Männer und Frauen mit sechs leicht hüpfenden Schritten einander nähern und wieder voneinander entfernen. Der Name des **Kastrinos** leitet sich von »Megalo Kastro« (Iráklion) ab und wird auch »Maleviziotikos« nach dem Gebiet Maleviziou genannt. Er ist ein Männertanz, der von großen Sprüngen gekennzeichnet ist. Der **Pidikto**, dessen Ursprung in der Gegend von Iráklion liegt, weist wie die anderen Tänze auch viele Varianten auf.

Berühmte Persönlichkeiten

Warum verschlug es El Greco nach Venedig? Warum wurde der Roman »Alexis Sorbas« von Kasantzakis so berühmt? Was bewegte Arthur Evans, in Knossós Ausgrabungen durchzuführen? Kleine Denkmäler für die, die der Insel Kreta ihren Stempel aufgedrückt haben.

Michael Damaskinos (1535 – 1591)

Maler

Vom Leben des Michael Damaskinos (Michele Damasceno), des Hauptvertreters der kreto-venezianischen Malerei, ist wenig bekannt. So weiß man nur, dass er aus Iráklion stammt, wo er an der bedeutenden Hochschule der Mönche vom Berg Sinai in der Agía-Ekateríni-Kirche studierte. Im Jahr 1577 berief ihn die griechische Kolonie von Venedig dorthin und beauftragte ihn, in der Kirche Giorgio dei Greci künstlerische Arbeiten auszuführen. Später wurde dem Maler die gesamte Innendekoration der Kirche übertragen. Nach einem Aufenthalt auf Korfu kehrte er nach Kreta zurück. Einige seiner bekanntesten Werke sind im Ikonenmuseum in Iráklion ausgestellt.

Daskalojannis (gest. 1770)

Freiheitskämpfer

Der Freiheitskämpfer Ioannis Vlachos, wegen seiner Bildung Daskalojannis (»Jannis der Lehrer«) genannt, stammt aus Anópolis auf der Sfakiá-Hochebene, die ein Zentrum des Widerstands gegen die Türken bildete. Er war der wichtigste Führer der Revolution von 1770, für die er sein ganzes Vermögen verwendete. Daskalojánnis ging auf Sicherheitsversprechen hin zu Friedensverhandlungen mit den Türken nach Iráklion, die ihn jedoch 1770 gefangen nahmen und bei lebendigem Leib häuteten. Sein Bruder war bei der Hinrichtung anwesend und verlor darüber den Verstand. Der Freiheitskämpfer wurde zum **Nationalhelden Kretas**.

Odysseas Elytis (1911 – 1996)

Dichter

Der Dichter Odysseas Elytis, mit eigentlichem Familiennamen Alepoudelis, stammt aus Iráklion, verbrachte seine Jugend in Athen und studierte hier Jura. Bis zu seinem Tod lebte er in dieser Stadt. Er gehörte zum Kreis um G. Seferis, der die neugriechische Dichtung in den 1930er-Jahren erneuerte. 1979 erhielt er den **Nobelpreis für Literatur**. Elytis schuf surrealistische Dichtung mit starker Naturverbundenheit, deren Besonderheit die gewagte neuartige Metaphorik darstellt. Sein Hauptwerk ist der Gedichtband »To axion esti« (1959), das von Mikis Theodorakis vertont wurde. Weitere Werke von ihm sind: »Ta ro tou erota« (»Lieder der Liebe«, 1972), »Maria Nephele« (»Maria Nepheli«, 1978) und »Hemerologion henos atheatu Apriliou« (»Tagebuch eines nichtgesehenen April«, 1984).

Sir Arthur Evans (1851 – 1941)

Archäologe

»Ein kleiner, ganz unglaublich kurzsichtiger Mann, der stets einen dicken Spazierstock trug, um den Weg zu ertasten«, so beschreibt C. W. Ceram den britischen Archäologen Arthur Evans.

←Der Maler El Greco erlangte weit über die Insel hinaus Berühmtheit.

Evans, der Entdecker von Knossós

Als Korrespondent des »Manchester Guardian« auf dem Balkan bezog Evans Stellung für den Freiheitskampf der Griechen gegen die türkische Herrschaft. Er ging nach Griechenland, wo er von den Entdeckungen Heinrich Schliemanns, auch durch persönlichen Kontakt, fasziniert wurde. Hieroglyphen-Siegel mit vorphönikischen Schriftzeichen veranlassten ihn, Im Jahr 1893 nach Kreta zu fahren. Der Forscher kaufte mit seinem ererbten Vermögen das Gebiet des sagenhaften **Knossós**, wo bereits Schürfungen vorgenommen worden waren, und unternahm ab 1900 auf eigene Kosten hier Ausgrabungen. Diese führten zur Entdeckung des Palasts von König Minos mit 2800 Tontafeln in altkretischer Schrift.

Evans war wie besessen von Knossós. In dem vierbändigen Werk »The Palace of Minos« beschrieb er in den Jahren 1922 bis 1935 das Leben im Palast der minoischen Könige. Der Archäologe erstellte aufgrund seiner langjährigen Grabungen eine Chronologie der minoischen Kultur. Er nahm auch Restaurierungen und Rekonstruktionen vor, die heute jedoch umstritten sind. Seine Forschungen erfuhren weitgehende wissenschaftliche Anerkennung, und er wurde 1911 in den Adelsstand erhoben. Zudem berief man ihn als Professor nach Oxford. In den vier Jahrzehnten bis zu seinem Tod gelang es ihm allerdings nicht, die minoischen Schrifttafeln zu entziffern.

El Greco (um 1541 – 1614)

Maler

El Greco (spanisch »Der Grieche«) wurde als Domenikos Theotokopoulos um das Jahr 1541 wahrscheinlich in Fódele, westlich von Iráklion, geboren. Schon als Kind erlernte er in seiner Heimat die Ikonenmalerei. Als junger Mann kam er nach Venedig, wo er u. a. bei Tizian und Tintoretto in die Lehre ging, und später nach Rom. Da man dort seinen Namen nicht aussprechen konnte, wurde er »El Greco« genannt. Seit 1577 lebte und wirkte er in Toledo, wo er sich um Aufträge des spanischen Königs Philipp II. und der Kirche bemühte.

Sein Werk befasst sich überwiegend mit religiösen Themen, doch schuf er auch zahlreiche eindringliche Porträts und Landschaften. Seine Kunst gehört zum Höhepunkt des Manierismus. Charakteristisch sind seine lang gestreckten, gewundenen Gestalten, die unwirklich fahle Farbgebung und die irrealen Lichteffekte, die zusammen den Eindruck von Übersinnlichkeit und Vergeistigung erwecken. Gegen die Vermutung, dass die Verzerrungen der Proportionen durch ein Augenleiden bedingt seien, spricht, dass auch die späteren Bilder Tintorettos dieses Merkmal aufweisen. El Greco starb 1614 in Toledo.

Nikos Kasantzakis (1883 – 1957)

Dichter

Der aus Iráklion stammende Schriftsteller Nikos Kasantzakis ist einer der bedeutendsten Vertreter der neugriechischen Literatur. Schon seit frühester Jugend an allen geistigen Strömungen interessiert, studierte er zunächst in Athen Jura und anschließend in Paris Philosophie – u. a. bei H. Bergson – sowie politische Wissenschaften. Nach Griechenland zurückgekehrt, arbeitete er als Ministerialdirektor und bekleidete 1945/1946 ein **Ministeramt**, von dem er wegen parteipolitischer Auseinandersetzungen zurücktrat. Kasantzakis lebte dann überwiegend in Südfrankreich. Er starb 1957 in Freiburg im Breisgau und fand seine letzte Ruhe auf der Martinengo-Bastion der alten Stadtmauer in Iráklion.

Sein umfangreiches Wissen vertiefte Kasantzakis auf ausgedehnten Reisen durch England, Spanien, Russland, Japan und China, von denen er in außergewöhnlichen Reisebüchern berichtet. Außer diesen Reisebeschreibungen verfasste er lyrische und epische Gedichte (»Odyssee«, 1938), Erzählungen, Romane, Tragödien mit altgriechischen, frühchristlichen und byzantinischen Stoffen sowie philosophische Prosa. Seine Werke zeichnen sich durch eindringliche Darstellungskraft, unverbrauchte Sprache, lyrische Fülle und philosophische Tiefgründigkeit aus. In dem nicht zuletzt durch die Verfilmung weltweit bekannt gewordenen **Roman »Alexis Sorbas«** (1946; ► Baedeker Special S. 72/73) hat Kasantzakis in zwei Hauptgestalten die beiden Seiten seiner kretischen Persönlichkeit aufgezeigt, einerseits die zivilisierte Gelehrsamkeit und andererseits die unverbrauchte, ursprüngliche Kraft und Vitalität.

Weitere sehr bekannte Romane sind »O Kapetan Michalis« (»Freiheit oder Tod«, 1953), in dem der Dichter sehr drastisch den Aufstand von 1889 gegen die Türkenherrschaft schildert, und »Ho Chritos xanastauronerai« (»Griechische Passion«, 1954). Dieser Roman wurde im Jahr 1957 von dem Regisseur Jules Dassin in dem Dorf Kritsá bei Ágios Nikólaos ebenfalls verfilmt. Als Übersetzer übertrug Kasantzakis u. a. Werke von Dante, Goethe, Shakespeare, Darwin, Nietzsche, Rimbaud und García Lorca ins Griechische.

Vitsentsos Kornaros (gest. 1677)

Dichter Der Epiker und Dramatiker Vitsentsos Kornáros, dessen Geburtsort Sitía ist, schrieb die romanhafte epische Dichtung »Erotokritos« (hg. 1713) – etwa 10 000 Verse in Reimpaaren –, die zu den bedeutendsten Werken der neugriechischen Literatur jener Zeit zählt. Das Werk ist von französischen sowie italienischen Ritterromanen und Dramen beeinflusst. Kornáros gilt auch als Verfasser des religiösen Dramas »Das Opfer Abrahams«.

Pantelis Prevelakis (1909 – 1986)

Dichter Der Schriftsteller Pantelis Prevelakis studierte Philologie in Paris und Thessaloníki. Von 1939 bis 1975 war er Professor für Kunstgeschichte an der Athener Kunstakademie, blieb jedoch seiner Heimatstadt Réthymnon zeitlebens verbunden. Prevelakis wurde bekannt durch eine neue geschichtliche Betrachtungsweise, die »Mythistorie«, eine Mischung aus historischer Darstellung und subjektiv-mythischer Eindrücken, wie z. B. in dem 1938 erschienenen Roman **»Chronik einer Stadt«**, in der er Réthymnon beschreibt. Der Roman »Die Sonne des Todes« (1961) thematisiert die Blutrache. Der Schriftsteller ist im Gegensatz zu Kasantzakis zu Unrecht in Vergessenheit geraten. Doch sind beide Dichter für denjenigen, der die kretische Denk- und Lebensweise kennen lernen will, unbedingt zu empfehlen.

Mikis Theodorakis (geb. 1925)

Komponist Der griechische Komponist Mikis Theodorakis wurde zwar auf der Insel Chíos geboren, aber seine Eltern stammen aus Kreta, wodurch er Verbindung zu der Insel hatte. Theodorakis studierte in Athen und Paris Musik bei Messiaen. Er war mehrmals Abgeordneter im griechischen Parlament und wurde dazwischen nach dem Putsch von 1967, wie schon einige Jahre zuvor, inhaftiert.

Seine **von politischem Engagement geprägten Kompositionen**, u. a. Orchesterwerke, Ballette, Oratorien, Lieder, Bühnen- und Filmmusik – darunter »Alexis Sorbas«, 1964 – erlangten durch die Verwendung griechischer Volksmusik sowie durch ihre eingängige Melodik und Rhythmik große Breitenwirkung. Theodorakis sagt selbst von sich, dass die kretische Musik von ausschlaggebender Bedeutung für seine Entwicklung als Komponist gewesen sei. Der von der Kretern hochverehrte und preisgekrönte Komponist lebt heute in Athen.

Eleftherios Venizelos (1864 – 1936)

Politiker Der Jurist, Politiker und Staatsmann Eleftherios Venizelos, in Murnies bei Chaniá geboren, war eine charismatische, bis heute in Kreta sehr verehrte Persönlichkeit, die für die Vereinigung der Insel mit Griechenland kämpfte. 1905 leitete er zur Verwirklichung dieses Ziels den bewaffneten Aufstand von Therisso (bei Chaniá), der allerdings nur zur Ablösung des Statthalters von Kreta führte. Auch ein weiterer Versuch scheiterte, als Venizelos einfach den Anschluss der Insel an Griechenland proklamierte. Als **Begründer der griechischen Liberalen Partei** wurde er erstmals 1910 Ministerpräsident des Landes. Diese Partei strebte die Wiederherstellung eines Großgriechenlands an, das Konstantinopel und die kleinasiatische Küste einschließen sollte. Durch weit reichende innenpolitische Reformen (Bodenreform, Zulassung von Gewerkschaften, Sozialversicherung) schuf Venizelos das moderne griechische Staatswesen. Außenpolitisch betrieb er die **Einigung aller Griechen und die territoriale Ausweitung** mit militärischen Mitteln. Zwei Balkankriege (1912/1913) brachten beträchtliche Gebietsgewinne und den endgültigen Anschluss Kretas an Griechenland, doch scheiterten weitere Expansionsversuche am Widerstand der Türken unter Mustafa Kemal Pascha (Atatürk). Nach einem misslungenen Putschversuch gegen die Regierung Tsaldaris ging Venizelos nach Paris ins Exil, wo er 1936 verstarb. Venizelos' Verdienste liegen in den innenpolitischen Reformen, während seine Expansionspolitik für die Griechen katastrophale Folgen hatte.

Venizelos hat die neue griechische Geschichte stark mitgeprägt.

Praktische Informationen

WAS SIND DIE KULINARISCHEN SPEZIALITÄTEN KRETAS? WIE SCHNELL DARF MAN AUF DEN STRASSEN FAHREN? LESEN SIE ES NACH!

Anreise · Reiseplanung

Anreisemöglichkeiten

Mit dem Flugzeug Von Deutschland besteht zwischen Frühjahr und Herbst Flugverkehr von vielen deutschen Städten vor allem nach Iráklion, aber auch nach Chaniá. Condor fliegt von zahlreichen deutschen Städten und von Wien nach Iráklion; auch Billigflüge werden angeboten. Verbindungen nach Iráklion hat Tuifly von Berlin-Tegel, Wien und Basel im Programm. Bei Airberlin stehen folgende Fluglinien im Plan: von Hamburg, Dresden, Berlin-Tegel, Leipzig-Halle, Erfurt und Nürnberg, zudem Wien und Basel nach Iráklion sowie von Berlin-Tegel und Nürnberg, ferner Wien und Basel nach Chaniá. Easyjet unterhält eine Linie von Berlin-Schönefeld nach Irákilon.

Außerdem gibt es täglicher **Linienflugverkehr** nach Athen und Thessaloníki mit Anschlüssen nach Kreta. Aus Österreich existieren tägliche Linienverbindungen von Wien nach Athen und Thessaloníki. Der Weiterflug erfolgt dann mit den griechischen Fluglinien Olympic Air und Aegean Air. Von der Schweiz gibt es ebenfalls täglich Flüge von Zürich nach Athen und Tessaloníki. Von Athen fliegt Olympic Air täglich nach Chaniá und Iráklion, von Thessaloníki gibt es auch täglich Flugverbindungen nach Iráklion und zweimal wöchentlich nach Chaniá.

Mit dem Auto Die kürzeste Strecke nach Griechenland ist die Fahrt auf der Balkan-Autobahn E 70 (Autoput) durch Slowenien, Kroatien, Serbien und Makedonien. Ein Tansitvisum durch das ehemalige Jugoslawien ist für EU-Bürger nicht mehr erforderlich. Eine Alternative zur Anreise über den Autoput ist die Anreise über Italien und weiter mit den Autofähren nach Griechenland.

Fähren Es gibt zwar zahlreiche **Fährverbindungen zwischen Italien und Griechenland**, allerdings keine direkte Fährverbindung von Italien nach Kreta. Deswegen muss man die Fähren von Italien nach Pátras bzw. Igoumenítsa nehmen, auf dem Landweg nach Piräus fahren und von dort mit der Fähre nach Kreta. Von den italienischen Adriahäfen Ancona, Bari, Brindisi, Venedig und Triest verkehren Fährschiffe nach Pátras bzw. Igoumenítsa. Die kürzeste Verbindung führt von Brindisi/Apulien nach Igoumenítsa. Eine rechtzeitige Buchung der Fähre ist ratsam.

Mit der Bahn Wer mit der Bahn nach Griechenland reisen möchte, ist wegen der angespannten Lage auf dem Balkan gezwungen, einen Umweg über Wien und Budapest zu machen. Die Fahrt nach Athen dauert zwischen 40 und 50 Stunden. Die Alternative ist die Zuganreise zu den Häfen in Italien und von dort weiter mit den vielen Fähren nach Griechenland.

← Strand von Mália

WICHTIGE ADRESSEN

FLUGLINIEN

▶ **Aegean Air**
Hauptbüro in Deutschland:
Am Hauptbahnhof 10
60329 Frankfurt/Main
Tel. (069) 238 56 30
www.aegeanair.com

▶ **Olympic Air**
www.olympicair.com

▶ **Condor**
www.condor.com

▶ **Tuifly**
www.tuifly.com

▶ **Airberlin**
www.airberlin.com

▶ **Easyjet**
www.easyjet.com

FÄHRVERKEHR

▶ **Fährportale**
www.greekferries.gr
www.gtp.gr
www.greece-ferries.com

▶ **Fährlinien ab Italien**
Minoan Lines,
auch innergriechisch
www.minoan.gr
ANEK Lines, auch innergriechisch
www.anek.gr
Blue Star Ferries, auch
innergriechisch
www.bluestarferries.gr
Superfast Ferries, auch
innergriechisch
www.superfast.com
Agoudimos Lines
www.agoudimos-lines.com
Endeavor Lines
www.endeavor-lines.com
European Seaways
www.europeanseaways.com
Ventouris Ferries
www.ventouris.gr

▶ **Innergriechische Fährlinien mit Kreta-Verkehr**
Hellenic Seaways
www.helleenicseaways.gr
Nel Lines
www.nel.gr
Sea Jets
www.seajets.gr
Lane Lines
www.ferries.gr/lane

▶ **Küstenschifffahrt Südküste Kretas**
Anendyk Lineswww.anendyk.gr

BUS

▶ **Deutsche Touring GmbH**
Am Römerhof 17
D-60486 Frankfurt am Main
Tel. 069/79 03-501, Fax 79 03-219
www.touring.de

Ein- und Ausreisebestimmungen

Reisedokumente

Deutsche, österreichische und Schweizer Staatsbürger benötigen bei einem Aufenthalt bis zu drei Monaten einen gültigen **Personalausweis oder Reisepass** (für Kinder unter 16 Jahren Kinderpass). Überschreitet die Aufenthaltsdauer drei Monate, ist spätestens 20 Tage vor

Ablauf der Frist ein Gesuch um Verlängerung bei der nächsten Polizeidienststelle einzureichen. Weist ein Reisepass Eintragungen von Nordzypern auf, kann die Einreise nach Griechenland u. U. verweigert werden.
Die nationalen **Führerscheine** der Bundesrepublik Deutschland, der Republik Österreich und der Schweiz werden anerkannt. Obligatorisch sind ferner der Fahrzeugschein und das ovale Nationalitätszeichen, sofern kein Eurokennzeichen vorhanden ist. Außerdem sollte man die grüne Internationale Versicherungskarte für den Kraftverkehr mit sich führen.

Tiere

Wer Hunde nach Kreta mitnehmen will, benötigt den **EU-Heimtierausweis**. Darin müssen die Kennzeichnung des Hundes durch Mikrochip oder Tätowierung und eine Tollwutimpfung eingetragen sein. Die Impfung muss spätestens 15 Tage vor der Einreise nach Griechenland erfolgt sein und darf nicht länger als zwölf Monate zurückliegen.

Zollbestimmungen

Bürger aus EU-Ländern dürfen aus Griechenland Waren für den privaten Gebrauch eigentlich ohne Beschränkung ausführen. Allerdings gibt es gewisse Richtmengen, deren Überschreitung, neben anderen Kriterien, als Indiz für gewerbliche Einfuhr gelten kann. Diese Richtmengen sind: 800 Zigaretten, 400 Zigarillos, 200 Zigarren, 1 kg Rauchtabak, 10 l Spirituosen, 20 l Zwischenerzeugnisse, 90 l Wein, 110 l Bier.

Einreise nach Griechenland aus Nicht-EU-Ländern ▸

Für Reisende aus Nicht-EU-Ländern (z. B. Schweizer Staatsbürger) liegen die Freimengengrenzen für Personen über 18 Jahre bei 200 Zigaretten oder 100 Zigarillos oder 50 Zigarren oder 250 g Rauchtabak, ferner bei 2 l Wein und 2 l Schaumwein oder 1 l Spirituosen mit mehr als 22 Vol.-% Alkoholgehalt oder 2 l Spirituosen mit weniger als 22 Vol.-% Alkoholgehalt, 50 g Parfüm und ¼ l Eau de Cologne, 500 g Kaffee oder 200 g Pulverkaffee, 100 g Tee oder 40 g Tee-Extrakt. Abgabenfrei sind für See- und Flugreisende ferner Geschenkartikel bis zu einem Wert von 430 € und für Bahn- und Autoreisende bis 300 €. Für Kinder unter 15 Jahren gilt unabhängig vom Verkehrsmittel ein Grenzwert von 175 €.

Einfuhrverbot ▸

Grundsätzlich verboten ist die Einfuhr von Pflanzen, Funkgeräten und Waffen (mit Ausnahme von Jagdwaffen). Reisende unter 18 Jahren dürfen weder Tabakwaren noch Spirituosen einführen.

Ausfuhrverbot ▸

Hinweise für EU-Bürger s. oben. Ein Ausfuhrverbot besteht grundsätzlich für Antiquitäten und Kunstgegenstände. Kopien antiker Vorlagen können frei ausgeführt werden.

Wiedereinreise in die Schweiz ▸

Abgabenfrei sind Reiseproviant sowie gebrauchtes persönliches Reisegut; außerdem für Personen ab 17 Jahre an Tabakwaren 200 Zigaretten oder 50 Zigarren oder 250 g Rauchtabak, an alkoholischen Getränken 2 l mit bis zu 15 Vol.-% Alkoholgehalt und 1 l mit mehr als 15 Vol.-% Alkoholgehalt. Abgabenfrei sind ferner Geschenkartikel im Wert bis zu 300 CHF.

Auskunft

WICHTIGE ADRESSEN

GRIECHISCHE ZENTRALE FÜR FREMDENVERKEHR (GZF)

www.visitgreece.gr

► In Deutschland

Neue Mainzer Str. 22
D-60311 Frankfurt am Main
Tel. (069) 27 78 27-0
Fax 25 78 27 29
E-Mail: info@gzf-eot.de

Wittenbergplatz 3 A
D-10789 Berlin
Tel. (030) 217 62 62/3
Fax 217 79 65
E-Mail: info-berlin@gzf-eot.de

Pacellistr. 5
D-80333 München
Tel. (089) 22 20 35/6
Fax 29 70 58
E-Mail: info-muenchen@gzf-eot.de

Neuer Wall 18
D-20354 Hamburg
Tel. (040) 45 44 98
Fax 45 44 04
E-Mail: info-hamburg@gzf-eot.de

► In Österreich

Opernring 8
A-1010 Wien
Tel. (01) 512 53 17/8
Fax 513 91 89
E-Mail: grect@vienna.at

► In der Schweiz

Löwenstrasse 25
CH-8001 Zürich
Tel. (01) 221 01 05
Fax 212 05 16
E-Mail: eot@bluewin.ch

► Auf Kreta

► Reiseziele von A bis Z

INTERNET

► www.interkriti.org

Umfangreiche Seiten in Englisch mit Informationen zu Sehenswürdigkeiten sowie zu Unterkünften, Mietautos und sonstige Verkehrsmittel; Wandervorschläge, außerdem gibt es Karten und Stadtpläne sowie eine Fotogalerie.

► www.kreta.de

Die deutschen Seiten beinhalten Reise- und Mietwagenangebote sowie praktische Informationen zu den Bezirken.

► www.gtp.gr

Die Internetadresse der greek travel pages bietet in Englisch vor allem praktische Auskünfte zu ganz Griechenland, und zwar zu Fälu verbin dungen und Hotels.

BOTSCHAFTEN

► In Deutschland

Jägerstr. 55
D-10117 Berlin
Tel. (030) 206 26-0
Fax 20 62 64 44
www.griechische-botschaft.de

► In Österreich

Argentinierstraße 14
A-1040 Wien

Tel. (01) 506 15 -0
Fax 5 05 62 17
www.griechische-botschaft.at

▶ **In der Schweiz**
Weltpoststr. 4
CH-3015 Bern
Tel. 031 356 14 10/1
Fax 031 3 68 12 72
www.mfa.gr

KONSULATE AUF KRETA

▶ **Bundesrepublik Deutschland**
Dikeossinis 7
GR-71202 Iraklion
Tel. 28 10 22 62 88
Fax 28 10 22 21 41

▶ **Österreich**
Mafsolou 201, GR-71601 Iraklion
Tel. 28 10 33 14 46
Fax 28 10 22 10 90

▶ **Schweiz**
keine Vertretung auf Kreta
Botschaft:
Iassiou 3, GR-11521 Athen
Tel. 210 729 94 71/2/3
Fax 210 724 92 09
www.eda.admin.ch/athens

Badeurlaub

Badestrände Kreta verfügt über zahlreiche Sandstrände – z. T. auch Grobsand und Kiesel – und schöne Buchten. Viele Strände sind touristisch erschlossen. Liegen und Sonnenschirme werden vermietet, Bars versorgen die Badegäste mit Getränken und Snacks, und es bestehen Möglichkeiten zum Wassersport wie Surfen und Wasserski. Viele Strände an der Nordküste, die touristischen Kernzonen der Insel, sind sehr überlaufen und mit Hotels verbaut. Weniger besucht dagegen sind die Strände an der Südküste, die man teilweise nur zu Fuß oder mit dem Boot erreicht. Die meisten kretischen Strände verfügen über beste Wasserqualität. Die **Blauen Flaggen** (www.blueflag.org) der EU, eine Art Gütesiegel für die Wasserqualität, wehen an vielen Stränden auf der Insel. FKK wird in öffentlich nicht zugänglichen Anlagen toleriert. Aus Rücksicht auf kretische Moralvorstellungen sollte man sich außerhalb dieser Anlagen am Strand nicht ohne Badekleidung aufhalten.

Die **Badesaison** geht von April bis November. Zwischen Juni und September betragen die durchschnittlichen Wassertemperaturen je nach Nord- oder Südlage etwa zwischen 19 °C und 23 °C.

i Die schönsten Strände

- Bei Georgioupolis: kilometerlanger flacher Strand an der Nordküste
- Falássarna im Nordwesten: herrlicher Strand
- Váï: berühmter Palmenstrand
- Chióna-Strand bei Palékastro: sehr schöner Strandabschnitt an der Ostküste
- Préveli-Strand an der Südküste: außergewöhnlicher Strand
- Elafonísi-Strand an der Westküste: ein hinreißender, karibisch anmutender Sandstrand mit wunderbarem grün-blauem Wasser

Falássarna: einer der Topstrände der Insel

Mit Behinderung auf Kreta

Die Hotels, Restaurants, Museen etc. sind auf Kreta kaum behindertengerecht gestaltet. Der offizielle Hotelführer der griechischen Hotelkammer enthält Hinweise auf behindertengerechte Unterkünfte. Er ist bei der Griechischen Zentrale für Fremdenverkehr (► Auskunft) erhältlich. Eine Reihe von Institutionen organisiert Gruppenreisen, vermittelt geschulte Reisehelfer und leistet Hilfestellung bei Individualreisen. Behindertengerechte Unterkünfte nennt der Hotel- und Reiseratgeber »Handicapped-Reisen Ausland«, erschienen bei der Fremdenverkehrsmarketing in Bonn.

WICHTIGE ADRESSEN

- **Bundesarbeitsgemeinschaft des Clubs Behinderter und ihrer Freunde e.V.**
  Langenmarckweg 21
  D-51465 Bergisch-Gladbach
  Tel. (022 02) 9 89 98 11
  Fax 4 24 31
  www.bagcbf.de

- **Bundesverband Selbsthilfe für Körperbehinderte BSK-Reisedienst**
  Postfach 20, D-74236 Krautheim
  Tel. (062 94) 42 81 51
  Fax 42 81-79, www.bsk-ev.de
- **Verband aller Körperbehinderten Österreichs**
  Schottenfeldgasse 29
  A-1072 Wien
  Tel. (01) 914 55 62
  Fax 5 12 36 61 55
  E-Mail: info@vakoe.at
- **Mobility International Schweiz (MIS)**
  Amthausquai 21
  CH-4600 Olten
  Tel. (062) 212 67 40
  Fax 212 67 39
  www.mis-ch.ch
- **Verlag FMG**
  Nordkanalstr. 25
  D-20097 Hamburg
  Tel. (040) 54 80 78 77
  Gibt das Unterkunftsverzeichnis HANDICAPPED-REISEN heraus.

Elektrizität

Das griechische Stromnetz führt im Regelfall 220 Volt (auf den Schiffen oft nur 110 Volt) Wechselspannung. Europanorm-Gerätestecker sind normalerweise verwendbar. Dennoch empfiehlt es sich, ein Adapterset von zu Hause mitzunehmen.

Essen und Trinken

Griechische Küche

Die griechische Küche ist in ihrer Grundstruktur eher einfach und bietet – so die Kritiker – nicht allzu viel Abwechslung. Sie wird im Wesentlichen von einigen grundlegenden Bestandteilen bestimmt: Olivenöl, Tomaten, Knoblauch, Zwiebeln, Fleisch von Schaf, Ziege oder Huhn, Schafs- und Ziegenkäse sowie Gemüse der Saison. Grundsätzlich wird Brot zum Essen gereicht. Zu bedenken ist, dass in Griechenland niemand Wert darauf legt, dass das Essen heiß auf den Tisch kommt.

Speiselokale

Tavernen sind die traditionellen griechischen Speiselokale, deren Einrichtung einfach ist. In den Touristenzentren gibt es zunehmend mehr Restaurants nach mitteleuropäischem Vorbild. In den Lokalen hier wird einerseits verstärkt internationale Küche angeboten und andererseits sind auch vermehrt kretische Spezialitäten erhältlich. Die Speisekarte ist meist in Griechisch, Englisch und Deutsch abgefasst. Viele Tavernen servieren ab Mittag bis nach Mitternacht warmes Essen. Seit neuestem müssen Restaurants, Kneipen und Bars rauchfreie Zonen einrichten.

Auf Kreta werden Olivenöle von ausgezeichneter Qualität gewonnen.

GESCHENK DER GÖTTIN

Der Olivenbaum ist seit Jahrtausenden die bedeutendste Kulturpflanze und ein wichtiges Exportprodukt von Kreta. Vor allem aus dem Westen der Insel stammen die hervorragendsten griechischen Olivenöle, die in einem aufwändigen Produktionsverfahren hergestellt werden.

In legendärer Zeit schenkte die Göttin Athena den Bewohnern Attikas den ersten Olivenbaum, der als rituelle Pflanze, als Medizin und Nahrungsmittel schnell Verbreitung in der gesamten griechischen Welt fand. Für die Kreter ist der Ölbaum bis heute ein Segen und ein bedeutendes Exportprodukt zugleich. Klima und Boden, Anbau, Erntemethoden und Verarbeitung prägen den Duft und den Geschmack der Olivenöle.

Aus dem Westteil von Kreta stammen die hervorragendsten Olivenöle Griechenlands. Dort wachsen – z. B. im Tal von Kándanos oder in der Nähe von Agía Marína – die **Tsounati-Bäume**, aus deren grün-violetten Früchten das kostbare kaltgepresste native Olivenöl gewonnen wird. Nur aus reifen makellosen Oliven lässt sich erstklassiges Öl pressen. 40 bis 70 kg Oliven werden jeweils von einem manchmal jahrhundertealten Baum geschüttelt, in Netzen aufgefangen, in Jutesäcke gefüllt und möglichst schnell zur Ölmühle gefahren, wo die Erntemenge gerade einmal 10 bis 15 l Olivenöl ergibt. Das so gewonnene Olivenöl zeichnet sich durch jenes fruchtige Grünaroma bei leichter Schärfe und äußerst geringem Säuregrad aus. Das Öl soll beim Pressen in der Edelstahlzentrifuge möglichst nicht über 28 Grad erwärmt werden, damit der Duft und das unverwechselbare Aroma erhalten bleiben. Der sämige Saft wird dann im Fass gelagert, um die Trübstoffe absinken zu lassen, bevor er in Flaschen abgefüllt wird. Zu den **besten kretischen Olivenölen**, die aufgrund der sorgsamen, aufwändigen Herstellung nicht billig sind, zählt unter Feinschmeckern das herb-frische Olivenöl Prince of Crete aus dem südkretischen Dorf Plóra mit dem Lilienprinzen auf der Flasche. Sehr fruchtig, mit einer grasigen Nuance schmeichelt das extra native kaltgepresste Olivenöl von Thrapsano mit der doppelhenkeligen Bauchamphore den Gaumen. Das Produkt von Kísamos mit der Henkelkanne auf dem Etikett hat einen Gründuft. Ausgezeichnet wurde die Marke Terra Creta aus Kolimbári. Auch das Olivenöl aus dem Kloster Toploú im Osten Kretas ist berühmt.

Essgewohnheiten Das griechische **Frühstück** ist normalerweise recht bescheiden. Zu einer Tasse Kaffee oder einem Glas Milch gibt es ein paar Scheiben Weißbrot, dazu Butter bzw. Margarine und Marmelade (meist Aprikose oder Erdbeer). Nur in gehobeneren Hotels sind reichhaltige Frühstücksbüffets aufgebaut. Ebenfalls untergeordnete Bedeutung hat das **Mittagessen**. Die Einheimischen begnügen sich mit kleinen Gerichten oder Imbissen. In vielen Restaurants wird mittags nur in beschränktem Umfang serviert. Am ehesten wird man im Bereich touristischer Zentren bedient. Hauptmahlzeit ist das **Abendessen**, das in Restaurants kaum vor 21.00 Uhr, eher später, eingenommen wird. Darauf müssen ausländische Besucher nicht unbedingt Rücksicht nehmen. Die meisten Restaurants bieten ohnehin durchgehend ab Mittag bis spät in den Abend hinein warme Küche. Die Griechen bestellen nie für jede einzelne Person ein individuelles Menü. Vorspeisen, Salate, Fisch- und Fleischgerichte kommen gleichzeitg auf den Tisch und jeder bedient sich. Üblich ist es, dass pro Tisch nur eine Rechnung erstellt wird.

i PREISKATEGORIEN

- Die Preise gelten für ein Hauptgericht:

Fein und teuer: über 15 €
Erschwinglich: 10 – 15 €
Preiswert: bis 10 €

Spezialitäten der Insel

Vorspeisen Neben den zum Aperitif – meist kretischer Raki – gereichten kleinen Appetithappen (mezedes) sind Garnelen- und Muschelgerichte, Meeresfrüchte oder mit Reis gefüllte Weinblätter (dolmadakia) sowie Salate (salates) zu nennen. Nicht zu vergessen sind Tzaziki (Joghurt mit Knoblauch und Gurken) und gebackene Zucchini.

Suppen (supes) Wenn Suppen angeboten werden, sind diese sehr gehaltvoll. Beliebt ist die Fasolada (dicker Bohneneintopf). Fleisch- und Fischsuppen werden meist mit Zitronensaft abgeschmeckt.

Fleischgerichte (kreas) Bevorzugt werden Zicklein (katsiki), Lammfleisch (arnaki) oder Hammel (arni), die oft gebraten oder gegrillt auf den Tisch kommen. Verbreitet sind Fleischspießchen (souvlaki) und am senkrechten Drehspieß gegrilltes Fleisch (gyros).

Fische (psari) Da die Fanggründe um Kreta fast leer gefischt sind, wird **ein Großteil der Fische importiert**, was zu hohen Preisen führt. Fische und Meeresfrüchte sind trotzdem sehr beliebt, vor allem Brassen (sinagrida tsipura), Seezungen (glossa), Meerbarben (barbouni), Tunfische (tonos), Scampi (garides), Schwertfisch (xifias) und Sardinen (marida), die mit Haut und Gräten gegessen werden. Daneben werden Hummer (astakos), Muscheln (midia), Tintenfische (kalamaria) und Kraken (chtopodi) angeboten.

Hier wurde der allgegenwärtige Bauernsalat ins beste Licht gerückt.

Aufläufe

Sehr verbreitet sind Aufläufe wie Pastitio (Nudelgericht mit Hackfleisch) und Moussaka (Auberginenauflauf mit Hackfleisch).

Gemüse

Typische Gemüsearten sind Artischocken (anginares), Auberginen (melitsanes), kleine Kürbisse (kolokithakia) und Paprikaschoten (piperjes), die oft mit Hackfleisch gefüllt oder in Öl gegart werden. Beliebt ist Horta, ein Wildgemüse.

Salate

Bei den Salaten hat man die Auswahl zwischen Kopfsalat (maroulli), Tomatensalat (tomata salata), Krautsalat (lachano salata) und dem aus Gurken, Tomaten, Oliven und Schafskäse zusammengestellten **Bauernsalat** (choriatiki), der am meisten gegessen wird und oft als »greek salad« angeboten wird.

Nachtisch (dessert)

Neben Eis (pagoto) gibt es viele einheimische Früchte, je nach Jahreszeit Wassermelonen (karpusi), Zuckermelonen (peponi), Pfirsiche (rodakino), Birnen (achladi), Äpfel (milo), Apfelsinen (portokali), Weintrauben (stafili) und Feigen (sika). Typisch griechisch ist Grießpudding (krema).

! Baedeker TIPP

Einfach köstlich!

Ein besonderer Genuss ist der griechische Joghurt (jaourti). Man erhält ihn auf verschiedene Art: einmal bei den Frühstücksbüffets in den größeren Hotels, dann in Bars und Cafés mit Früchten oder als typischen griechischen Nachtisch mit Honig und Nüssen. Also unbedingt probieren!

Griechischer **Käse** wird aus Schaf- oder Ziegenmilch hergestellt, aus der auch der vorzügliche Joghurt (jaourti) gemacht wird (►Baedeker Tipp).

Auf Kreta ist **Wein** das am meisten verbreitete alkoholische Getränk, das man in Restaurants offen und in Flaschen erhält. Es werden Rebsorten für Weißwein (aspro krassi) und Rotwein (mavro krassi) angebaut. Zu den bekanntesten kretischen Weinen gehören der Minos und der Lato. Der geharzte **Retsina** ist ursprünglich kein kretischer Wein, sondern wurde vom griechischen Festland importiert. Dieser Weißwein hat einen eigentümlich herben Geschmack, ist aber sehr bekömmlich. Das Baumharz wird dem Wein während des Gärprozesses zugesetzt, um die Haltbarkeit zu verbessern.

Bier (bira)

Mit der Regierungszeit des aus Bayern stammenden Königs Otto I. beginnt die Tradition des griechischen Brauwesens. Heute dominieren allerdings ausländische Brauereien. Bier, das man vom Fass und aus der Flasche bekommt, wird auf Kreta immer beliebter.

Spirituosen

Als Aperitif wird **Ouzo** (Anisschnaps) getrunken, der gewöhnlich mit Wasser verdünnt wird und dann ein milchiges Aussehen annimmt. Dazu werden fast immer Appetithappen (mezedes) gereicht. Das »Nationalgetränk« der Kreter ist aber der kräftigere **Raki**, ein Tresterschnaps. Die Rinde des Mastixbaumes wird zur Herstellung von Mastixschnaps (masticha) verwendet. Griechischer Kognak (koniak) ist fruchtig und relativ süß. **Metaxa** ist ein Brandy, den es mit 3, 5 und 7 Sternen gibt. Die günstigste Sorte ist die mit 3 Sternen, man sollte aber die bessere mit 5 oder 7 Sternen vorziehen.

Griechischer Kaffee: unentbehrlich

Neben normalem Wasser (nero) erhält man Mineralwasser (metalliko nero, soda) sowie aus frischen Früchten gepresste Säfte (portokalada freska) und Limonaden (lemonada).

Griechischer Kaffee ist eine Art von fein gemahlenem Mokka, der Tasse für Tasse zubereitet wird. Je nach Stärke und Zuckergehalt unterscheidet man 16 Sorten. Am meisten getrunken wird der »metrios« (mittelstark und mittelsüß). Für Touristen wird daneben Nescafé angeboten, die kalte Variante nennt man Frappé. Tee wird mit Teebeuteln aufgebrüht, als Schwarztee (mavro tsai), Pfefferminztee (tsai manda) und Kamillentee (kamumillo). Typisch für Kreta ist Bergtee.

Kaffee (kafes), Tee (tsai)

Feiertage, Feste und Events

Gesetzliche Feiertage

Neujahrstag (1. Januar)
Heilige Drei Könige (6. Januar)
Tag der Unabhängigkeit (25. März)
Tag der Arbeit (1. Mai)
Óchi-Tag (28. Oktober): Gedenktag an das Nein (= óchi) zum Ultimatum Italiens im Jahr 1940
Weihnachten (25./26. Dezember)

Kirchliche Feiertage

Hinzu kommt noch eine Reihe von kirchlichen Feiertagen:
Katharí Deftéra (Rosenmontag)
Karfreitag
Ostern
Pfingsten
Mariä Verkündigung
Mariä Himmelfahrt (15. August)
Lokale Bedeutung haben Kirchweihfeste (Panigiri) und Namenstage.

FESTE UND EVENTS

JANUAR

▶ **Überall**
6. Januar (Dreikönigstag): Wasserweihe mit Kreuzversenkung.

FEBRUAR/MÄRZ

▶ **Vielerorts (v. a. in Iráklion und Réthymnon)**
Karneval: Umzüge und traditionelle Feste.

▶ **Überall**
25. März (Nationalfeiertag): Paraden.

APRIL/MAI

▶ **Überall**
Osterfest: Das griechisch-orthodoxe Osterfest, das mit Abstand wichtigste Kirchenfest in Griechenland, wird – terminlich abweichend von den katholischen und protestantischen Gepflogenheiten – jeweils am ersten Sonntag

Ausgiebiges Feiern mit Verwandten und Freunden gehört zur kretischen Lebenswelt.

nach dem ersten Vollmond nach Frühlingsanfang (21. März) gefeiert.
Am Karfreitag finden Kerzenprozessionen statt, und in der Nacht von Karsamstag auf Ostersonntag werden Messen zelebriert. Böllerschüsse und Feuerwerke gehören ebenso zum griechischen Osterfest wie die Majritsa (Ostersuppe), das Eierkicken und der Austausch von Geschenken. Als Festmahl wird Lammbraten vom Spieß gereicht. Das typische Ostergebäck Tsureki ist mit einem roten Ei geschmückt.
Ostertermine:
2011: 24. April
2012: 15. April
2013: 5. Mai

▶ **Überall**
1. Mai (Tag der Arbeit): Umzüge und Blumenfeste.

JUNI

▶ **Achládes**
Aprikosenfest.

SOMMER

▶ **Iráklion**
Festival »Heracleion-Summer« mit Opern-, Theater-, Folklore- und Tanzaufführungen sowie Ausstellungen, Lesungen und Symposien.

▶ **Ágios Nikólaos**
Beim Festival »Lato« werden Volkstanzdarbietungen, Theateraufführungen und Konzerte mit moderner Musik aufgeführt.

Beim Seewochenfestival erwarten die Besucher Bootsrennen, Schwimm- und Surfwettbewerbe sowie Feuerwerke im Hafen.

JULI

▸ **Dafnes**
Zum Programm des Weinfestes gehören Musik und Tanz.

▸ **Sitiá**
Auf dem Sultaninenfest werden Folkloreveranstaltungen geboten.

JULI/AUGUST

▸ **Réthymnon**
Renaissancefestival: im venezianischen Kastell mit nationaler und internationale Open-Air-Theater-, -Musik- und -Tanzaufführungen im Stil der Renaissance statt.

AUGUST

▸ **Anógia**
Ein Festival mit traditioneller Musik und Tanz wird veranstaltet.

▸ **Kritsá**
Festival mit Theater, Tanz und Folklore.

▸ **Überall**
Mariä Himmelfahrt (15. August): besonders feierlich wird das wichtige Kirchenfest in den Klöstern gefeiert.

OKTOBER

▸ **Überall**
Óchi-Tag (28. Oktober, Nationalfeiertag): zum Gedenken an das »Nein« der Griechen zum Ultimatum Mussolinis 1940.

▸ **Élos**
Kastanienfest (3. Sonntag): Kastanien-Essen, außerdem Musik und Tanz.

NOVEMBER

▸ **Réthymnon**
8. November: Gedenktag des Aufstandes im Kloster Arkádi 1866.

Öffnungszeiten an Feiertagen

Am 2. und am 5. Januar, am Samstag vor Fastnacht, am (griechischen) Gründonnerstag sowie am Karsamstag und Ostermontag, am 1. Mai und am Pfingstmontag sind die meisten öffentlichen Einrichtungen und die Geschäfte allenfalls vormittags geöffnet.

Geld

Euro

Seit 2002 ist der Euro in Griechenland ebenso wie in Deutschland, Österreich und weiteren Staaten der Europäischen Union das offizielle Zahlungsmittel. Für die Schweiz gilt zurzeit folgender Wechselkurs: 1 CHF = 0,79 €, 1 € = 1,25 CHF).

Geldautomaten

Die einfachste Art, Geld abzuheben sind die Geldautomaten, die man zumindest in den Städten findet. An ihnen kann man mit Bankkarten und Kreditkarten jeweils in Verbindung mit der Geheimzahl Geld bekommen.

Banken Die Banken öffnen im Allgemeinen: Mo. – Fr. 8.00 – 13.30 Uhr. Die Filialen in den Touristenorten und Flughäfen haben meist längere Öffnungszeiten.

Verlust von Bankkarten Bei Verlust von Bankkarten verständige man zur sofortigen Sperrung den rund um die Uhr erreichbaren Zentralen Annahmedienst für Verlustmeldungen; **Telefon aus Griechenland: (00 49) 11 61 16**.

Kreditkarten Die international gängigen Kreditkarten werden von Banken, von größeren Hotels, Geschäften, Restaurants der gehobenen Kategorie akzeptiert. Bei Mietwagenfirmen sind sie sogar notwendig, um die Kaution zu vermeiden. Bei Verlust wende man sich unverzüglich an das betreffende Kreditkartenunternehmen. Die entsprechenden Notrufnummern sollte man sich vor Reiseantritt notieren.

Gesundheit

Ärztliche Hilfe Auf Kreta ist ärztliche Versorgung durch Krankenhäuser und Gesundheitszentren (Kentra Ygieias) gewährleistet. Diese Gesundheitszentren behandeln Touristen kostenlos.

Apotheken Apotheken erkennt man an dem runden Schild mit Kreuz über dem Eingang sowie an der Aufschrift »ΦΑΡΜΑΚΕΊΟ« (»FARMAKEÍO«). Meistens sind auch deutsche Arzneimittel vorrätig. An jeder Apotheke findet man Hinweise auf die nächste Apotheke, die **Notdienst** macht. Auch Taxifahrer können weiterhelfen.

Mit Kindern unterwegs

Kreta ist ideal für Familien, da die Kreter sehr kinderlieb und lärmunempfindlich sind. Am beliebtesten nicht nur bei Erwachsenen, sondern auch bei Kindern sind natürlich die unzähligen **Strände** auf Kreta, die immer ein besonderes Vergnügen für die Kleinen sind. Die meisten Strände an der Nordküste sind flach und somit besonders für Kinder geeignet. Neben Baden und Plantschen ist auch Bootfahren angesagt. Und für das geliebte Eis ist ebenfalls an vielen Stränden gesorgt. Man sollte jedoch bedenken, dass es im Sommer sehr heiß wird und die empfindliche Kinderhaut der intensiven Sonneneinstrahlung ausgesetzt ist. In den großen Ferienhotels wird oft Kinderbetreuung mit entsprechendem Programm angeboten, und auch

i Die besten Kinderstrände

- Georgioupolis an der Nordküste
- Paleochóra an der Südküste
- Plakiás an der Südküste
- Alle Strände sind flache Sandstrände.

Baden ist immer noch das beliebteste Vergnügen für Kinder.

Einrichtungen für Kinder sind vorhanden. So halten z. B. alle Grecotels Kinderclubs bereit. Kostspielig, aber für Kinder ein Erlebnis ist der Besuch eines der großen **Spaßbäder** mit ihren Riesenrutschen bei Chaniá und Chersonísos. Bei Chersonísos gibt es auch Möglichkeiten zum Pony- und Eselsritt.

Knigge

Kleidung

Wie in anderen südlichen Ländern wird auch in Griechenland Wert auf **korrekte Kleidung** gelegt. Unangenehm fällt man auf, wenn man in Badekleidung durch Städte oder Dörfer bummelt oder im Strandoutfit abends essen geht. Vor allem beim Besuch von Kirchen und Klöstern sollte man sich den Sitten des Landes anpassen, da sonst der Zutritt verwehrt werden kann: lange Ärmel, lange Hosen bzw. für Frauen ein längerer Rock, keine Kopfbedeckung, auch wenn häufig vor Ort entsprechende Kleidungsstücke ausgeliehen werden. Normalerweise braucht man auch für den Abend keine besonders elegante Garderobe. In gehobenen Hotels gilt jedoch, auf jeden Fall abends, entsprechende Kleidung.

Fotografieren

Will man Menschen fotografieren, versteht es sich eigentlich von selbst, das Einverständnis des »Objekts« einzuholen. Militäranlagen dürfen nicht fotografiert werden. In Museen ist das Fotografieren mit einer tragbaren Kamera fast überall gestattet, für Aufnahmen mit Stativ und/oder Blitz ist eine Sondergenehmigung erforderlich. In Kirchen ist das Fotografieren im Allgemeinen untersagt.

Trinkgeld In Hotels, Restaurants und Cafés sind Bedienungsgelder im Preis enthalten. Ein Trinkgeld von 5 bis 10 % – als Aufrundung des Rechnungsbetrags – ist dennoch willkomen. Bei Taxis rundet man in der Regel ebenfalls die zu entrichtenden Summen auf (ca. 10 %). An Ostern und Weihnachten erwarten Taxifahrer, Friseure usw. ein »Geschenk« in Form von Geld.

Literatur

Belletristik **Pantelis Prevelakis**: Chronik einer Stadt, Suhrkamp 1981
Der Dichter hat mit diesem Buch seiner Heimatstadt Réthymnon ein literarisches Denkmal gesetzt.

Harry Mulisch: Die Elemente, Rowohlt 1992
Der Roman erzählt von dem Urlaub eines erfolgreichen Werbemanagers mit seiner Familie auf Kreta.

Brigitte Riebe, Palast der blauen Delphine, Piper 1996
Der Roman lässt die minoische Kultur auf Kreta lebendig werden.

i Die besten Bücher

- Nikos Kasantzakis: Alexis Sorbas, Abenteuer auf Kreta, Piper 2001
  Der weltberühmte Roman über die Freundschaft zweier gegensätzlicher Männer, eines intellektuellen Schriftstellers und eines vitalen Arbeiters, populär geworden durch den gleichnamigen Film mit Anthony Quinn in der Hauptrolle (►Baedeker Special S. 72/73).
- Nikos Kasantzakis: Freiheit oder Tod, Piper 2001
  Der Roman schildert den Kampf der Kreter um die Unabhängigkeit von den Türken.
- Erhart Kästner: Kreta, Aufzeichnungen aus dem Jahre 1943, Insel 1975
  Anschauliche und sensible Reisebeschreibung; so schildert Kästner auch einen Flug über die Insel und eine Wanderung durch die Samariá-Schlucht.

Henry Miller: Der Koloß von Maroussi, Hamburg 1956
Einfühlsame Beschreibung einer Griechenlandreise und Porträts von Menschen, die Miller auf der Reise traf. Miller beschreibt beispielsweise die Besichtigung von Knossós.

Michaela Prinzinger: Kreta. Ein Reisebegleiter, Insel 2006
Die Übersetzerin für griechische Literatur hat eine Auswahl literarischer Reisebeschreibungen Kretas, darunter von Christa Wolf und Nikos Kazantakis, zusammengestellt.

Ioanna Karystiani: Schattenhochzeit, Suhrkamp 2008
Ein Roman, in dem es um die Blutrache auf Kreta geht.

Mikis Theodorakis: Bis er wieder tanzt, Insel 2002
Erinnerungen des Komponisten an seine Zeit auf Kreta in den 1940er- und 1950er-Jahren.

Witzigmanns Kreta-Kochbuch, Bassermann 2003
Die besten Rezepte der traditionellen kretischen Küche, die als sehr gesund gilt.

Nikolas Platon: Archaelogia Mundi, München 1968 – Umfassende Darstellung der minoischen Kultur.

Rhea Galanaki, Das Leben des Ismail Ferik Pascha. Suhrkamp 2002. Die Hauptfigur, ein Grieche, trift als Abgesandte Ägyptens in Kreta auf seinen Bruder, der Anführer der Aufständischen ist.

Den Delphinen der minoischen Kultur wurde von Brigitte Riebe sogar ein literarisches Denkmal gesetzt.

Medien

Zeitungen und Zeitschriften

Deutschsprachige Zeitungen und Zeitschriften sind auf Kreta meist am Erscheinungstag in vielen Orten erhältlich. Über Aktuelles aus Griechenland und der ganzen Welt berichtet die wöchentlich erscheinende englischsprachige Zeitung »Athens News«. Die Wochenzeitung »Griechenland-Zeitung«, die einzige deutschsprachige Zeitung Griechenlands, umfasst Berichte über Politik, Wirtschaft und Kultur. In den größeren Städten kann man zahlreiche ausländische Zeitungen und Zeitschriften sowie Bücher außer in internationalen Buchhandlungen auch an Kiosken und in Souvenirläden kaufen.

Museen

Öffnungszeiten

Museen und archäologischen Stätten haben unterschiedliche Öffnungszeiten, die bei dem jeweiligen Stichwort bei den Reisezielen aufgeführt sind. In aller Regel haben die **archäologischen Stätten** zwischen 9.00 und 15.00 Uhr geöffnet. Viele **Museen** sind am Wochenanfang – meist montags, manchmal auch dienstags – geschlossen. Halbe Tage oder gar nicht können sie aufgesucht werden am 6. Januar, Rosenmontag, Karsamstag, Ostermontag (griechische Ostertermine: ► Feste, Feiertage und Events), 1. Mai, Pfingstsonntag, 15. August und 28. Oktober. Geschlossen sind die meisten archäologischen Stätten und Museen am 1. Januar, 25. März, Karfreitag sowie am Ostersonntag, am 1. Mai und an den Weihnachtsfeiertagen. In der Regel sind für Museen und Ausgrabungsstätten Eintrittsgelder zu entrichten; ausgenommen sind Schüler und Studenten mit einem entsprechenden gültigen Ausweis.

Notrufe

WICHTIGE RUFNUMMERN

NORUFE IN GRIECHENLAND

► **Notruf des ADAC**
Tel. 210 960 12 66
Der deutschsprachige Notruf ist ganzjährig in Athen zu erreichen.

► **Touristenpolizei**
Zentrale Rufnummer:
171

Ágios Nikólaos:
Tel. 28 41 02 69 00

Chaniá:
Tel. 282 10 2 87 08

Iráklion:
Tel. 28 10 20 96 14

► **Polizei**
Tel. 100

► **Erste Hilfe**
Tel. 166

► **Feuerwehr**
Tel. 199

► **Feuermeldung bei Waldbränden**
Tel. 191

► **Pannenhilfe**
104 00

NOTRUFE IN DEUTSCHLAND

► **ADAC-Ambulanz-Service München**
aus Griechenland:
(00 49/89) 22 22 22
(rund um die Uhr)

► **ACE-Notrufzentrale Stuttgart**
aus Griechenland:
(00 49/180) 234 35 36

► **Deutsche Flug-Ambulanz Düsseldorf**
aus Griechenland:
(00 49/911) 36 00 90
www.flugambulanz.de

► **Deutsche Rettungsflugwacht Stuttgart**
aus Griechenland:
(00 49/7 11) 70 10 70

► **DRK-Flugdienst Bonn**
aus Griechenland:
Tel. (00 49/228) 23 00 23

NOTRUFE IN ÖSTERREICH

- **ÖAMTC-Notrufzentrale Wien**
  aus Griechenland:
  Tel. (00 43/1) 251 20 00

NOTRUFE IN DER SCHWEIZ

- **Schweizerische Rettungsflugwacht Zürich**
  aus Griechenland:
  Tel. (00 41) 333 333 333

Post · Telekommunikation

Postämter

Die griechischen Postämter unterstehen der staatlichen Postverwaltung Elliniká Tachidromía (ELTA · ΕΛΤΑ). Die Postkästen sind gelb; sie werden teils nur in mehrtägigem Abstand geleert.

Porto

Das Porto für eine Ansichtskarte und einen Brief bis 20 g ins europäische Ausland beträgt 0,72 €. Briefmarken erhält man in Postämtern, in Geschäften, die Ansichtskarten verkaufen (Souvenirläden, Kioske), sowie in vielen Hotels. In den Geschäften und Hotels wird jedoch in der Regel ein Aufschlag von 10 % verlangt.

Telefonieren

Telefonieren ist beim **Telefon- und Telegrafenamt (OTE)** nicht mehr möglich. Telefonate können von Kiosken, in Tavernen und Hotels geführt werden. Kartentelefone sind weit verbreitet; Telefonkarten (telekarta) sind bei OTE, Kiosken etc. erhältlich.
Deutsche **Mobiltelefone** wählen sich in das Netz des griechsichen Roaming-Partners ein.

Telefonnummern

Auch bei Ortsgesprächen muss die gesamte zehnstellige Telefonnummern gewählt werden. Ortsnetzvorwahlen gibt es nicht. Telefonnummern im Festnetz beginnen mit einer 2, im Mobilnetz mit einer 6.

WICHTIGE RUFNUMMERN

LÄNDERVORWAHLEN

- **Nach Griechenland**
  00 30

- **Von Griechenland**
  nach Deutschland:
  00 49

  nach Österreich:
  00 43

  in die Schweiz:
  00 41

TELEFONAUSKUNFT

- **Inland**
  Athen: 131
  Übriges Griechenland:
  132

- **Ausland**
  161

Preise und Vergünstigungen

In Griechenland hat sich der Euro deutlich auf die Höhe der Preise ausgewirkt, mehr noch aber die Tatsache, dass im touristischen Bereich auch massive Preiserhöhungen leicht durchsetzbar sind. Daher muss man heute mit etwa denselben Kosten rechnen wie in Deutschland. In der Nebensaison sind die Preise fürs **Übernachten** günstiger. Man kann vor Ort auch über den Preis verhandeln, vor allem wenn man länger bleiben will. In der Regel sind für Museen und Ausgrabungsstätten Eintrittsgelder zu entrichten; ausgenommen sind Schüler und Studenten mit einem entsprechenden Ausweis. Senioren erhalten Ermäßigungen.

WAS KOSTET WIEVIEL?

Einfaches Doppelzimmer
ab 35 €

Einfache Mahlzeit
ab 7 €

1 l Benzin
ca. 1,60 €

1 Kaffee
ab 2 €

1 Bier
2,50 – 4 €

Reisezeit

Klima Die Insel Kreta liegt in der mediterranen Klimazone, deren besondere Merkmale eine ausgeprägte sommerliche Trockenzeit mit subtropischen Temperaturen und eine verhältnismäßig milde winterliche Regenzeit sind. Berühmt ist der kretische Frühling. Nach den örtlich recht ergiebigen Niederschlägen der Wintermonate Dezember bis März entfaltet sich für einige Wochen eine sinnenbetörende Blütenpracht. Der kretische Sommer beginnt bereits im Mai und dauert bis zum Oktober. In dieser Zeit kommt es nur noch zu sporadischen Niederschlägen. In den Monaten Juni bis September fällt so gut wie kein Niederschlag, sodass ausgesprochene Dürre herrscht. Erst etwa

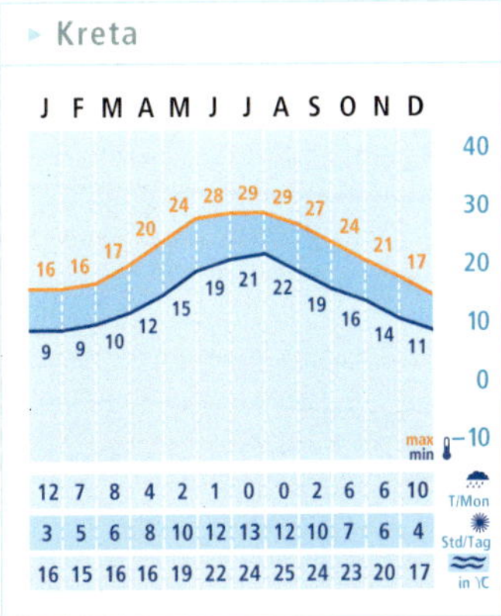

ab der zweiten Oktoberhälfte bringen örtlich heftige Gewitter den ersehnten Regen. Das bis in den Spätherbst noch relativ warme Mittelmeerwasser bewirkt auch in der kühlen Jahreszeit vergleichsweise angenehme **Temperaturen**. Erst im Monat Dezember wird es recht unfreundlich, manchmal auch empfindlich kühl. Von November bis März dauert die niederschlagsreiche Periode. Die kältesten Monate sind der Januar und Februar. Es kann in dieser Zeit sowohl ausgesprochen warme Tage mit mehr als 23 °C geben, als auch sehr kalte Tage, an denen die Quecksilbersäule unter den Gefrierpunkt rutscht. In den hohen Berglagen kommt es zu Schneegestöber. Bereits März/April übersteigt das Thermometer gelegentlich schon die 30 °C-Marke. Richtig warm, ja bisweilen schon heiß wird es im Mai, wenn die Tagesdurchschnittswerte die 25 °C-Marke überwinden und Maximalwerte jenseits der 30 °C-Grenze erreicht werden. Ausgesprochen heiß ist es von Juni bis September. In dieser Zeit kühlt es sich nur äußerst selten bis knapp unter die 20 °C-Marke ab. Längere Hitzeperioden mit Temperaturen bis zu 42 °C erschweren das Leben von Mensch und Tier.

Die **Hauptniederschläge** fallen – wie bereits erwähnt – in den Monaten November bis März. Von Ende November bis Februar gehen in Iráklion drei Viertel der gesamten Jahresniederschlagsmenge nieder. Die Ergiebigkeit der Regenfälle schwankt jedoch nach Höhenlage und Exposition (Luv oder Lee) beträchtlich. Die Nordküste ist niederschlagsärmer als die Südküste, die hohen Berglagen verzeichnen den meisten Regen. Während der herbstlichen Gewitterstürme können sintflutartige Starkregen niedergehen, die bis zu einem Viertel der gesamten Jahresniederschlagsmenge bringen und katastrophale Überschwemmungen verursachen.

In den Sommermonaten sorgen die berühmten **Etesien**, jene fast ständig wehenden Nordwinde, dafür, dass die Hitze nicht ganz so unangenehm empfunden wird. Vor allem im Frühling hat man mit dem Schirokko zu rechnen, einem heißen und kräftigen Südwind, der vom afrikanischen Kontinent herüberweht.

Bereits im Mai kann man baden. Bewegen sich die **Wassertemperaturen** zu Beginn des Monats noch um die 18 °C-Marke, so werden Ende Mai schon Werte um 20 °C gemessen. Im August ist das Wasser über 25 °C warm. Bis Mitte Oktober sinkt die Wassertemperatur dann langsam auf etwa 21 °C ab.

Reisezeit Nach Kreta mit seinem mediterranen Klima reist man am besten im Frühjahr, etwa von der zweiten Märzhälfte bis Ende Mai, sowie im Herbst in den Monaten September und Oktober. Sowohl das Frühjahr als auch der Herbst eignen sich ideal zum Wandern. Die Monate März bis Mai sind mild, und die Natur steht in prachtvoller Blüte. In diese Zeit fallen auch die Osterfeierlichkeiten, die im ganzen Land glanzvoll begangen werden. Die Sommermonate sind recht heiß, doch durch die Lufttrockenheit und den ständig wehenden Nordwind Meltemi gut verträglich. Im Juli und August kann der Meltemi allerdings starken Wellengang verursachen, wobei das Meer entsprechend aufgewühlt und das Schwimmen im Meer u. U. beeinträchtigt wird. Der Sommer bietet ideale Voraussetzungen für einen Besuch der Festspiel- und Folkloreaufführungen sowie der Weinfeste mit Weinproben. Ab Oktober werden die Temperaturen wieder milder, und oft hält auch das schöne Wetter im November noch an. Mit ersten Regenfällen ist allerdings zu rechnen.

Shopping

Auf Qualität achten! Kreta bietet vielerlei Möglichkeiten, Andenken zu erwerben. Allerdings hat sich eine ausgedehnte Massenfabrikation entwickelt, so dass man Gegenstände von Qualität nicht immer auf den ersten Blick erkennt.

Volkskunst Einen guten Einblick in die Volkskunst geben die Volkskunstläden. In manchen Dörfern der Insel bietet sich die Gelegenheit, bei der Herstellung von Kunsthandwerk zuzuschauen. Auskünfte erteilen die Fremdenverkehrsstellen vor Ort (►Auskunft).

Keramik wird in allen Preislagen angeboten, von schlechten Nachahmungen antiker Vasen über gute Kopien bis zu den schönsten Produkten. Die meisten Töpferwaren sind allerdings nur bedingt abwaschbar, da die Farben nicht eingebrannt werden. Töpferwerkstätten gibt es beispielsweise in Margarítes und Thrapsanó. Hier werden noch die großen, schon in minoischer Zeit benutzten Vorratsgefäße, die Pithoi, hergestellt, aber auch Teller und Vasen. Gegenstände aus Marmor, Onyx und Alabaster sowie aus Kupfer und Zinn, ferner Olivenholzschnitzereien sind ebenfalls beliebte Mitbringsel.

An den besonders von Touristen frequentierten Orten wird **Goldschmuck** in großer Vielfalt angeboten. Ringe, Ketten und Armreifen sind z. T. günstiger als beispielsweise in Deutschland.

! *Baedeker* TIPP

Wenigstens eine Kopie ...

... berühmter Kunstwerke aus Antike und Mittelalter kann man in den Museum Shops von Iráklion, Réthymnon und Chaniá kaufen. Die Palette reicht vom kleinen Schmuckstück bis zur lebensgroßen Statue.

Bevorzugter Einkaufsort für Lederwaren: die Ledergasse in Chaniá

Ikonen

Ikonen werden von Kunstliebhabern geschätzt. Handgemalte Ikonen kann man sich von einem griechischen Künstler nach eigenen Wünschen malen lassen. Zudem werden in Souvenirgeschäften Kopien von Ikonen angeboten.

Lebensmittel

Kräuter, die teilweise als Tees angeboten werden, sind in vielen Läden erhältlich. Reichhaltig ist die Auswahl an Süßigkeiten (Thymianhonig, ouzogetränkter Feigenkuchen, Schokolade, Nusspaste u. a.) sowie an Trockenfrüchten und Nüssen und nicht zuletzt an verschiedenen Weinen und Spirituosen. Auch Olivenöl empfiehlt sich als Mitbringsel (►Baedeker Special S. 89).

Sportschifffahrt

Einreise

Jachten, die aus dem Ausland kommen und in den griechischen Gewässern kreuzen möchten, müssen als Erstes die mit Zollabfertigung ausgestatteten und als Ein- und Ausreisehafen klassifizierten Haupthäfen Iráklion und Chaniá anlaufen. Boote aus den Mitgliedsländern der EU unterliegen keiner hafenamtlichen Kontrolle. Boote aus Ländern außerhalb der EU müssen sich jedoch dieser Kontrolle unterziehen und benötigen ein **Transit-Log**, das zu sechsmonatigem Verkehr in griechischen Gewässern berechtigt. Passkontrollen werden bei allen Passagieren aus dem Ausland kommender Jachten durchgeführt, wobei diese Passagiere als »Durchreisende« gelten. Sportboote, die auf dem Landweg eingeführt werden, unterliegen den gleichen Formalitäten wie diejenigen aus Nicht-EU-Ländern. An allen wichtigen Orten gibt es Marinas.

Segeln Bei der Griechischen Zentrale für Fremdenverkehr (► Auskunft) ist die Broschüre »Segelrouten« erhältlich, die über Einreisebestimmungen, Bootscharter und Marinas informiert. Außerdem kann man bei den nachfolgenden Stellen Auskunft zum Segeln einholen.

Bootscharter Innerhalb der griechischen Hoheitszone dürfen nur solche Schiffe verchartert werden, die unter griechischer Flagge laufen und für die Charter amtlich zugelassen sind. Voraussetzung für das Chartern eines Bootes ohne Besatzung ist, dass der Mieter und eine zweite Person an Bord den entsprechenden Bootsführerschein besitzen.

WICHTIGE ADRESSEN

► **Griechischer Segelverband (E I O)**
Marina Delta Falirou
P. O. Box 78550
GR-17602 Athen
Tel. 210 940 48 25, www.eio.gr

► **Haupthäfen**
Piräus: Tel. 21 04 51 13 11/9
Iráklion:
Tel. 28 10 988 88
Chaniá:
Tel. 282 10 24 49 12

► **Griechischer Nationaler Wetterdienst (EMY)**
in Athen Tel. 210 969 93 16/7/8/9
(rund um die Uhr erreichbar)

Sprache

Verständigung Im Allgemeinen wird der Fremde in Griechenland einen Einheimischen finden, mit dem er sich in einer der europäischen Verkehrssprachen (in erster Linie Englisch) verständigen kann. Deutschkenntnisse sind in den letzten Jahren durch heimgekehrte Gastarbeiter häufig geworden. Auf dem Land aber ist es gut, wenigstens über einige Grundkenntnisse der griechischen Sprache zu verfügen.

Neugriechisch

Das Neugriechische unterscheidet sich wesentlich vom Altgriechischen, wenngleich die Zahl jener Wörter, die seit den Zeiten des Dichters Homer unverändert geschrieben werden, immer noch erstaunlich groß ist. Doch auch bei diesen sind die Abweichungen der Aussprache von der deutschen Schulaussprache des Altgriechischen zu berücksichtigen. Die veränderte Aussprache gilt für beide Sprachformen des Neugriechischen, die sowohl in der Grammatik als auch im Wortbestand beträchtliche Unterschiede aufweisen: die **Dhimotiki** (Volks- oder Umgangssprache) und die **Katharevoussa** (Amts- oder Schriftsprache). Alle amtlichen Bekanntmachungen, Hinweisschilder, Fahrpläne u. ä. waren früher in der Katharevoussa geschrieben. Diese Sprachform ist durch Annäherung an das als vorbildlich geltende Altgriechisch gewonnen worden. Seit 1975 offizielle Sprachversion ist aber die Dhimotiki. Sie ist das Ergebnis einer langen Sprachentwicklung und hat sich auch in der neugriechischen Literatur wie auch im Unterhaltungsteil der Zeitungen längst durchgesetzt.

Griechisches Alphabet

Buchstaben	Umschrift	Aussprache
Α α (alfa)	a	a
Β β (wita)	v	w
Γ γ (ghamma)	g	gh, vor e und i: j
Δ δ (dhelta)	d	dh (wie in engl. »that«)
Ε ε (epsilon)	e	kurzes e
Ζ ζ (sita)	z	stimmhaftes s
Η η (ita)	i	i
Θ ϑ, θ (thita)	th	th (wie in engl. »thing«)
Ι ι (iota)	i	i
Κ κ (kappa)	k	k
Λ λ (lamvda)	l	l
Μ μ (mi)	m	m
Ν ν (ni)	n	n
Ξ ξ (xi)	x	ks
Ο ο (omikron)	o	o
Π π (pi)	p	p
Ρ ρ (rho)	r	r
Σ σ, ς (sigma)	s	stimmloses s
Τ τ (tav)	t	t, nach d: d
Υ υ (ipsilon)	y	i
Φ φ (fi)	f	f
Χ χ (chi)	ch	ch: vor a, o, u wie in »ach«; vor e, i wie in »ich«
Ψ ψ (psi)	ps	ps
Ω ω (omega)	o	o

Buchstabenkombinationen

αι	e	e
αυ	av	aw (vor stimmhaftem Konsonant oder Vokal)
αυ	af	af (vor stimmlosem Konsonant)
γγ	ng	ng
γκ	g	g (am Wortanfang, selten im Wortinneren)
γκ	ng	ng (im Wortinneren)
ει	i	i
ει	j	j (unbetont, zwischen Konsonant und Vokal)
ευ	ev /ef	ev /ef (entspr. αυ)
μβ	mv	mw
μπ	b	b (am Wortanfang, selten im Wortinneren)
μπ	mb	mb (im Wortinneren)
ντ	d	d (am Wortanfang, selten im Wortinneren)
ντ	nt	nd (im Wortinneren)
οι	i	i
ου	ou	u

Hinweise zur Umschrift

Es gibt keine allgemein verbindlichen Richtlinien für die Umschrift der griechischen Buchstaben ins lateinische Alphabet. In diesem Reiseführer erfolgt die Umschrift nach einer auch von der **UNO verwendeten Transliterationstabelle**. Die Übertragung der griechischen Buchstaben in lateinische Buchstaben ist in der oben stehenden Tabelle angegeben. Ergänzend dazu gibt es jedoch noch etliche Besonderheiten. So wird »γγ« mit lateinischen Buchstaben als »ng« und »μπ« am Wortanfang mit »B« (ansonsten aber als »mp«) umschrieben. Die Umschrift für »αυ« lautet vor Vokalen (und manchmal auch Konsonanten) »av«, vor Konsonanten und am Wortende immer »af« (gleiches gilt für »ευ« und »ηυ«). Die Umschrift für »ου« lautet »ou«. Akzente werden bei dieser Umschrift im Deutschen nicht gesetzt. Die gesetzten Akzente erleichtern die Betonung.

KLEINER SPRACHFÜHRER

Das Allerwichtigste

Ja / Nein	nä / óchi	Ναί / Όχι
Vielleicht	'issos	Ίσως

Bitte	paraka'lo	Παρακαλώ
Danke (sehr)	äfchari'sto (pol'i)	Ευχαριστώ (πολύ)
Entschuldigung!	si'njomi!	Συγγνώμη!
Bitte? Sie wünschen?	o'ristä?	Ορίστε;
Ich verstehe Sie nicht.	ðä sass katala'wäno.	Δε σας καταλαβαίνω.
Bitte wiederholen Sie es.	na to ksana'pite, paraka'lo.	Νά το ξαναπείτε, παρακαλώ.
Sprechen Sie ...	mi'late ...	Μιλάτε ...
... Deutsch?	jermanik'a?	γερμανικά;
... Englisch?	angglik'a?	αγγλικά;
Ich spreche nur wenig Griechisch.	mi'lo 'mono ligo ellinika'a.	Μιλώ μόνο λίγο ελληνικά.
Können Sie mir bitte helfen?	bo'ritä na mä woi'θisätä, paraka'lo?	Μπορείτε να με βοηθήσετε, παρακαλώ;
Ich möchte ...	'θälo ...	Θέλω ...
Haben Sie ... ?	'ächätä ... ?	Έχετε ...?
Wie viel kostet es?	'posso ko'stisi?	Πόσο κοστίζει;
Wie viel Uhr ist es?	ti 'ora 'inä?	Τι ώρα είναι
Heute / Morgen	'simära / 'awrio	Σήμερα / Αύριο

Grüßen

Guten Morgen!	kali'mära (su / sas)!	Καλημέρα (σου / σασ)!
Guten Tag!	kali'mära! / 'chärätä!	Καλημέρα / Χαίρετε!
Guten Abend!	kali'spära!	Καλησπέρα!
Gute Nacht!	kali'nichta!	Καληνύχτα!
(allgemeiner Gruß)	'jassas!	Γειά σας!
Hallo! Grüß dich!	'jassu!	Γειά σου!
Danke. Und Ihnen / dir?	äfchari'sto. äs'sis / äs'si?	Ευχαριστώ. Εσείς / Εσύ?
Auf Wiedersehen!	a'dio!	Αντίο!
Tschüs!	'jassu!	Γειά σου!

Auskunft unterwegs

links / rechts	aristä'ra / ðäks'ja	αριστερά / δεξιά
geradeaus	efθia	ευθεία
nah / weit	ko'nda / makri'a	κοντά / μακριά
Wie weit ist es zum / zur ... ?	'posso ma'kria 'inä ja ... ?	Πόσο μακριά είναι γιά...?
Ich möchte ... mieten.	'θälo na ni'kjasso ...	Θέλω να νοικιάσω ...
... ein Auto	'äna afto'kinito	ένα αυτοκίνητο
... ein Fahrrad	'äna po'ðilato	ένα ποδήλατο
... ein Boot	'mia 'warka	μία βάρκα
Bitte, wo ist ... ?	Parakaló, pú ínä ... ?	Παρακαλώ, πού είναι ...

Tanken

Wo ist bitte die nächste Tankstelle?	'pu 'inä, paraka'lo, to e'pomä-no wensi'naðiko?	Πού είναι, παρακαλώ, το επομένο βενζιναδικό;
Ich möchte … Liter …	θälo … 'litra …	Θέλω … λίτρα …
… Benzin.	… wän'sini.	… βενζινη.
… Diesel.	… 'disäl.	… ντίζελ.
… bleifrei	… a'moliwði	… αμόλυβδη
Volltanken bitte.	jä'mistä paraka'lo.	Γεμίστε παρακαλώ.
Prüfen Sie bitte den Ölstand.	äksä'tastä, paraka'lo, ti 'staθmi tu lað'ju.	Εξέταστε, παρακαλώ, τη στάθμη του λαδιού.

Panne

Ich habe eine Panne.	'äpaθa zim'ja.	Έπαθα ζημειά.
Können Sie mir bitte einen Abschleppwagen schicken?	θa bo'russatä na mu 'stilätä 'äna 'ochima ri'mulkissis?	Θα μπορούσατε να μου στείλατε ένα όχημα ρυμούλκησης;
Wo ist hier in der Nähe eine Werkstatt?	'pu i'parchi ä'ðo kon'da 'äna sinär'jio?	Πού υπάρχει εδώ κοντά ένασυνεργείο;

Unfall

Hilfe!	wo'iθja!	Βοήθεια!
Achtung!Vorsicht!	proso'chi!	Προσοχή!
Rufen Sie bitte schnell …	ka'lästä, paraka'lo, 'grigora	Καλέστε, παρακαλώ, γρήγορα …
… einen Krankenwagen.	… 'äna asθäno'foro.	… ένα ασθενόφορο.
… die Polizei.	… tin astino'mia.	… την αστυνομία.
… die Feuerwehr.	… tin piroswästi'ki ipirä'sia.	… την πυροσβεστική υπηρεσία.
Geben Sie mir bitte Ihren Namen und Ihre Anschrift.	'pästä mu to 'onoma kä ti ðiäfθin'si sas, paraka'lo.	Πέστε μου το όνομα και τ διεύθυνσή sας, παρακαλώ.

Essen gehen

Wo gibt es hier ein gutes Restaurant?	pu i'parchi ä'ðo 'äna ka'lo ästia'torio?	Πού υπάρχει εδώ ένα καλ εστιατόριο;
Gibt es hier eine gemütliche Taverne?	i'parchi ä'ðo ta'wärna mä 'anäti at'mosfära?	Υπάρχει εδώ μια ταβέρνα άνετι ατμόσφαιρα;
Reservieren Sie uns bitte für heute Abend einen Tisch für 4 Personen.	kra'tistä mas ja 'simera to 'wraði 'äna tra'päsi ja 'tässära 'atoma, paraka'lo.	Κρατήστε μας για σήμερα το βράδυ ένα τραπέζι για άτομα, παρακαλώ.
Ich möchte bitte bezahlen.	θä*alo na pli'rosso, paraka'lo.	Θέλω να πληρώσω, παρακαλώ.

Messer	ma'chäri	μαχαίρι
Gabel	pi'runi	πηρούνι
Löffel	ku'tali	κουτάλι

Zahlen

0	mi'ðän	μηδέν	19	ðäkaä'näa	δεκα-εννέα
1	'äna	ένα	20	'ikossi	είκοσι
2	'ðio	δύο	21	'ikossi 'äna	είκοσι ένα
3	'tria	τρία	22	'ikossi 'ðio	είκοσι δύο
4	'tässära	τέσσερα	30	tri'anda	τριάντα
5	'pändä	πέντε	40	sa'randa	σαράντα
6	'äksi	έξι	50	pä'ninda	πενήντα
7	ä'fta	εφτά	60	ä'ksinda	εξήντα
8	o'chto	οχτώ	70	äwðo'-minda	εβδο-μήντα
9	ä'näa	εννέα	80	og'ðonda	ογδόντα
10	'ðäka	δέκα	90	änä'ninda	ενενήντα
11	'ändäka	ένδεκα	100	äka'to	εκατό
12	'ðoðäka	δώδεκα	200	ðia'kosja	διακόσια
13	ðäka'tria	δεκατρία	1000	'chilia	χίλια
14	ðäka-'tässära	δεκατέσσερα	2000	'ðio chi'ljaðäs	δύο χιλιάδες
15	ðäka-'pändä	δεκαπέντε	10 000	'ðäka chi'ljaðäs	δέκα χιλιάδες
16	ðäka'äksi	δεκαέξι			
17	ðäkaä'fta	δεκαεφτά	1/2	to/'äna 'ðäftäro	το / ένα δεύτερο
18	ðäkao-'chto	δεκαοχτώ	1/4	to/'äna 'tätarto	το / ένα τέταρτο

Einkaufen

Wo finde ich ...?	pu θa wro ...?	Πού θα βρω ...;
eine Apotheke	'ena farma'kio	ένα φαρμακείο
eine Bäckerei	'ena artopo'lio	ένα αρτοπολείο
ein Lebensmittelgeschäft	'ena ka'tastima tro'fimon	ένα κατάστημα τροφίμων
den Markt	tin ajo'ra	την αγορά

Übernachten

Können Sie mir bitte … empfehlen?	bo'ritä na mu si'stissätä …, paraka'lo?	Μπορείτε να μου συστήσε …, παρακαλώ;
… ein Hotel	… 'äna ksänoðo'chio	… ένα ξενοδοχείο
… eine Pension	… 'mia pan'sjon	… μία πανσιόν
Ich habe bei Ihnen ein Zimmer reserviert.	'äðo sä sas 'äklissa 'äna ðo'matjo.	Εδώ σε σας έκλεισα ένα δομάτιο.
Haben Sie noch ein Zimmer frei …	'ächätä a'komi 'äna ðo'matjo ä'läfθäro …	Έχετε ακόμη ένα δομάτιο ελεύθερο …
… für eine Nacht?	… ja mja 'nichta?	… γιά μια νύχτα;
… für zwei Tage?	… ja 'ðio 'märäs?	… γιά δύο μέρες;
… für eine Woche?	… ja mja wðo'maða?	… γιά μια βδομάδα;
Was kostet das Zimmer mit …	'posso ko'stisi to do'matjo mä …	Πόσο κοστίζει το δομάτιο με …
… Frühstück?	… proi'no?	… πρωινό;
… Halbpension?	… 'mäna 'jäwma?	… μένα γεύμα.

Arzt

Können Sie mir einen guten Arzt empfehlen?	bo'ritä na mu siss'tissätä 'änan ka'lo ja'tro?	Μπορείτε να μου συστήσε έναν καλόγ ιατρό;
Ich habe hier Schmerzen.	'ächo 'ponnus ä'ðo.	Έχω πόνους εδώ.

Bank

Wo gibt es hier eine Bank?	'pu 'inä ä'ðo mja 'trapäsa?	Πού είναι εδώ μια τράπεζα
Ich möchte … Schweizer Franken in Euro wechseln.	'θälo na a'lakso … älwäti'ka 'franga sä evró.	Θέλω να αλλάξω … ελβετικά φραγκα σε ευρώ.

Post

Was kostet …	'posso ko'stisi …	Πόσο κοστίζει …
… eine Postkarte …	… mja 'karta	… μια κάρτα
… nach Deutschland / Österreich /Schweiz?	… ja ti järma'nia / afs'tria / elwe'tia?	… γιά τη Γερμανία / Αυστρία / Ελβετία;
Eine / zwei Briefmarken, bitte.	'äna / 'ðio grammat'osimo / grammat'osima, paraka'lo.	Ένα / δύο γραμματόσημο / γραμματόσημα, παρακαλώ

Wichtige Aufschriften

ΑΝΔΡΩΝ	Herren	ΓΥΝΑΙΚΩΝ	Damen
ΕΙΣΟΔΟΣ	Eingang	ΕΞΟΔΟΣ	Ausgang

Κατάλογος φαγητών · Speisekarte

προινώ	proin'o	**Frühstück**
καφές (σκέτο)	ka'fäs ('skäto)	(ungesüßter) Kaffee
καφές με γάλα	ka'fäs me 'jala	Kaffee mit Milch
καφές φίλτρου	ka'fäs 'filtru	Filterkaffee
τσάι με λεμόνι	'tsai mä lä'moni	Tee mit Zitrone
τσάι από βότανα	'tsai a'po 'wotana	Kräutertee
σοκολάτα	soko'lata	Schokolade
χυμό φρούτου	chi'mo 'frutu	Fruchtsaft
αυγό μελάτο	aw'jo mä'lato	weiches Ei
ομελέτα	omä'läta	Omelett
αυγά μάτια	aw'ja 'matja	Spiegeleier
αυγά με μπείκον	aw'ja mä 'bäiken	Eier mit Speck
ψωμί / ψωμάκι	pso'mi / pso'maki	Brot / Brötchen
τοστ	'tost	Toast
κρουασάν	krua'san	Hörnchen, Croissant
φρυγανιές	frigan'jäs	Zwieback
βούτυρο	'wutiro	Butter
τυρί	ti'ri	Käse
λουκανικό	lu'kaniko	Wurst
ζαμβόν	sam'bon	Schinken
μέλι	'mäli	Honig
μαρμελάδα	marmä'laða	Marmelade
γιαούρτι (με καρύδια)	ja'urti (mä ka'riðja)	Joghurt (mit Walnüssen)

ορεκτικά / σούπες	orektik'a / 'supes	**Vorspeisen / Suppen**
ελιές	ä'ljäs	Oliven
φέτα	'fäta	weißer Schafskäse
μελιτζάνα σαλάτα	mäli'dsana sa'lata	Auberginensalat
ντολμαδάκια	dolma'ðakja	gefüllte Weinblätter (kalt)
γαρίδες	ga'ridäs	Garnelen
γίγαντες	'jigandäs	große weiße Bohnen
σαγανάκι	saga'naki	gebratener Käse
σκορδαλιά	skorðal'ja	Püree aus Kartoffeln, Knoblauch und Öl
σπανακόπιτα	spana'kopita	Spinattasche
ταραμοσαλάτα	taramosa'lata	Fischrogenpüree
τζατζίκι	za'ziki	Joghurtcreme mit Gurke und Knoblauch
τυρόπιτα	ti'ropita	Käsetasche
κοτόσουπα	ko'tosupa	Hühnersuppe
κοτόσουπα αυγολέμονο	ko'tosupa awgo'lämono	Hühnersuppe mit Zitrone und Ei
ψαρόσουπα	psa'rosupa	Fischsuppe
λαχανόσουπα	lacha'nosupa	Gemüsesuppe

φασολάδα	faso'lada	Bohnensuppe
μαγειρίτσα	maji'ritsa	Ostersuppe

σαλάτες	sa'lates	**Salate**
(ν)τοματοσαλάτα	tomatosa'lata	Tomatensalat
αγγούρι	an'guri	Gurke
χοριάτικι (σαλάτα)	chor'jatiki (sa'lata)	Dorfsalat
μαρούλι σαλάτα	ma'ruli sa'lata	Kopfsalat
λαχανοσαλάτα	lachanosa'lata	Krautsalat
πατατοσαλάτα	patatosa'lata	Kartoffelsalat
άγρια χόρτα	'agria 'chorta	Wildkräutersalat
λαδολέμονο	laðo'lämono	Öl-Zitronen-Sauce

ψάρια	ps'arja	**Fischgerichte**
αστακός	asta'kos	Hummer
γαρίδες	ga'ridäs	Garnelen
χταπόδι	chta'poði	Oktopus
μπαρμπούνι σχάρας	bar'buni 'ßcharas	Rotbarbe vom Grill
γλώσσα τηγανητά	'glossa tijani'ta	Seezunge gebraten
μύδια	'miðia	Muscheln
καλαμαράκια	kalama'rakja	kleine Tintenfische
μπακαλιάρος φούρνου	bakal'jaros 'furnu	Stockfisch aus dem Ofen
σολομός	solo'mos	Lachs
κακαβιά	kakaw'ja	Bouillabaisse
καραβίδες	kara'wiðes	große Scampi
χριστόψαρο	chris'topsaro	Petersfisch
σκουμπρί	skum'bri	Makrele
τσιπούρα	tsi'pura	Dorade
φαγκρί	fan'gri	Zahnbrasse
τόνος	'tonnos	Tunfisch
ξιφίας	ksi'fias	Schwertfisch

φαγητά με κρέας	fajit'a mä kr'äas	**Fleischgerichte**
άρνι ψητό	ar'ni psi'to	Lammbraten
άρνι στο φούρνο	ar'ni sto 'furno	Lammfleisch aus dem Ofe
βοδινό φιλέτο	woði'no fi'läto	Rinderfilet
γαλοπούλα ψητή	galo'pula psi'ti	Pute gebraten
γύρος	'jiros	Fleisch vom Drehspieß
κατσίκι	kat'siki	Zicklein
κεφτέδες	kef'tedes	Hackfleischbällchen
κοτόπουλο ψητό	ko'topulo psi'to	Brathuhn
κουνέλι	ku'näli	Kaninchen
μιξτ γκριλ	'mikst 'gril	Gemischtes Grillfleisch
μοσχάρι κοκκινιστό	mos'chari kokkini'sto	Kalbfleisch geschmort

μοσχάρι ψητό	mos'chari psi'to	Kalbsbraten
μπόν φιλέ	bon fi'lä	Filet
μπριζόλες χοιρινές	bri'soläs chiri'näs	Schweinekotelett
μπιφτέκι	bi'ftäki	Hacksteak vom Grill
παιδάκια αρνίσια	pai'ðakja ar'nisia	Lammkotelett
παστίτσιο	pa'stitsjo	Makkaroniauflauf mit Fleischfüllung
σουτζουκάκια	sudsu'kakja	Hackfleischröllchen
σουβλάκι(α)	su'wlaki	Fleischspieß(e)

λαχανικά	lachanik'a	**Gemüsegerichte**
ντολμάδες	dol'maðäs	Gefüllte Weinblätter
λάχανο	'lachano	Weißkraut
αγγινάρες	angi'naräs	Artischocken
μελιτζάνες γεμιστές	mäli'dsanäs jämi'stäs	Gefüllte Auberginen
ντομάτες γεμιστές	to'matäs jämi'stäs	Gefüllte Tomaten
πιπεριές γεμιστές	pipär'jäs jämi'stäs	Gefüllte Paprikaschoten
τουρλού	tur'lu	Bunter Gemüseeintopf
φασολάκια	faso'lakja	Grüne Bohnen
μουσακάς	mussa'kas	Auberginen-Hackfleisch-Kartoffel-Auflauf
πιπεριές τηγανητές	pipär'jäs tigani'täs	gebratene Paprika
κολοκυθάκια	koloki'θakja	Zucchini
φασόλια	fa'solja	weiße Bohnen
πατάτες τηγανητές	pa'tatäs tigani'täs	Pommes frites

επιδόρπια	epid'orpia	**Nachspeisen**
φρούτα	'fruta	Obst
παγωτό	pagot'o	Eis(creme)
μπακλαβάς	bakla'was	Blätterteig in Sirup mit Nussfüllung
μπουγάτσα	bug'atsa	Blätterteigtasche, gefüllt mit Vanillecreme
κρέμα	'kräma	Grießpudding
ρυζόγαλο	ri'sogalo	Reispudding
σταφύλια	sta'filia	Trauben
καρπούζι	kar'pusi	Wassermelone
πεπόνι	pä'poni	Honigmelone
ροδάκινο	ro'ðakino	Pfirsich
μήλο	'milo	Apfel
αχλάδι	ach'laði	Birne

Αλκοολούχα ποτά	alkool'ucha pot'a	**Alkoholische Getränke**
άσπρο κρασί	'aspro kra'si	Weißwein

κόκκινο κρασί	'kokkino kra'si	Rotwein
ρετσίνα	rä'tsina	geharzter Wein
χύμα	'chima	Wein vom Fass
ξερό	kse'ro	trocken
ημίγλυκο	i'migliko	halbsüß
ούζο	'uso	Anisschnaps
τσίπουρο	'tsipuro	Tresterschnaps
(μια) μπύρα	(mja) 'bira	(ein) Bier

μη αλκοολούχα ποτά	mi alkool'ucha pot'a	**Alkoholfreie Getränke**
φραππέ	frap'pä	kalter Nescafé mit Schaum
ελληνικος καφές	elini'kos ka'fäs	griechischer Mokka
τσάι	tsai	Tee
πορτοκαλάδα	portoka'laða	Orangenlimonade
λεμονάδα	lämo'naða	Zitronenlimonade
(μια καράφα) νερό	(mja ka'rafa) ne'ro	(ein Krug) Wasser
μεταλλικό νερό	metalli'ko ne'ro	stilles Mineralwasser
σόδα	'soda	Mineralwasser mit Kohlensäure

Übernachten

Hotels

Riesiges Angebot

Auf Kreta gibt es eine riesiges Angbot an Unterkünften. Die Palette ist breit gefächert: sie reicht von einfachsten Privatzimmern bis zu Luxushotels. Immer noch werden neue Hotels gebaut, und ein Großteil der Kreter vermietet Privatzimmer. Will man auf Kreta um Ostern oder in der Hauptsaison (von Juni bis September) Urlaub machen, so ist in jedem Fall eine Zimmervorbestellung ratsam. Das Hotelangebot konzentriert sich an der Nordküste, im Innern und an der Südküste liegt der Schwerpunkt dagegen auf Privatzimmern.

i PREISKATEGORIEN

- Preise gelten für ein Doppelzimmer pro Nacht:

Luxus: ab 130 €
Komfortabel: 60 – 130 €
Günstig: 35 – 60 €

Während der Hauptsaison (Juli bis September) sind die **Unterkunftspreise** hoch, in der Vor- und Nachsaison dagegen geringer. Seit der Einführung des Euro sind die Preise weiter gestiegen. Immer noch ist jedoch das Preis-Leistungsverhältnis nicht ausgewogen. Die Qualität der angebotenen Zimmer lässt bei Ausstattung und Sauberkeit doch noch einiges zu wünschen übrig. Auch der Service entspricht oft nicht der angegebenen Hotelkategorie.

Die Hotels in Griechenland sind offiziell in sechs **Kategorien** gegliedert. Die Skala der Klassifizierung reicht von Luxushotels (L) über komfortable Hotels (A) bis zu Mittelklassehotels (B, C) und einfachen Unterkünften (D, E).
In fast allen Küstenorten und auch in vielen Dörfern im Inselinnern werden von den Bewohnern einfach ausgestattete **Privatzimmer**, aber auch komfortable Apartments und Studios vermietet.

Camping

Die überwiegende Zahl der **Campingplätze** unterliegt der Überwachung der Fremdenverkehrsbehörde. Die Plätze sind folgendermaßen klassifiziert: Kat. A = gehobene Ausstattung, Kat. B = gute Ausstattung, Kat. C = zufriedenstellende Ausstattung. Auf den Campingplätzen können z. T. auch Häuser und Hütten gemietet werden. Das Übernachten außerhalb von Campingplätzen, auf Straßen und Parkplätzen sowie im freien Gelände ist nicht erlaubt. Von der Panhellenic Camping Association wird die Broschüre »Camping in Greece« herausgegeben (▸Adressen).

Blau, soweit das Auge reicht: das Hotel El Greco bei Réthymnon

Ferienwohnungen

Ferienhäuser und Ferienwohnungen werden auch auf Kreta vielerorts angeboten. Listen sind u. a. erhältlich bei den Fremdenverkehrsstellen auf Kreta (▸Auskunft). Auch im Internet sind Ferienwohnungen z. B. unter der Internetadresse www.kreta-ferienwohnungen.de aufgeführt.

Jugendherbergen

Vor allem für jüngere Reisende bieten die Jugendherbergen preiswerte Unterkunft. Die meisten Jugendherbergen sind ganzjährig geöffnet. Voranmeldung ist in jedem Falle ratsam, in der Hauptreisezeit unerlässlich. Reservierungen, insbesondere für Gruppen, sind nur mit Vorauszahlung gültig. Der Aufenthalt in derselben Jugendherberge ist für Einzelpersonen zeitlich begrenzt. Jugendherbergen gibt es in Iráklion, Plakiás und Réthymnon.

WICHTIGE ADRESSEN

HOTELS

► **Hellenic Chamber of Hotels**
Stadiou 24
GR-10562 Athen
Tel. 210 331 00 22/6
Fax 210 322 54 49
www.grhotels.gr

CAMPING

► **Hellenic Camping Association**
Solonos 102
GR-10680 Athen
Tel./Fax 210 362 15 60

JUGENDHERBERGEN

www.hostels.com/crete

Urlaub aktiv

Dem Reisenden bieten sich auf Kreta unzählige – in Vor- oder Nachsaison eingeschränkte – Möglichkeiten, aktiv Sport – vor allem natürlich Wassersport – zu treiben. Die Angebotspalette reicht von Wassersportarten wie Surfen und Tauchen über Tennis bis zu geführten Wanderungen.

Fahrradfahren ►Wandern, Radwandern

Golf Der Crete Golf Club, der erste 18-Loch-Golfplatz Kretas, wurde im Jahr 2003 in Chersónisos eröffnet.

Reiten Es bestehen derzeit nur wenige Möglichkeiten zum Reiten auf Kreta. Die besten Reitzentren findet man bei Chersónisos, bei Avdoú auf der Lassíthi-Hochebene und bei Pitsídia.

Bungee Bungee-Sprünge sind an Hochsommerwochenenden in Arádena von einer Brücke aus und im Sommerhalbjahr in Limín Chersónisou von einem am Meer aufgestellten Kran aus möglich.

Nur für schwindelfreie Wassersportfans: Parasailing

Segeln

In den größeren Ferienorten warten Wassersportzentren mit Bootsverleih, in denen auch Segelkurse angeboten werden, auf Kunden. Weitere Informationen: ►Sportschifffahrt

Sportfischerei

Seit 1996 ist die Sportfischerei in allen Staaten der EU für Ausländer verboten. Erlaubt ist lediglich, von der Küste aus zu angeln. Auskünfte erteilen die Hafenämter, z. B. von Iráklion (►Sportschifffahrt).

Surfen

Auf Kreta gibt es unzählige Möglichkeiten zum Surfen; Surfbretter werden fast überall verliehen. Auch Surfunterricht wird vielfach angeboten. Für Anfänger in dieser Sportart ist die Nordküste empfehlenswert, die in der Regel ruhigen Seegang hat, während die Südküste, an der der Wind bis Stärke 8 auffrischen kann, für Fortgeschrittene geeignet ist. So gilt **Plakiás** an der Südküste als bestes Surfrevier der Insel.

Tauchen

Das Tauchen mit Atmungsgeräten ist zum Schutz der unter Wasser liegenden kulturellen Schätze nur in bestimmten Regionen erlaubt. In diesen Regionen muss man sich streng an Schutzvorschriften halten. Wichtige Tauchgebiete sind Elounda, Agá Pelagía/Fodele, Réthymnon, Chaniá und Plakiás. Eine Liste der Regionen und ihrer aktuellen Bestimmungen ist bei der Griechischen Zentrale für Fremdenverkehr (► Auskunft) erhältlich. In jedem Fall ist es ratsam, zunächst beim zuständigen Hafenamt Erkundigungen über die örtlichen Bedingungen einzuholen. Auskünfte erteilt auch das Scubakreta Diving Center in Limín Chersonísou (Tel. 289 70 223 68).

Tennis Tennisplätze (meist Hartplätze) gehören vielfach zu den gehobenen Hotels. Klubeigene Tennisanlagen sind u. a. in Chaniá und Iráklion vorhanden.

Wandern ►dort

Wasserski, Parasailing Schulen für Wasserski stehen auf Kreta zur Verfügung. Ausgebildete Trainer sind u. a. an den Stränden von Mália, Limín Chersonísou, Ágia Pelagía und Elounda tätig. An großen Badeorten wird auch Parasailing angeboten.

Verkehr

Autoverkehr

Straßennetz Die meisten Straßen auf Kreta sind asphaltiert, doch sind sie im bergigen Landesinnern oft eng und kurvenreich, in manchen Gegenden sogar noch unbefestigt. Im Norden der Insel ist der Straßenzustand besser als im Süden. Die Hauptachse des Straßennetzes ist die New Road, die sich an der Nordküste entlangzieht und weitgehend als Schnellstraße ausgebaut ist. Eine solche West-Ost-Verbindung gibt es an der Südküste nicht.

Verkehrsvorschriften Auf Kreta gelten weitgehend die internationalen Verkehrsregeln. Verkehrssündern drohen drastische Geldbußen! Sprachkundige Polizeibeamte tragen eine Armbinde mit der Aufschrift »Tourist Police«. In Städten ist das Hupen untersagt. **Sicherheitsgurte** sind während der Fahrt anzulegen, und das **Telefonieren** mit Handy ist nur mit einer Freisprechanlage erlaubt. In hell erleuchteten Ortschaften wird nachts lediglich mit Standlicht gefahren, und das Schild Vorfahrtsstraße bedeutet Parkverbot. Die **Alkohol-Promillegrenze** liegt bei 0,5.

Höchstgeschwindigkeiten Für Pkws (und Motorräder) gelten folgende Geschwindigkeitsbegrenzungen: innerorts 50 km/h (40 km/h) sowie außerorts auf Landstraßen 90 km/h (70 km/h) und auf Autobahnen 120 km/h oder 130 km/h (90 km/h). Wer zu schnell fährt, muss mit einer empfindlichen Geldbuße und evtl. mit Führerscheinentzug rechnen.

Kraftstoff Auf Kreta gibt es flächendeckend Superbenzin, bleifreies (unleaded) Benzin, Dieselkraftstoff, Motorenöl (normal und super), allerdings selten Autogas. Die Mitnahme von Kraftstoff in Kanistern im Wagen ist verboten.

Mietwagen

Auf Kreta bieten außer den international tätigen Mietwagenfirmen vor Ort – insbesondere in Ágios Nikólaos, Chaniá, Iráklion und Réthymnon – unzählige einheimische Unternehmen Leihfahrzeuge an. Die internationalen Mietwagenfirmen sind an den Flughäfen vertreten. Auch Hotelrezeptionen übernehmen die Vermittlung von Leihfahrzeugen. Die Mietwagenpreise sind relativ hoch. Außer Mietwagen – u. a. auch Jeeps sowie Minibusse für fünf bis sieben Personen – vermieten einheimische Mietwagenunternehmen auch Motorräder, Motorroller, Mopeds, Fahrräder und Mountainbikes.

Bedingungen für das Mieten eines Kraftfahrzeuges sind ein nationaler Führerschein und, wenn man die hohe Kaution vermeiden will, eine Kreditkarte. Im Mietvertrag sollte man genau die Versicherungsleistungen prüfen. um böse Überraschungen bei der Schlussabrechnung zu vermeiden.

Schiffe sind ein unentbehrliches Verkehrsmittel auf Kreta, vor allem an der Südküste.

Panne Der **Automobil- und Touringclub von Griechenland (ELPA)**, erreichbar unter Telefonnummer 10400, verfügt über einen Verkehrsdienst mit Streifenwagen (OVELPA), der ausländischen Fahrern Hilfe leistet. Es sind gelbe Wagen mit der Aufschrift »Assistance Routière«. Durch Offenhalten der Motorhaube oder Anbringen eines gelben Tuches an einer auffallenden Stelle sollte man im Fall einer Panne auf sich aufmerksam machen. Die Pannenhilfe ist kostenpflichtig. ADAC-Mitglieder erhalten Sondertarife, während für Inhaber des ADAC-Euro-Schutzbriefes die Pannenhilfe vor Ort und das Abschleppen bis zur nächsten Werkstatt kostenlos sind.

Taxis Taxis tragen das internationale Zeichen »Taxi« auf dem Dach und halten auch auf Zuruf oder Winken am Straßenrand. In den Städten sind Taxis in größerer Zahl an allen Plätzen mit starkem Publikumsverkehr (Flughäfen, Busbahnhöfen u. a.) sowie vor den großen Hotels und Museen zu finden.

Die **Preise** für Taxifahrten auf Kreta sind günstiger als beispielsweise in Deutschland. Zusätzliche Gebühren werden berechnet bei Besteigen des Taxis an Busbahnhöfen, See- und Flughäfen, für jedes Gepäckstück über 10 kg und für Nachtfahrten zwischen 1.00 und 5.00 Uhr. Sonderzuschläge werden auch an Ostern und Weihnachten erhoben. Vor Antritt von Ausflugsfahrten mit dem Taxi sollte der Fahrpreis ausgehandelt werden.

Schiffsverkehr

Bootsausflüge zu Stränden und zu den vorgelagerten Inseln gibt es in zahlreichen Küstenorten. Eine wichtige Rolle spielen Schiffsverbindungen an den südwestlichen Küsten, wo sogar einige Orte nur vom Wasser aus ereichbar sind. Der Schiffsverkehr ist sehr vom Wetter abhängig. Bei starkem Wind kann er sogar tagelang eingeschränkt sein oder sogar entfallen.

Busverkehr

Dichtes Netz Die Insel Kreta ist von einem dichten Linienbusnetz durchzogen. Hauptknotenpunkt der Fernbuslinien ist der Busbahnhof A bei der Fähranlegestelle am Hafen von Iráklion, wo sich auch die zentralen Auskunftsbüros der **KTEL-Busgesellschaft** befinden. Busfahrpläne in englischer Sprache sind in den größeren Touristeninformationsbüros (►Auskunft) sowie an den Busbahnhöfen in Ágios Nikólaos, Chaniá, Ierápetra, Iráklion, Kastélli Kísamos, Réthymnon und Sitiá erhältlich. Iráklion, Chaniá und Réthymnon verfügen über mehrere Busbahnhöfe, die für Ziele in unterschiedliche Richtungen auf der Insel zuständig sind. Meist halten Busse auch außerhalb von Bushaltestellen auf Zuwinken an. Busfahrkarten sollten im Voraus am Busbahnhof besorgt werden; bei Zustieg in kleineren Orten löst man sie allerdings im Bus.

Organisierte Busausflüge

Reisebüros organisieren u. a. auch Busausflüge wie Stadtrundfahrten oder Fahrten zu den Sehenswürdigkeiten der Insel. Angeboten werden beispielsweise ab Chaniá und ab Iráklion: Knossós, die Samariá-Schlucht oder Réthymnon; ab Iráklion zusätzlich Festós – Górtys – Mátala (ganztägig), Ágios Nikólaos – Kritsá und die Lassíthi-Hochebene. Weitere Empfehlungen für Ausflugsmöglichkeiten sind in den Fremdenverkehrsstellen vor Ort (►Auskunft) erhältlich.

Flugverkehr

Innergriechische Flugverbindungen

Von Athen, Rhodos und Thessaloníki aus kann man mit Olympic Air und Aegean Airlines nach Iráklion und Chaniá, nur mit Olympic Air auch nach Sitía fliegen. Durch Olympic ist Sitía auch mit Alexandroúpoli, Préveza und den Inseln Kásos und Kárpathos verbunden. Die kleine kretische Fluggesellschaft Sky Express fliegt von Iráklion aus zu vielen anderen innergriechischen Zielen, u. a. auch nach Pátras auf dem Peloponnes sowie zu den Inseln Kos, Sámos, Ikaría, Chíos, Santorin, Mykonos und Lésbos. Für alle drei Fluggesellschaften kann man Tickets in vielen Reisebüros und im Internet kaufen, für Aegean außerdem in allen Filialen der Autovermietung Hertz.

WICHTIGE ADRESSEN

BUSVERKEHR

www.bus-service-crete-ktel.com
(für West-Kreta)
www.ktel-heraklio.lassithi.gr
(für Ost-Kreta)

MIETWAGEN

► **Reservierung in Deutschland**

Avis:
Tel. 01 80/521 77 02
www.avis.de
Budget: Tel. 018 0/524 43 88
www.budget.de
Europcar:
Tel. 01 80/55 80 00
www.europcar.de
Hertz:
Tel. 01 80/535 35 35, www.hertz.de

FLUGVERKEHR

► **Olympic Air**

www.olympicair.com
Tel. 80 18 01 01 01

Flughafen Iraklion:
Tel. 28 10 39 78 00

Flughafen Chania:
Tel. 28 20 838 00

Flughafen Sitia:
Tel. 284 30 244 24

► **Aegean Airlines**

www.aegeanair.com

Flughafen Iraklion:
Tel. 28 10 39 78 00

Flughafen Chania:
Tel. 28 21 0 8 38 00

► **Sky Express**

www.skyexpress.gr
Tel. 28 10 22 35 00

Wandern

Beliebte Wanderinsel

Wandern auf Kreta erfreut sich zunehmender Beliebtheit. Es gibt jedoch wenig angelegte Wanderwege oder entsprechendes Kartenmaterial, so dass es ratsam ist, sich Spezialreiseveranstaltern oder ortskundigen Führern anzuschließen. Vor allem in den Bergen sollte man nicht allein wandern. Die Touren auf der Insel erfordern eine gewisse Kondition und Ausdauer. Die beste Wanderzeit ist von April bis Juni, wenn die Natur in voller Blüte steht und es noch nicht zu heiß ist.

Informationen

Eine Broschüre mit einigen Wanderzielen und den Anschriften von Wandervereinen ist bei der Griechischen Zentrale für Fremdenverkehr (► Auskunft) erhältlich. Weitere Auskünfte erteilen Reisebüros. Der **Griechische Bergsteigerverein (E.O.S.**; ► Adressen) unterhält auf Kreta Hütten in den Levká Óri (Kallérgi und Vólika) und auf dem Psilorítis (Príno, Asítes).

Wanderführer

Im Buchhandel ist eine Reihe von guten Wanderführern über Kreta erhältlich, z. B. Dumont aktiv, Wandern, Kreta, Der Osten (2004) und Kreta, Der Westen (2008), MAIRDUMONT.

Tourenvorschläge

Der **Europawanderweg 4** führt über die ganze Insel und ist mit gelbschwarzen »E 4«-Schildern markiert. Die Route verläuft von Kastélli im Nordwesten bis Káto Zákros im Südosten, wobei sie sich im Westen in eine Berg- und eine Küstenroute unterteilt. Die sechsstündige Wanderung durch die Samariá-Schlucht gehört zu den großartigsten Erlebnissen, die der Wanderfreund auf Kreta erfahren kann.

Wandererlebnis Kreta

Radwandern (Touren)

Von **Kastélli Kísamos**, an der Nordwestküste Kretas, aus führt eine 24 km lange Strecke mit wenig Steigungen in nordöstlicher Richtung über Plakálona und Kolimbári nach Tavrónitis.

Von **Réthymnon** fährt man auf ebener Strecke zunächst am Meer entlang in nordöstlicher Richtung bis Stavroménos, von dort geht es ostwärts über wenige Hügel über Alexándrou nach Pérama und Mourtzána am Kouloúkonas-Gebirge entlang nach Apladianá. Die Strecke ist 40 km lang und landschaftlich reizvoll.

◄ ab Spíli

Spíli, südöstlich von Réthymnon, ist Ausgangspunkt einer abwechslungsreichen, 22 km langen, leichten Tour durch reizvolle Landschaft über Mixórruma, Koxaré, Asómatos nach Plakiás.

◄ ab Plakiás

Von Plakiás über Sellía, Káto Rodákino, Argoulés, Frangokastello und Vouvás nach Chóra Sfakíon führt eine 48 km lange Strecke, auf der mehrere Steigungen zu überwinden sind; schöne Aussichten auf Küstengebirge und Meer entschädigen jedoch für die Mühe.

◄ ab Iráklion

Iráklion bietet sich als Ausgangspunkt für eine Radtour in das größte Weinanbaugebiet Kretas an. Die 49 km lange Strecke führt in südwestlicher Richtung mit einigen Steigungen über Voutes, Ágios Mýronas, Pírgou, Káto Asítes und Ano Asítes sowie Priniás nach Agía Varvára und Ágii Déka.

◄ ab Ierápetra

Ab Ierápetra ostwärts über Férma und Agía Fotiá nach Análipsi führt eine 28 km lange leichte Radtour über mäßig hügeliges Gelände an schönen Badestränden vorbei.

WICHTIGE ADRESSEN

WANDERN

► **Griechischer Bergsteigerverein (E.O.S)**
Leoforos Dikeosinis
Iraklion
Tel. 28 10 22 76 09

RADFAHREN

► **Adventurebikes**
Georgioupoli
Tel./Fax 282 50 618 30
www.adventurebikes.de

► **Hellas Bike**
Agia Marina
Tel. 282 10 608 58
Fax 281 10 380 83
www.hellasbike.net

► **Olympic Bike**
Rethymnon
Adelianos Kambos 32
Tel. 283 10 723 83
www.olympicbike.com

Zeit

Osteuropäische Zeit

Im Winterhalbjahr gilt in Griechenland die Osteuropäische Zeit (OEZ = MEZ + 1 Std.), ab Ende März bis Ende Oktober die Sommerzeit (OEZ + 1 Std. = MESZ + 1 Std.).

Touren

SIE WISSEN NOCH NICHT, WO ES LANGGEHEN SOLL? UNSERE TOUREN HELFEN IHNEN MIT TIPPS FÜR BESONDERS SCHÖNE STRECKEN.

TOUREN DURCH KRETA

Die fünf Touren umfassen mit ihren Abstechern fast alle bedeutenden Sehenswürdigkeiten von Kreta. Obwohl die einzelnen Strecken den Kilometern nach kurz erscheinen, sollte man bedenken, dass die Straßen oft kurvig und schmal und deshalb längere Fahrzeiten einzuplanen sind. Man sollte sich auch Zeit nehmen, die großartigen Landschaften zu genießen.

TOUR 1 **Reise in die Vergangenheit**
Von Iráklion geht es durch schöne Landschaften zu bedeutenden Ausgrabungsstätten. ► **Seite 131**

Beim Abendessen am Venezianischen Hafen von Réthymnon kann man die stimmungsvolle Atmosphäre genießen.

Schöne Szenerie am Strand von Mátala

TOUR 2 **Rund um die Lassíthi**
Lassíthi-Hochebene: ein landschaftliches Highlight der Insel ▶ **Seite 133**

TOUR 3 **In den einsamen Osten**
Tour in den wenig besiedelten Inselosten mit einem Palmenstrand als End- und Höhepunkt. ▶ **Seite 135**

TOUR 4 **Zum Préveli-Strand**
Die Tour führt von dem malerischen Réthymnon zum herrlichen Préveli-Strand an der Südküste. ▶ **Seite 136**

TOUR 5 **Entdeckung des Westens**
Das besondere »Bonbon« der Tour ist der Abstecher zum karibisch anmutenden Elafonísi-Strand.. ▶ **Seite 137**

Mit malerischem Ortsbild präsentiert sich Ágios Nikólaos seinen Gästen.

Die Lassíthi-Hochebene: ein besonderes Landschaftserlebnis

Unterwegs auf Kreta

Ferienregionen

Die meisten Touristen werden mit dem Charterflugzeug anreisen und ihren Urlaub an der Nordküste, der zentralen Ferienregion Kretas, verbringen. Diese Küstenpartie ist also vor allem Menschen zu empfehlen, die Unterhaltung und Nachtleben suchen. Erholungs- und Ruhesuchende sind besser an der Südküste aufgehoben. Zunehmender Beliebtheit erfreut sich das Wandern in der herb-schönen Landschaft der Insel. Besonders im Frühjahr, wenn die Natur in voller Blüte steht, ist dies ein eindrucksvolles Erlebnis.

Entdecken Sie die herb-schöne Landschaft!

Aber auch wer Strandurlaub bevorzugt, sollte es nicht versäumen, eine Tour ins Inselinnere zu unternehmen. Denn nur dann erschließt sich einem die archaische Schönheit der kretischen Landschaft. Außerdem liegen einige bedeutende Sehenswürdigkeiten an der Südküste. So kann man das Landschaftserlebnis mit beeindruckenden Besichtigungen verbinden. Auch herrliche Strände sind auf den Touren entdecken.

Verkehrsmittel

Das Verkehrsmittel erster Wahl für die Routen ist das **Mietfahrzeug**, wobei wegen der großen Entfernungen das Auto vorzuziehen ist. Für kleinere Teilstrecken ist auch ein Motorroller oder Mofa denkbar. Mit dem **Bus** kann man ebenfalls die Insel erkunden, muss dafür aber mehr Zeit einplanen. Dafür gewinnt man Kontakt zu der einheimischen Bevölkerung. Zentrale Ausgangsstationen sind die Busbahnhöfe in den größeren Städten an der Nordküste. Wichtige Verkehrsmittel sind auch **Ausflugsschiffe**, mit denen man auf die vorgelagerten Inseln übersetzen kann. An der Südküste sind sie in einigen Abschnitten die beste Verbindungsmöglichkeit von Ort zu Ort.

Verkehrswege

Die Hauptverkehrsachse ist die entlang der Nordküste führende **New Road**, die großteils als Schnellstraße ausgebaut ist und damit ein schnelles Fortkommen ermöglicht. Diese passiert neben der Hauptstadt Iráklion die wichtigsten kretischen Städte Chaniá, Réthymnon und Ágios Nikólaos, die alle ausgesprochen interessante Reiseziele darstellen. Parallel dazu verläuft mehr im Landesinnern die **Old Road**. An der Südküste gibt es keine durchgehende Straßenverbindung, so dass hier die Strecken auf kleineren, oft kurvigen Straßen zurückgelegt werden müssen. Dies erfordert natürlich mehr Zeit, was man bei der Tourenplanung berücksichtigen sollte. Einige Orte an der Südküste sind sogar nur mit dem Schiff zu erreichen.

Hinweis zu den Touren

Die folgenden Routen sind so gewählt, dass die Hauptsehenswürdigkeiten berührt werden. Bei den genannten Entfernungsangaben handelt es sich um gerundete Kilometerzahlen, die sich lediglich auf den direkten Routenverlauf beziehen; bei den empfohlenen Abstechern sind die zusätzlichen Entfernungen jeweils angegeben.

Tour 1 Reise in die Vergangenheit

Länge der Tour: 75 km

Die erste Tour ist zugleich wegen der bedeutenden Sehenswürdigkeiten die wichtigste an die Südküste. Diese Strecke zur fruchtbaren Messará-Ebene ist zudem landschaftlich äußerst reizvoll. Man berührt interessante Klöster und bedeutende Ausgrabungsstätten, von denen man sich dann am schönen Mátala-Strand erholen kann.

Stierrhyton: ein Meisterwerk der minoischen Kultur

Von dem minoischen Palast von Festós eröffnet sich ein weiter Blick über die Messará-Ebene.

Besuch der Inselhauptstadt

Ausgangspunkt dieser Tour ist die Inselhauptstadt 1 ★★ **Iráklion**, die man nicht verlassen sollte, ohne sich zumindest das Archäologische Museum angesehen zu haben, in dem die einmaligen Funde der minoischen Kultur ausgestellt sind. Von Iráklion fährt man durch das Chaniá-Tor in Richtung Míres nach Süden. Die Strecke führt durch das kretische Hauptanbaugebiet von Sultaninen. Sie steigt nun in großen Kurven sanft an. Beim Dorf Siva beginnt eines der bedeutendsten Weinanbaugebiete der Insel, wo der berühmte Malvasier gekeltert wird. Ein Felsen in Agía Varvára, auf dem eine Kirche steht, bezeichnet den geografischen Mittelpunkt Kretas.

NICHT VERSÄUMEN

- Iráklion: Archäologisches Museum mit einmaligen Exponaten
- Féstos: Bedeutender minoischer Palast
- Mátala: Außergewöhnlicher Strand

Einen längeren Abstecher von Agía Varvára sollte man in westlicher Richtung nach **Kamáres** im Ídi-Gebirge (29 km) wegen der landschaftlichen Schönheiten und der interessanten Klöster unternehmen. Dabei kommt man über Gérgeri, wo eine Gedenkstätte an die Erschießung von Geiseln durch die Deutschen 1944 erinnert, nach Zaros, das für seine Forellenzucht bekannt ist. Vom oberhalb dieses Ortes gelegenem Kloster Ágios Nikólaos hat man einen weiten Blick über die südlichen Ausläufer des Ida-Gebirges bis zur Messará-Ebene. Ebenfalls oberhalb der Straße weiter westlich liegt das Kloster Vrondísi, dessen Kirche mit erstklassigen Fresken ein Schmuckstück byzantinischer Baukunst ist. ✶ **Valsomónero**, das dritte Kloster auf der Route, bei dem Ort Vorízia zeichnet sich durch eine wunderschöne Lage und durch hervorragende Fresken aus. Von Kamáres, dem Endpunkt des Abstechers, besteht die Möglichkeit, zur gleichnamigen Höhle und zum Psilorítis, dem höchsten Berg des ✶ **Ídi-Gebirges**, zu wandern.

Zur ehemaligen römischen Hauptstadt

Die Hauptstraße steigt bald nach Agía Varvára zum 650 m hohen Vourvoulitis-Pass an, von dem sich ein herrlicher Blick in die Messará, die größte Ebene Kretas, eröffnet. Sie biegt kurz vor Ágii Déka nach Westen ab. Bald darauf erreicht man die Ruinen von 2 ✶ **Górtys**, der ehemaligen römischen Hauptstadt von Kreta.

Endziel: Der schöne Strand von Mátala

Bei der weiteren Fahrt auf der Hauptstraße nach Westen bieten sich immer wieder schöne Ausblicke auf die von Weinbergen und Olivenbäumen geprägte weite Messará-Ebene. Der 2 km nördlich der Straße gelegene Ort ✶ **Vori** verfügt über das schönste und interessanteste Volkskundemuseum Kretas. Man nimmt nun die nach Süden führende Straße und erreicht 3 ✶ **Festós**, den nach Knossós bedeutendsten minoischen Palast der Insel, in herrlicher Lage. Knapp 3 km westlich sollte man noch die große minoische Villa ✶ **Agía Triáda** besichtigen.

Die Hauptstraße nach Süden schlängelt sich nun in Serpentinen hinunter in die Messará-Ebene. Schon nach einem Kilometer findet sich am Ortsausgang von Ágios Ioánnis auf einem Friedhof die architektonisch interessante Ágios-Pávlos-Kirche. Weiter auf der Hauptstraße fährt man durch einen prächtigen Olivenhain zu dem hübschen Ort Pitsídia.

Von dort geht rechts ein Weg zu der Ausgrabungsstätte Kommós ab, einst einer der Häfen von Festós. Nach dem Ort hat man von einer Passhöhe einen wunderschönen Blick auf die Messará-Bucht. Die Hauptstrecke endet schließlich in 4 ✶ **Mátala**, das einen sehr schönen, kleinen Strand, gesäumt von Kalkfelsen mit Höhlen, besitzt. Hier kann man eine Ruhepause einlegen.

Tour 2 Rund um die Lassíthi

Länge der Tour: 175 km

Die schöne runde Hochebene Lassíthi, ein landschaftlicher Höhepunkt Kretas, bietet sich geradezu für eine Rundreise an. Aber auch das zauberhafte Städtchen Ágios Nikólaos sollte man in die Tour miteinbeziehen.

Auf der Insel Spinalónga bei Ágios Nikólaos lebten einst Leprakranke.

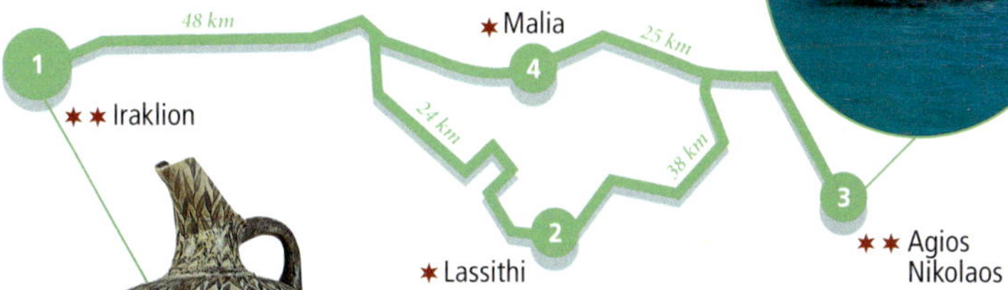

Ein Meisterwerk ist die Schnabelkanne mit Schilfdekor im Archäologischen Museum.

Abstecher nach Knossós

Gleich zu Beginn dieser Route in ❶ ★★ **Iráklion** (s. Tour 1) sollte man zunächst unbedingt einen Abstecher nach ★★ **Knossós**, dem berühmtesten und am meisten besuchten minoischen Palast Kretas, machen. Dazu verlässt man Iráklion nach Süden in Richtung Archánes und erreicht nach wenigen Kilometern die berühmte Ausgrabungsstätte.

Auf zu Zeus!

Nach Iráklion zurückgekehrt, nimmt man die New Road in Richtung Osten und dann in Káto Gouves die Abzweigung zur Lassíthi-Hochebene. Die Fahrt dorthin zählt wegen der landschaftlichen Schönheiten zu den touristischen Höhepunkten auf Kreta. 200 m vor Potamiés befindet sich die Klosterkirche Panagía Gouverniotissa, und im übernächsten Ort Avdou sind ebenfalls mehrere byzantinische Kir-

NICHT VERSÄUMEN

- Knossós: bedeutendster minoischer Palast
- Lassíthi: mythische Höhle Diktéon Ándron
- Kritsá: Panagía-Kerá-Kirche mit großartigen Fresken

chen sehenswert. Die Straße führt nun in zahlreichen Windungen steil aufwärts durch eine beeindruckende Berglandschaft. Zu einer Rast bieten sich die etwas abseits der Route gelegenen Dörfer Mochós und Krási an, wo man sich unter einer der ältesten Platanen Kretas ausruhen kann. Anschließend kommt man zu dem malerischen kleinen Kloster Kardiótissa mit schönen Fresken. Vom 900 m hoch gelegenen Ambelos-Pass kann man einen großartigen Ausblick auf die außergewöhnliche ❷ * **Lassíthi-Hochebene** genießen. Bei der folgenden Abzweigung führt die Straße, die die Hochebene umschließt, in westlicher Richtung zu dem Ort Psichró, wo oberhalb die viel besuchte imposante Tropfsteinhöhle * **Diktéon Ándron** liegt, in der der griechische Göttervater Zeus geboren worden sein soll.

Wenn man auf der Lassíthi-Straße weiterfährt, erreicht man Ágios Geórgios, in dem ein idyllisches Volkskundemuseum einen Besuch lohnt. Auch die Strecke, die von der Lassíthi in östlicher Richtung hinunter zur Küstenstraße führt, ist landschaftlich reizvoll. Auf ihr erreicht man nach gut acht Kilometern die am wunderschönen Mirambéllou-Golf gelegene Stadt ❸ ** **Ágios Nikólaos**. Die Stadt bezaubert durch ihr malerisches Ortsbild und ihre hübsche Lage am Voulisméni-See.

Abstecher zur bedeutenden Panagía-Kerá-Kirche

Von Ágios Nikólaos sollte man unbedingt einen Abstecher in südwestlicher Richtung nach Kritsá (11 km) unternehmen. Vor diesem Ort steht die berühmte ** **Panagía-Kerá-Kirche**, die die bedeutendsten Fresken Kretas besitzt. Etwas weiter führt eine Straße nach rechts zu den Ruinen der dorischen Stadt * **Lató**, wo sich ein herrlicher Ausblick bietet. Das hübsch am Berg gelegene Kritsá ist bekannt für seine Webereien und Handarbeiten.

Umweg über Elounda

Zudem sollte man von Ágios Nikólaos ein Umweg (23 km) auf der Küstenstraße zu dem nördlich in einer schönen Bucht gelegenen Ort Elounda mit den Resten der antiken Stadt Olous unternehmen. Die Fahrt dorthin bietet herrliche Ausblicke auf den wunderschönen * **Mirambéllou-Golf**. Von Elounda kann man noch einen Bootsausflug zur Felseninsel Spinalónga mit einer bedeutenden Festung unternehmen. Die Straße führt im Bogen nach Westen zu dem sehr schönen Ort Kastélli und trifft dann auf die Hauptstraße.

Badefreuden locken

Auf der Rückfahrt nach Iráklion sollte man noch einen Stopp bei den Ruinen des mittelminoischen Palastes ❹ * **Mália** einlegen, der neben Knossós und Festós bedeutendsten minoischen Anlage Kretas. Wer noch Lust zum Baden hat, kommt in Mália, einem Ferienzentrum der Insel, auf seine Kosten.

Tour 3 In den einsamen Osten

Länge der Tour: 94 km

Tour 3 führt in den wenig besiedelten Osten und bietet vor allem landschaftliche Eindrücke. Höhe- und Endpunkt ist der berühmte und beliebte Palmenstrand Vái. Von dort kann man die Insel weiter nach Südosten erkunden.

Vái: Der berühmte Palmenstrand der Insel

In Sitía ist der Lebensrhythmus noch gemächlicher als an anderen Ferienorten.

Von ❶★★ **Ágios Nikólaos** (s. Tour 2) nimmt man die New Road in Richtung Sitía, die unmittelbar am herrlichen ★ **Mirambéllou-Golf** entlangführt. Nach 20 Kilometern ist das direkt an der Straße gelegene minoische ★ **Gournia** erreicht, eines der frühesten Beispiele europäischen Städtebaus. Bei der Weiterfahrt auf der Küstenstraße, die bald etwas landeinwärts verläuft, bieten sich immer wieder spektakuläre Ausblicke auf die Küste. In dem hübschen Städtchen ❷ **Sitía** sollte man sich das Archäologische Museum ansehen. Die von Palmen bestandene Platia bietet sich zu einer angenehmen Rast an.

Ein zauberhaftes Städtchen

Zum Palmenstrand

Von Sitía nimmt man die Straße nach Osten und erreicht bald Agía Fotiá, wo eine minoische Nekropole einen Besuch lohnt. Die Fahrt geht weiter nach Nordosten durch eine herbe, karge Landschaft mit eigenartigem Reiz. Das festungsartige Kloster ❸ ✶ **Toplou** war Zentrum des Widerstands gegen die Türken. Die Straße führt nach sechs Kilometern an einer Kreuzung nach Norden und kurz darauf folgt östlich die Abzweigung zum ❹ ✶✶ **Vái-Strand**, wo der einzige Palmenhain Kretas zahlreiche Besucher anlockt.

✔ NICHT VERSÄUMEN

- Das malerische Städtchen Ágios Nikólaos
- Das festungsartige Kloster Toplou
- Der berühmte Palmenstrand Vái

Abstecher nach Ítanos

Zur Straße zurückgekehrt, empfiehlt sich für archäologisch interessierte Besucher noch ein Abstecher 2 km nördlich zu den Ruinen der einst mächtigen antiken Stadt Ítanos.

Weiterfahrt nach Káto Zákros

Wer sich noch ausgiebiger mit der minoischen Kultur beschäftigen möchte, dem sei die Weiterfahrt nach Süden, zu dem bedeutenden minoischen Palast ✶ **Káto Zákros** empfohlen. Dazu fährt man zunächst nach Palékastro, wo die wenigen Reste von Russólakkos, der neben Gourniá wichtigsten minoischen Stadtsiedlung, zu finden sind. Die Strecke endet nach 25 km bei den Ruinen von Káto Zákros.

Hinweis

Die Strecke von Sitía zur Südküste und weiter nach Ierápetra ist wenig empfehlenswert, da weder die Orte noch die Landschaft besonders interessant und sehenswert sind.

Tour 4 Zum Préveli-Strand

Länge der Tour: 38 km

Eine faszinierende Mischung von Kultur und Natur bietet diese kurze Tour: vom malerischen Städtchen Réthymnon bis zum herrlichen Strand von Préveli an der Südküste.

Malerisches Städtchen

Ausgangspunkt dieser Route ist ❶ ✶✶ **Réthymnon**, das man unbedingt wegen der stimmungsvollen Altstadt und dem romantischen Hafens erleben sollte. Man verlässt anschließend die Stadt in südlicher Richtung und fährt auf der Hauptstraße nach Agía Galíni bis nach ❷ **Arméni**, wo es eine interessante Nekropole zu besichtigen gibt. Die weitere Fahrt nach Süden führt durch eine reizvolle Landschaft. Nach etwa zwölf Kilometern kommt die Abzweigung von der Hauptstraße nach Süden zum Préveli-Kloster. Die folgende Strecke ist landschaftlich sehr eindrucksvoll. Man passiert die grandiose Kourtaliótiko-Schlucht, in die man hinunterwandern kann.

Das Kloster Préveli spielte eine wichtige historische Rolle.

Der herrliche Préveli-Strand

Kultur und Natur

Wenige Kilometer nach dem Ort Asómatos kommt man zu den Klosterruinen von Kato Moní Préveli. Die Agía-Fotiní-Kapelle einen Kilometer weiter links in der Schlucht ist wegen ihrer Fresken (um 1500) sehenswert. Schließlich ist das vielleicht schon 1000 Jahre alte Kloster ❸ ✶ **Píso Préveli** erreicht, das mit einer herrlichen Lage aufwarten kann. Auch für Badefreunde ist diese Route zu empfehlen, da der nahe gelegene ✶ **Strand von Préveli** mit seinem tiefblauen Wasser an einer Flussmündung sehr schön ist.

✔ NICHT VERSÄUMEN

- Die malerische Stadt Réthymnon
- Das bedeutende Kloster Préveli
- Der außergewöhnliche Préveli-Strand

Tour 5 Entdeckung des Westens

Länge der Tour: 223 km

Eine malerische Stadt, ein »karibischer« Strand und ein hübsches Städtchen an der Südküste: das sind die Eckpunkte dieser Tour, die ansonsten noch schöne Landschaftseindrücke beinhaltet.

Fahrt auf der Old Road

Ausgangspunkt der Tour ist ❶ ✶✶ **Chaniá**, das besonders wegen des malerischen Hafens und der stimmungsvollen Altstadt sehenswert ist. Von hier nimmt man zunächst die New Road nach Westen, auf der man an touristisch erschlossenen Orten und langen Sandstränden vorbeikommt. In Máleme befindet sich der zweitgrößte deutsche Soldatenfriedhof Griechenlands. Unweit nördlich des bald darauf folgenden Ortes Kolimbári lohnt das festungsartige Kloster Goniás einen Besuch.

Abendstimmung in einer Taverne in Paléochora

Auch in Chaniá ist der Abend im Hafen am schönsten.

Bei der Weiterfahrt auf der Küstenstraße sollte man nicht die New Road, sondern die Old Road wählen, die zwar kurvig, aber landschaftlich sehr schön ist. Nach dem Ort Plakalona bietet sich ein hinreißender Ausblick auf den Golf von Kísamos. Man passiert ausgedehnte Olivenhaine. In Kaloudiana ist die Abzweigung der Straße nach ❷ **Topólia**. Südlich dieses Ortes fährt man durch die beeindruckende Topólia-Schlucht mit 300 m hoch aufragenden Felswänden. Kurz nach dem darauf folgenden Tunnel führt rechts ein Weg zur 80 m hoch gelegenen Höhle Agía Sofía, die schon seit neolithischer Zeit benutzt wurde. Auf der Weiterfahrt passiert man eine herrliche Berglandschaft.

Abstecher zum Elafonísi-Strand

Von Mili sollte man den 30 km langen Abstecher zum Elafonísi-Strand unternehmen. Er führt an dem Ort Chrissoskalítissa vorbei, wo das gleichnamige Kloster vor allem wegen seiner reizenden Lage am Meer besticht. Weiter geht es zum ✶ **Elafonísi-Strand**. Dieser herrliche, karibisch anmutende Strand ist durch eine begehbare Sandbank mit der gleichnamigen Insel verbunden.

Zur Südküste

Zurückgekehrt nach Míli, fährt man südwärts weiter nach Strovlés. Nach diesem Ort empfiehlt sich, die Abzweigung nach Voutás zu nehmen. Die Straße führt steil bergauf durch eine grandiose Berglandschaft, und bald kann man einen spektakulären Ausblick auf diese Bergwelt genießen. Sie führt durch einige kleine Orte und verläuft dann hinunter zur Südküste, wo nach kurzer Fahrt das schön

✓ NICHT VERSÄUMEN

- Das malerische Chaniá
- Der »Karibikstrand« Elafonísi

Der Traumstrand Elafonísi an der Westküste

auf einem Kap gelegene ❸ ★ **Paleochóra** erreicht wird. Der angenehme Badeort bietet sich für eine Rast an, bevor man die Rückfahrt über ❹ **Kándanos** zur Nordküste antritt. Auch auf diesem Streckenabschnitt gibt es schöne Landschaftseindrücke. In Tavronítis mündet die Straße in die Küstenstraße, auf der man bald nach Chaniá zurückgelangt.

LIP STICK
DANCING BAR
CAFE

Reiseziele von A bis Z

AM ZAUBERHAFTEN KLEINEN VOULISMÉNI-SEE IN ÁGIOS NIKÓLAOS MIT EINEM GUTEN GLAS WEIN ZU SITZEN UND EINEN HERRLICHEN SOMMERABEND GENIESSEN – WELCH EIN ERLEBNIS!

★★ Ágios Nikólaos

04

Griechisch: Άγιος Νικόλαος
Einwohnerzahl: 8000

Hauptort des Nomos Lassíthi

Ágios Nikólaos ist die Hauptstadt des Verwaltungsbezirks Lassíthi und einer der bedeutendsten Fremdenverkehrsorte Griechenlands. Es wird wegen der guten Strände in der Umgebung, der vielen, z. T. hervorragenden Hotels und zahlreicher Ausflugsmöglichkeiten, auch in den Ostteil der Insel, von Touristen besonders geschätzt.

Malerisches Städtchen

Das am Westufer des herrlichen Mirambéllou-Golfs gelegene malerische Städtchen Ágios Nikólaos nimmt vor allem durch seine mediterrane Atmosphäre ein. Es ist geprägt von einer geschäftigen Lebendigkeit, die zwar sehr vom Tourismus beeinflusst ist, sich aber trotzdem noch eine angenehme Atmosphäre bewahrt hat. Obwohl die Platia Elefterias Venizelou der eigentliche Mittelpunkt der Stadt ist, konzentriert sich das Leben am Hafen und an dem kleinen **Voulisméni-See** mit seinen viel besuchten Tavernen und Cafés.

← Ágios Nikólaos

Ágios Nikólaos bezaubert die Besucher durch seine malerische Lage.

ÁGIOS NIKÓLAOS ERLEBEN

AUSKUNFT

Municipal Tourist Information
Akti Koundourou 21
GR-72100 Agios Nikolaos
Tel. 284 10 2 23 57
Fax 284 10 563 50
www.aghiosnikolaos.eu

ESSEN

► Erschwinglich

① ***Aguas***
K. Paleologou 44
Angenehme Grilltaverne in einem schönen Garten.

② ***Itanos***
Kyprou 1
Tel. 084 10 253 40
Traditionelles alteingesessenes Lokal im Stadtzentrum, neben der Kathedrale, mit schmackhaften Gerichten.

③ ***Pelagos***
Strategou Koraka 10
Eines der besten Restaurants der Stadt in einer klassizistischen Villa mit idyllischem Garten; es hat vor allem Fischgerichte im Angebot; umfangreiche Weinauswahl.

ÜBERNACHTEN

► Luxus

① ***Minos Palace***
Tel. 284 10 238 01/8, Fax 284 10 238 16
www.mamidakishotels.gr
97 Z., 9 Bung., 37 Suiten
Großhotel in wunderschöner und ruhiger Lage auf einer kleinen Halbinsel, umgeben von einer herrlichen Gartenanlage; Wassersportmöglichkeiten; alle Bungalows mit Meerblick, einige mit eigenem Pool.

► Komfortabel

② ***Coral***
Akti Koundourou 17
Tel. 284 10 283 63
Fax 284 10 287 54
www.mhotels.gr, 170 Z.
Gehobenes Mittelklassehotel an der Hafenpromenade.

③ ***Hermes***
Akti Koundourou 20
Tel. 284 10 282 53
Fax 284 10 220 58
www.hermes-hotel.gr
211 Z., 6 Suiten
Komfortables Hotel an der Hafenpromenade nahe einer Badebucht mit Sandstrand.

④ ***Kastro***
Akti Koundourou
Tel. 284 10 382 92, 12 Apt.
Hotel in einem schmalen, hohen Haus direkt am Hafen; alle geschmackvoll im kretischen Stil eingerichtete Apartments besitzen eine Küchenecke und eine oder zwei große Terrassen.

⑤ ***Marin***
Akti Koundourou 6
Tel. 284 10 238 30, 5 Z.
Familiäre Pension direkt am Hafen mit kleinem Innenhof.

⑥ ***Iberotel Mirabello***
Tel. 284 10 284 05
Fax 284 10 288 10
www.iberostar.com, 174 Z.
2 km nördlich von Ágios Nikólaos gelegenes Resort, das aus einem älteren Haus und einem terrassenförmig angelegten Bungalowdorf besteht; fantastischer Ausblick auf den Mirambéllou-Golf; schmaler Strand.

⑦ ***Sgouros***
Tel. 284 10 289 31, Fax 284 10 289 14
www.sgourosgrouphotels.com

Gepflegtes Haus am Kitroplatia-Strand; die meisten Zimmer verfügen über Balkone mit Meerblick.

► **Günstig**

⑧ ***Limni***
N. Plastira 14
Tel. 284 10 262 74, 5 Z.
Pension oberhalb vom Voulisméni-See; kleine Zimmer überwiegend mit Kochgelegenheit und Balkon, von denen man einen herrlichen Blick auf den See hat.

ÜBERNACHTEN IN DER UMGEBUNG

► **Luxus**

Elounda Bay Palace
Elounda
Tel. 284 10 670 00
Fax 284 10 417 83, 301 Z.
www.eloundabay.gr
Das Luxushotel liegt an einer kleinen Bucht mit zwei Sandstränden in einer Gartenanlage; umfassendes Wassersportangebot.

Elounda Mare
Elounda
Tel. 284 10 411 02/3
Fax 284 10 413 07
www.eloundamare.gr
49 Z., 47 Bung.
Das Hotel, das einzige Mitglied von »Relais et Chateaux« in Griechenland, ist eine ruhige terrassenartige Ferienanlage an einem kleinen Strand; Einrichtung in elegant-kretischem Stil; die Bungalows sind mit einem eigenen Swimmingpool ausgestattet; Wassersportmöglichkeiten.

Elounda Beach
Elounda
Tel. 284 10 630 00
Fax 28 41 04 13 73, 275 Z.
www.eloundabeach.gr
Die in landestypischer Bauweise erstellte Hotelanlage, Mitglied von »The Leading Hotels of the World«, zeichnet sich durch seine Lage an traumhaften Buchten aus und besitzt einen privaten Strand und Hafen sowie eine große Gartenanlage; einige Suiten sind mit einem eigenen Swimmingpool ausgestattet; Sport, Unterhaltung und Verpflegung auf hohem Niveau.

Minos Beach Art Hotel
Ammoudi
Akti Ilia Sotirhou
Tel. 084 10 223 45/9
Fax 084 10 225 48
www.minosbeach.gr, 132 Bung.
Älteste luxuriöse Bungalowanlage Kretas, an einer kleinen Lagune, 1 km nördlich von Ágios Nikólaos; sie bietet eine besonders üppige Gartenanlage und einen eigenen Felsstrand.

Seit dem 3. Jh. v. Chr. war der Ort Hafen der Stadt Lató Etéra. Auch in byzantinischer Zeit hatte der Hafen wirtschaftliche Bedeutung. In der Folge des Vierten Kreuzzuges war das Gebiet im 13. Jh. von Genuesen und Venezianern hart umkämpft. Von den Genuesen oder den Venezianern wurde eine Festung errichtet, die wegen der schönen Aussicht den Namen »Mirabello« erhielt. Der Hafen verlor an Bedeutung, nachdem die Venezianer nordwestlich des Ortes, in der Gegend von Elounda, den besser geschützten Hafen Porto di San Nicolo angelegt hatten. Um 1870 siedelten sich mit Zustimmung der türkischen Herren Skafioten aus Westkreta hier an und nannten den bis dahin kaum bevölkerten Ort nach der Kirche Ágios Nikólaos, die auf der Landzunge nordöstlich der Stadt steht.

! *Baedeker* TIPP

Reges Nachtleben

Reges Nachtleben spielt sich in den zahlreichen Cafés und Bars an der östlichen Hafenfront ab. So wird man in der Royal Bar (25. Martiou) mit griechischer Popmusik unterhalten.

Sehenswertes in Ágios Nikólaos

✶ **Voulisméni-See**

Beim Hafen breitet sich der malerische, von Felswänden umgebene, 64 m tiefe Voulisméni-See aus, der mit dem Hafen durch einen kurzen Kanal verbunden ist. Er ist neben dem Kournás-See der einzige Süßwassersee Kretas. Im 19. Jh. wurde er durch einen Stichkanal mit dem Meer verbunden. In dem See soll der Sage nach die Göttin Athene gebadet haben. Am See gibt es ein kleines modernes Amphitheater und eine Seebühne, auf der abends Konzerte stattfinden.

✶ Archäologisches Museum

Öffnungszeiten:
Di. – So.
8.30 – 15.00

Das Archäologische Museum, das nach dem von Iráklion zweitbedeutendste Museum Kretas, wurde 1970 errichtet, um die reichen neuen archäologischen Funde aus Ostkreta aufzunehmen, die bis dahin in Iráklion untergebracht waren. Das Museum ist wegen seiner zauberhaften Vasen, der außergewöhnlichen Gefäße und der fremdartigen und geheimnisvollen Idole sehr sehenswert. Die Exponate reichen von der neolithischen Epoche bis zum Ende der griechisch-römischen Periode, wodurch der Besucher einen guten Überblick über die Entwicklung der Kunst auf Kreta gewinnt.

Saal I

Im ersten Saal, der die neolithische und frühminoische Zeit (6000 bis 2100 v. Chr.) umfasst, fällt zunächst das neolithische phallusartige Idol auf, das ungewöhnlich für Kreta ist. Bemerkenswert sind die frühesten Bronzefischhaken der Insel. Unter den **Bronzedolchen** mit verstärkter Mittelrippe befindet sich der mit 32 cm längste frühminoische Dolch. Von besonderem Interesse ist der hervorragend erhaltene Dolch, der mit umgebogener Spitze neben dem Toten gefun-

Agios Nikolaos Orientierung

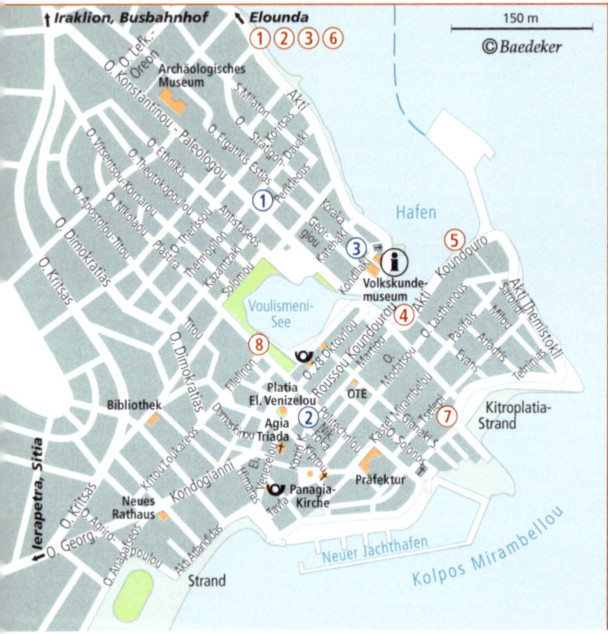

Essen

1. Aguas
2. Itanos
3. Pelagos

Übernachten

1. Minos Palace
2. Coral
3. Hermes
4. Kastro
5. Marin
6. Mirabello
7. Sgouros
8. Limni

den wurde. Man hat ihn ebenfalls »getötet«, damit er seinen Besitzer im Jenseits wiederfindet. Die schwarze glatte Kanne mit einem großen Henkel und einem hohen Ausguss ist eine Seltenheit. Weitere interessante Gefäße sind: Gefäß in einmaliger vogelartiger Form mit Strichverzierung, große Pyxis mit konischem Deckel und Kernos mit zwei auf einem erhöhten konischen Fuß aufgesetzten Pyxiden. Das schwarze »birnenförmige« Gefäß ist der älteste von den Kykladen eingeführte Vasentyp.

Saal II Von den außergewöhnlichen Funden in Saal II, die aus der früh- und mittelminoischen Zeit (2500 – 1900 v. Chr.) stammen, ist zunächst die sehr ansprechende dreifüßige Pyxis mit flachem Deckel erwähnenswert. Außerdem sind außergewöhnliche Fundstücke aus der ✶ Nekropole auf der Insel Móchlos zu sehen: Goldschmuck in Form (Goldschmuck ▸) von Bändern, Blättern und Blumen – z. B. eine Haarnadel in Form eines Gänseblümchens – sowie ein schönes Diadem, das wertvollste Schmuckstück des Museums, auf dem Ziegen in abstrahierter Form zu erkennen sind; den Schmuck fand man in dem zerdrückten Silberväschen. Zauberhaft ist hier auch die kleine Schnabelkanne. Beachten sollte man ferner zwei interessante Exemplare der Hell-auf-Dunkel-Malerei: ein konischer Napf, der zum Trinken verwendet

Das Archäologische Museum gibt einen Einblick in die Kunstfertigkeit der Minoer.

wurde, und ein Becher mit einem großen Henkel und reichem Ornament. Besonders schön ist die helle Vase mit roter Linienverzierung im Mýrtos-Stil.

Die Göttin von Mýrtos ist das bedeutendste Exponat des Museums, ein Meisterwerk der frühminoischen Epoche. Die stark stilisierte Figur hat einen glockenförmigen Körper, einen überlangen Hals und einen sehr zierlichen Kopf. Die Brüste sind aufgesetzt und das Schamdreieck gemalt. Im Arm hält sie einen kleinen Krug, der mit roten Linien im Mýrtos-Stil bemalt und dessen Öffnung gleichzeitig der Gefäßausguss ist.

✶ ◄ Göttin von Mýrtos

Saal III

Der die mittel- und spätminoische Zeit (1900 – 1050 v. Chr.) präsentierende Saal III zeigt **Adoranten** von verschiedenen Gipfelheiligtümern; die nackten Brüste der Frauen haben wohl im Zusammenhang mit der Fruchtbarkeit rituelle Bedeutung. Die Statuetten, die die Pilger als Opfergaben in die Heiligtümer brachten, stellten die Gläubigen selbst in immer währender Anbetung dar. Einmalig sind die zusammengesetzten Stierhörner aus Stuck. Besonders beachten sollte man auch die zwei wunderbaren Alabastren im Meeresstil. In den

Gräbern von Myrsíni wurden herrliche Gefäße gefunden, darunter die sehr formschöne dreihenklige Amphora, die mit Papyrusdekor bemalt wurde. Interessant ist auch der Deckel eines Rauchgefässes mit Kulthörnern. Beachten sollte man zudem das Tonmodell eines Hauses (1250 v. Chr.).

Saal IV Saal IV mit weitere Funden aus minoischer Zeit präsentiert den steinernen konischen **»Kommunionskelch«**, der durch einen Brand unterschiedlich gefärbt ist. Besonders sehenswert ist außerdem die Sphinx aus Elfenbein. Einmalig sind ein Krokodil, ebenfalls aus Elfenbein, und die Ausgussschale aus Gips wegen des eingeritzten Ornaments. Zudem sind in diesem Saal **Sarkophage** ausgestellt.

Saal V Aus der spätminoischen Periode (1500 – 1050 v. Chr.) stammen die Funde in Saal V. Eine Seltenheit stellt das dreiteilige **Kultgefäß mit vier kleinen Vögeln** mit ausgebreiteten Flügeln dar, die die Epiphanie (Gotteserscheinung) symbolisieren. Charakteristisch für die spätminoische Periode sind Bügelkannen, wovon die Kanne mit dem Oktopusmotiv ein besonders schönes Beispiel ist. Erwähnenswert in diesem Saal ist noch die helle Urne mit stilisierten Kulthörnern, eines der frühesten Exemplare für die Sitte der Totenverbrennung.

Saal VI Saal VI zeigt Exponate der spätminoischen, geometrischen und archaischen Zeit (1500 – 500 v. Chr.). Man sieht die außergewöhnliche **Pithosbestattung** eines Kindes in einem Miniatur-Tholosgrab, das im Originalzustand ins Museum gebracht wurde.

Saal VII In Saal VII mit Exponaten der griechisch-römischen Epoche (4. Jh. v. Chr. – 2. Jh. n. Chr.) befindet sich ein **Totenschädel** mit einem goldenen Kranz aus Blättern. Die Silbermünze, die Kaiser Tiberius zeigt, sollte dem Verstorbenen Einlass ins Totenreich gewähren.

Weitere Sehenswürdigkeiten in Ágios Nikólaos

Volkskundemuseum Das kleine Volkskundemuseum im Hafenamt stellt schöne Webereien, Stickereien, Trachten, Haushaltsgeräte und byzantinische Ikonen aus. Zudem ist ein traditionelles Bett aufgebaut. Öffnungszeiten: Mo. – Sa. 10.00 – 14.00, Hochsommer 17.00 – 19.00 Uhr.

Ágios Nikólaos Auf der Halbinsel nordöstlich der Stadt – auf dem Gelände des Hotels Minos Palace, wo auch der Schlüssel erhältlich ist – steht die Ágios-Nikólaos-Kirche aus dem 10. Jh., **eine der ältesten, noch intakten Kirchen Kretas**. Die einschiffige, tonnengewölbte Kirche ist kunstgeschichtlich von Bedeutung wegen ihrer Freskenreste. Diese sind vom Ikonoklasmus (726 – 843) beeinflusst, als figürliche Darstellungen in den Kirchen verboten waren und man deshalb nur Ornamente malte. Es ist das einzige Beispiel für diesen Ornamentstil auf Kreta, der allerdings im 14. Jh. mit Figuren übermalt wurde.

Umgebung von Ágios Nikólaos

Psíra (Ψείρα)

Auf der Insel Psíra (»Laus«), im Osten des Golfs von Mirambéllou, finden sich die **Reste einer mittel- bis spätminoischen Hafensiedlung**. Sie ist von Ágios Nikólaos oder von Móchlos mit dem Boot erreichbar. In der Siedlung fand man qualitätsvolle Fresken und Reliefs, und unter Wasser entdeckte der Meeresforscher Cousteau eine Mole und Keramik.

✶✶ Golf von Mirambéllou (Κόλποσ Μιραμπέλλου)

Am herrlichen Mirambéllou-Golf mit seinem tiefblauen Wasser wechseln sich schroffe Felsen mit kleinen Sandbuchten ab. Beeindruckende Ausblicke auf den Golf hat man von der Straße nach Elounda – je höher die Straße ansteigt, umso schöner der Blick – und auf der hinreißenden Küstenstrecke von Ágios Nikólaos nach Gourniá. Auch Erhart Kästner war vom Mirambéllou-Golf begeistert: »Im kretischen Osten ist der Golf von Mirabéllo des Preisens wert. Er ist eine Schwelgerei in den Stufen des Blaus, in Kühle und Andacht vielen tiefen und immer tieferen Blaus.«

Eloúnda (Ελούνδα)

11 km nördlich von Ágios Nikólaos breitet sich Eloúnda schön in einer Bucht aus, die durch die vorgelagerte Halbinsel Spinalónga vom Meer abgeschirmt ist. Der Touristenort kann mit einem ansprechenden Ortsbild und einem kleinen Naturhafen aufwarten. Außerdem sind hier die **besten Hotels Kretas** versammelt.

Bei Eloúnda findet man einige der besten Hotels der Insel.

Oloús (Ολούς) ► Am Anfang des Ortes – von Ágios Nikólaos kommend – führt rechts eine Straße zur Landenge, die nach Spinalónga führt. Auf dem Weg kommt man an großen Wasserbecken vorbei, die schon von den Venezianern angelegt und bis vor kurzem zur Salzgewinnung genutzt wurden. An dieser Landenge, die heute von einem kleinen Kanal durchbrochen ist, stehen drei Windmühlen, die nicht mehr in Betrieb sind. Hier findet man die Reste der antiken Stadt Oloús, die teilweise unter dem Meeresspiegel liegen. Sie hatte besondere Bedeutung in der klassischen und hellenistischen Zeit und war vermutlich der Hafen des westlich im Landesinnern gelegenen Dríros.

Um Christi Geburt war die Stadt als Seeräubernest berüchtigt. Vermutlich im 4. Jh. senkte sich die Landenge durch Erdbewegungen, so dass Teile von Oloús im Wasser versanken, wo man sie heute noch sehen kann. Geht man rechts an den Windmühlen vorbei, weist hinter einer Bar links ein Schild zu den Resten einer frühchristlichen dreischiffigen **Basilika**, von der kaum noch etwas erhalten ist, bis auf die Reste eines außergewöhnlich schönen Mosaikfußbodens mit Ornamenten und Meeresmotiven.

Spinalónga (Σπιναλόγκα) An der Nordspitze der Insel Spinalónga (»Langer Dorn«) liegt die ebenfalls so genannte kleine Felseninsel, die aber eigentlich Kalidón heißt. Sie ist von Elounda und Ágios Nikólaos mit dem Boot zu erreichen. Ihre Festung, eine der bedeutendsten Kretas, wurde 1579 von den Venezianern errichtet, um den Hafen von Eloúnda zu schützen. Sie galt als uneinnehmbar. So blieb sie nach der Eroberung Kretas durch die Türken (1669) noch in der Hand der Venezianer und war für viele Kreter ein Zufluchtsort vor den neuen Herren. Schließlich kam die Festung 1715 durch einen Vertrag an die Türken und blieb bis 1898 in deren Besitz.

Von 1903 bis 1957 bestand hier eine **Leprastation**. Wie fast überall auf der Welt wurden die Aussätzigen aus der Gemeinschaft ausgestoßen und gezwungen, hier isoliert zu leben. Sie übernahmen die Häuser der Türken, die vor ihnen geflohen waren. Es bildete sich eine Art Gemeinwesen heraus. Es kam sogar zu Eheschließungen; die gesunden Kinder wurden in ein Waisenhaus auf das Festland gebracht. Erst 1937 wurde ein Krankenhaus errichtet. 1957 löste man die Leprastation auf und brachte die letzten Aussätzigen in ein Krankenhaus nach Athen. Seither ist die Insel unbewohnt.

Am Südende der frei zugänglichen **Festung**, wo die Boote mit den Besuchern anlegen, steht auf der linken Seite die Bastion Riva, unter der ein Gang ins Innere führt, und rechts die Bastion Dona mit dem Friedhof der Leprastation. Auf dieser östlichen Seite lag die Hauptverteidigungslinie mit den Bastionen Scaramella und Molino. In der Mitte auf halber Höhe sieht man das starke halbrunde Mocenigo-Bollwerk, in dem eine Geschützbatterie untergebracht war. Auf einer Felsplatte vor ihrem Eingang sind zahlreiche einfache Zeichnungen wie Segelschiffe und Wappen eingraviert, die wohl von den Leprakranken stammen. Eine zweite Mauer verläuft auf dem Bergkamm.

Die venezianische Festung auf der Insel Spinalónga bewacht Elounda.

Im Westteil befinden sich Häuser und Magazine sowie das Haupttor. Die Nordspitze war von der Bastion St. Michael geschützt. Zugänglich: tgl. 8.30 – 15.00 Uhr; im Sommer eventuell länger.

Pláka (Πλάκα)

Das ehemalige Fischerdorf Pláka, 5 km nördlich von Elounda, ist ein touristisch aufstrebender **Badeort**, der über zwei Kiesstrände verfügt. Man kann hier in der schönen weiten Bucht ausgezeichnet surfen. Pláka ist auch bekannt für seine Fischtavernen. Zudem besteht die Möglichkeit, mit Booten zur Insel Spinalónga überzusetzen.

Kastélli (Καστέλλι)

Mit seinen alten venezianischen Herrenhäusern und kunstvoll geschmiedeten Toren und Geländern ist Kastélli (20 km nordwestlich von Ágios Nikólaos) **eines der schönsten Dörfer der Region**, das zum Bummeln einlädt. In einer ehemaligen Ölmühle zwischen Kastélli und Fourni ist ein kleines Volkskundemuseum untergebracht, in dem eine Schmiedewerkstatt, ein Webstuhl und landwirtschaftliche Geräte gezeigt werden.

Aretíou (Moví Αρετίου)

Hoch über dem Meer liegt das um 1600 gegründete und einst wohlhabende **Kloster** Aretíou (etwa 8 km nördlich von Kastélli) zwischen hohen Zypressen und uralten Feigenbäumen. Lange Zeit eine verlassene Ruine, wurde es wieder restauriert. Von hier kann man einen schönen Ausblick genießen. Öffnungszeiten: 9.00 – 13.30, 17.00 bis 20.00 Uhr.

Dríros (Δρίρος)

22 km nordwestlich von Ágios Nikólaos und 2 km nordöstlich der Ortschaft Neápolis liegt die ehemals **bedeutende archaische Siedlung** Dríros, von der nur noch wenige Mauern erhalten sind. Man nimmt von Neápolis die Straße nach Kourounes und zweigt nach etwa 1 km nach rechts zur Ausgrabungsstätte ab. Am Ende der Asphaltstraße muss man noch ca. 500 m zu Fuß zur Ruinenstätte auf einen Bergsattel hinaufgehen. An der Westseite des Geländes stößt der Besucher auf terrassenartig angelegte Räume. Die Ausgrabungen brachten aber vor allem die mächtigen Grundmauern eines **Apollon-Heiligtums** (7. Jh. v. Chr.) zu Tag, das zu den besterhaltenen und bedeutendsten archaischen Heiligtümern auf Kreta zählt.
Im Innern fand man die Reste eines Brandopferaltars und eine Säulenbasis, in der Südwestecke eine Bank, an die später eine niedrigere Steinkiste angebaut worden war. Hier wurden die wichtigsten Fundstücke entdeckt: ein männliches und zwei weibliche Kultbilder aus gehämmertem Bronzeblech mit Holzkernen (im Archäologischen Museum Iráklion). Östlich vom Tempel sieht man eine große Zisterne aus dem 3. Jh. und nördlich führt eine Treppe zur Agora hinunter, an deren Südseite man noch stufenförmig angeordnete Sitzreihen erkennen kann.
Auf dem westlichen Gipfel des Sattels sind außerdem ein Heiligtum der Athena Poliouchos und auf dem östlichen Befestigungsanlagen von der römischen bis zur venezianischen Zeit erhalten.

✶ Gourniá (Γουρνιά)

Etwa 20 km südöstlich von Ágios Nikólaos, unmittelbar an der Küstenstraße, liegt das Ruinenfeld der nur teilweise freigelegten **mittelminoischen Siedlung** Gourniá auf einem kleinen Hügel. Von der Küstenstraße hat man einen guten Blick auf die Siedlung. Die typische Stadtanlage mit engen gepflasterten Gassen, kleinen Wohnhäusern sowie erhöht gelegenem Palast und Heiligtum vermittelt einen lebendigen Eindruck vom Aussehen einer minoischen Ortschaft. Sie ist eines der frühesten Beispiele für europäischen Städtebau.
Das Stadtgebiet war von 3300 bis um 1100 v. Chr. besiedelt. Die heute sichtbaren Bauten gehen auf die Periode von 1800 bis 1500 v. Chr. zurück, die auch die Blütezeit der Stadt markiert. Der Name Gourniá (»Krüge«), der aus neuerer Zeit stammt, weist darauf hin, dass hier viele Krüge gefunden wurden. In den Jahren 1901 bis 1904 erforschten amerikanische Archäologen das Areal.
Die Stadt, die von einer Ringstraße durchzogen ist, war von relativ wohlhabenden Händlern, Bauern, Handwerkern und Fischern bewohnt. Die kleinen, wahrscheinlich zwei- bis dreistöckigen Häuser, deren untere Mauern aus Bruchsteinen bestanden, hatten meistens gemeinsame Wände und verfügten über winzige Zimmer. Viele Alltagsgegenstände wurden hier gefunden; zu sehen sind hier noch

Gourniá: eines der frühesten Beispiele europäischen Städtebaus

Mörser und Steinbecken. Oben auf dem Hügel liegt der Marktplatz, nördlich ein kleiner Palast, zu dem eine Schautreppe führt. Eine Halle ist noch zu erkennen, an die im Westen Magazine grenzen. Nördlich des Palastes steht ein kleines spätminoisches Heiligtum, zu dem eine Stichstraße hinführt. Hier wurden zahlreiche Weihegaben entdeckt: Frauenstatuetten, Tierplastiken, Votivtäfelchen. Öffnungszeiten: Di. – So. 8.30 – 15.00 Uhr.

Vassilikí (Βασσιλικί)

Bekannt geworden ist Vassilikí (5 km südöstlich von Gourniá) durch die bedeutende frühminoische Keramik mit rot- und schwarzgeflammter Musterung, die man nach dem Fundort **Vassiliki-Stil** nennt. Hier ist eine bedeutende frühminoische Siedlung (2700 – 2300 v. Chr.) zu sehen, die 150 m nach dem Ort auf einer Hügelkuppe liegt. Die Ausgrabungen förderten einen Hof und ein Wohnquartier, das außergewöhnlich kleine Räume aufweist, zu Tag. Einige Platten des Hofes, an deren Rändern man kleine Vertiefungen sehen kann, wurden für Opfergaben benutzt. Öffnungszeiten: Mai – Okt. Di. – So. 8.30 – 15.00 Uhr.

Thryptí (Θρυπτή)

Von dem Ort Kavoussi, nördlich von Thryptí kann man zur Thryptí-Alm in 850 m Höhe wandern; der Aufstieg dauert knapp 3 Stunden. Im Frühjahr sieht man am Weg blühende Anemonen, Zistrosen, Orchideen und Lilienarten. Weiter hinauf geht es zum **Aféndis Stavroménos** (1476 m), dem schönsten Aussichtspunkt Ostkretas. Noch einmal 1½ Stunden dauert die Wanderung auf diesen Berg. Am 14. September, dem Tag der Kreuzeserhöhung, findet auf der Alm ein Traubenfest statt.

Archánes

K/L 4

Griechisch: Αρχάνες
Einwohnerzahl: 4000
Nomos: Iráklion

Die inmitten von Weinbergen gelegene kleine Stadt Archánes ist bekannt für Wein- und Tafeltrauben, vor allem für die köstliche Rosaki-Traube. Das Stadtzentrum wird von einer dreieckigen Platia gebildet, die von einigen Cafés gesäumt ist.

Weinbauzentrum Schon in frühminoischer Zeit (4./3. Jt. v. Chr.) bestand an der Stelle des Ortes ein bedeutendes Kult- und Verwaltungszentrum mit Wohnstadt und außerhalb liegender Nekropole (Fourní). Im Ort und in der Umgebung kamen z. T. sensationelle Funde aus allen minoischen Perioden zu Tag.

Sehenswertes in Archánes

Panagía Die Panagía-Kirche an der Platia enthält **wertvolle Ikonen**. Von den Bildwerken zu erwähnen sind die Gottesmutter mit Kind, der Tod Marias, Jesus mit den Jüngern und Szenen aus dem Leben des hl. Nikolaus.

Archäologisches Museum Das kleine Archäologische Museum, das an der Platia ausgeschildert ist, stellt Keramik, Sarkophage und Schmuck aus. Zudem wird das Menschenopfer von Anemóspilia (s. u.) dargestellt. Öffnungszeiten: Mo., Mi. – So. 8.30 – 15.00 Uhr.

Minoischer Palast Der minoische Palast, etwas versteckt südlich der Kirche gelegen, ist nicht zugänglich und nur von außen einzusehen. Die freigelegten Gebäude sind der spätminoischen Zeit um 1500 v. Chr. zuzuordnen. Erhalten sind von dem Palast etwa ein Dutzend Räume; in einem sind noch zwei Säulenbasen und Reste eines Fußbodens vorhanden.

Unterhalb der Kirche Ágios Nikólaos am Hang findet man ein **Volkskundemuseum**, in dem ein traditionelles Wohnzimmer und ein Schlafzimmer, zudem ein Kunsthandwerkeratelier aufgebaut wurden. Öffnungszeiten: Mo., Mi. – Fr. 9.30 – 16.30, Sa., So. ab 11.00 Uhr.

ARCHÁNES ERLEBEN

ÜBERNACHTEN

► **Komfortabel**

Kalimera Archanes
Tel. 28 10 75 29 99
Fax 28 10 28 02 10
www.archanes-village.com
4 Studios und Ap.
Die Zimmer sind in einem Herrenhaus (1890) untergebracht. Kleiner hübscher Garten; Mitglied in der Marketing-Gemeinschaft Historic Hotels of Europe.

Bei Archánes werden köstliche Trauben geerntet.

Umgebung von Archánes

Fourní (Φουρνί)

Auf dem Hügel Fourní nördlich liegt die gleichnamige **Nekropole**, eine der größten und bedeutendsten aus der Bronzezeit im Mittelmeerraum. Es gibt zwei Möglichkeiten, die Nekropole zu erreichen: Zum einen folgt man, von Kato Archánes kommend, rechts dem Hinweisschild; zum anderen geht es rechts bei der Schule (Wegweiser) in Epano Archánes eine Straße hinunter über eine Brücke bis zum Ende des Wegs. Von hier folgt man einem Pfad den Höhenzug hinauf und erreicht in etwa 15 Minuten die Totenstätte.

◄ Rundgang

Nach dem im Osten liegenden Eingang der Nekropole kommt man links zu einem geschlossenen Grabbezirk mit den Rundgräbern G und B und anderen Grabbauten. Das Tholosgrab G barg vorwiegend kykladische Funde, die auf eine kykladische Siedlung schließen lassen. Ganz links sieht man ein Felsgelände, wo Opfergaben und Tierknochen gefunden wurden. In dem nordöstlich davon gelegenen **Ossuarium** (3. Jt. v. Chr.) entdeckte man zahlreiche aufgestellte Schädel und Siegel, auch mit Hieroglyphen. In dem anderen Ossuarium (4./3. Jt. v. Chr.) rechts davon wurden vorwiegend Zweitbestattungen in Pithoi und Larnakes vorgenommen. Das folgende Tholosgrab B

! Baedeker TIPP

Minoische Tropfen

Empfehlenswert ist ein Besuch der Weinkellerei Minos in Peza bei Archánes, der ein Weinmuseum angeschlossen ist. Verkosten sollte man die Weine Minos und Minos Palace. Öffnungszeiten: Mo. – Fr. 9.00 – 16.00, Sa. 11.00 – 16.00 Uhr; Tel. 281 07 45 95; www.minoswines.gr.

(2000 v. Chr.), das aus einem Rundbau, dem Dromos, der Grabkammer und umliegenden Räumen besteht, enthält eine umlaufende Bank. Hier fand man zahllose Schädel, Keramikgefäße und Freskenfragmente. Das weiter südlich gelegene **Tholosgrab E** stammt aus der Zeit um 2300 v. Chr. und enthielt zahlreiche Sarkophage und zwei Grabpithoi. Das mykenische, um 1300 v. Chr. entstandene **Tholosgrab D**, noch weiter südlich war eine reich ausgestattete Frauengrabstätte. Das Gebäude gleich rechts vom Eingang kann aufgrund der Funde (Webstuhl, Weinpresse u. a.) als Verwaltungs- und Wirtschaftsgebäude angesehen werden. Die künstliche Kultgrotte ist die einzige ihrer Art auf Kreta.

Das ungeplünderte mykenische **Tholosgrab A** (ca. 1400 v. Chr.) nördlich setzt sich aus einem von Osten zulaufenden Dromos, dem Kuppelgrab von mehr als 5 m Durchmesser und 5 m Höhe und der Grabkammer im Süden zusammen. Auf deren Schwelle fand man einen Stierkopf und davor eine Pferdebestattung (Letztere im Archäologischen Museum von Iráklion). Die zahllosen Fundobjekte wie viele Bronzegefäße, kostbarer Schmuck und erlesene Keramik deuten auf die Bestattung einer wohlhabenden Frau hin. Am nördlichen Ende des Ausgrabungsgeländes sind noch sieben mykenische Schachtgräber auszumachen. Öffnungszeiten: Di. – So. 8.30 – 15.00 Uhr.

Anemóspilia (Ανεμόσπιλια)

Das **Heiligtum** Anemóspilia (»Höhlen des Windes«) befindet sich ebenfalls nördlich von Archánes, am Nordhang des Jouchtas-Bergs. Im Ort fährt man die nächste Straße nach der Abzweigung nach Fourní rechts ab und folgt der Beschilderung; oberhalb auf einem windigen Sattel am Nordhang des Jouchtas liegt die Ausgrabungsstätte. Bei der Auffahrt erkennt man rechts einige windige Höhlen im Fels, die der Kultstätte ihren Namen gaben.

Das Heiligtum (2100 – 1800 v. Chr.) ist optisch zwar nicht sehr interessant, aber archäologisch eine Sensation. Es besteht aus drei nebeneinander liegenden Räumen und einer davor liegenden Querhalle, in der zahlreiche Gefäße gefunden wurden. Im mittleren Raum stand offensichtlich ein monumentales hölzernes Kultbild, von dem lediglich zwei Tonfüße erhalten blieben. Im östlichen Raum wurden viele Gefäße und Opfergaben ausgegraben.

Sensationell war die Erforschung des westlichen Raumes, wo man Hinweise für **Menschenopfer** fand. Hier lag auf dem heute durch einen Holzkasten abgedeckten Altar ein an den Füßen gefesselter junger Mann und ein Bronzedolch, mit dem ihm die Halsschlagader geöffnet worden war. Neben ihm entdeckten die Archäologen einen Priester in ekstatischer Haltung und eine Priesterin, die mitten in der

Opferung von dem herabstürzenden Gebäude erschlagen worden waren. In der Vorhalle lag schließlich noch ein Mensch mit einem wertvollen Spendegefäß, der das Blut des Opfers zu dem Götterbild bringen sollte. Vermutlich war das Menschenopfer als Schutz vor den Erdbeben um 1800 v. Chr. vorgesehen, jedoch wurde die Zeremonie gerade durch den von einem Erdbeben bedingten Einsturz und Brand des Tempels auf tragische Weise beendet.

Asómatos (Ασώματοσ)

Von dem südlich von Archánes gelegenen Dorf Asómatos, das im 16. und 17. Jh. hier bestand, blieb nur die kleine sehenswerte **Michaíl-Archangélos-Kirche** (Schlüssel in der Taverne unter Bäumen an der Platia) übrig, die bekannt ist für ihre Fresken von 1315. Die Kirche erreicht man, indem man auf der Straße von Archánes nach Vathýpetro nach links den Feldweg einschlägt (immer links halten). Das Gotteshaus ist nach ca. 2 km etwas versteckt unterhalb des Wegs zu finden. Die Malereien der einfachen Einraumkirche zeigen vor allem Szenen aus dem Leben Jesu und des Erzengels Michael in einer feierlichen, teils lebhaft-bewegten Darstellungsweise.

★ Joúchtas (Γιούχτας)

Der sich westlich von Archánes erhebende Joúchtas (811 m) ist ein lang gestreckter **Bergrücken**, in dessen Silhouette man – mit viel Fantasie – das Profil eines Gesichtes mit Bart erkennen kann. Es soll das

In einer Höhle auf dem Jouchtas soll der Göttervater Zeus begraben sein.

Antlitz von **Zeus** darstellen, der in einer Höhle auf dem Gipfel begraben liege, wie die Kreter sagen. Diese Behauptung brachte den Inselbewohnern bei den Festlandsgriechen den Ruf der Lügenhaftigkeit ein, denn für diese ist Zeus unsterblich. Von der Höhle indes fand sich keine Spur. Im Frühling blühen an den Berghängen Orchideen. Der Aufstieg lohnt sich vor allem wegen des herrlichen Blicks auf die Umgebung bis nach Iráklion. Auf dem Südgipfel steht die Kirche Aféndi Christou mit vier aneinander gereihten Kapellen.
An der letzten Kurve vor dem Südgipfel führt ein Pfad zum Nordgipfel, wo sich eine Sendestation erhebt. Davor breitet sich ein minoisches Gipfelheiligtum aus, das allerdings eingezäunt ist. Das Heiligtum, das von 2100 bis 1700 v. Chr. in Gebrauch war, ist von einem Mauerring umgeben. In den Räumen und auf der großen Terrasse fand man zahlreiche Idole und Weihegaben.

Vathýpetro (Βαθύπετρο)

Das 3 km südlich von Archánes gelegene **minoische Herrenhaus** Vathýpetro gefällt durch seine Lage auf einer Bergnase über einem schönen Tal. Das Haus wurde um 1700 v. Chr. erbaut und um 1600 aufgegeben. Wahrscheinlich war eine größere palastähnliche Anlage geplant, von der der fertig gestellte Teil dann als Gutshaus benutzt wurde. Geht man vom Eingang nach rechts, erreicht man einen Hof und dann gleich wieder rechts über einen weiteren das einzige bisher bekannte dreischiffige Heiligtum. An den Hof schließt sich westlich der Hauptraum mit einer säulengestützten Vorhalle an, auf den westlich ein Magazin und Nebenräume folgen.
Ganz im Westen hinter diesem Raum befinden sich ein Zimmer und dahinter eine Nische, das als Schatzkammer mit Kultnische gedeutet wird. Hier machten Archäologen die bedeutendsten Funde. Anschließend trifft der Besucher auf einen großen Raum (überdacht) mit zwei Pfeilern und ganz hinten auf einen weiteren großen Raum mit vier Pfeilern. Über einer Treppe liegt der interessanteste Raumkomplex (überdacht), in dem einige Pithoi und eine Weinpresse zu sehen sind. Dies belegt, dass schon die Minoer Weinbau betrieben. Öffnungszeiten: Di. – So. 8.30 – 14.30 Uhr.

Myrtiá (Μυρτιά)

In dem Weinbaudorf Myrtiá, 12 km östlich von Archánes, befindet sich im Ortszentrum das **Kasantzakis-Museum**, in dem zahlreiche Erinnerungsstücke (persönliche Dinge, Bücher, Ölbilder, Zeichnungen) an Kretas größten Dichter Nikos Kasantzakis (► Berühmte Persönlichkeiten S. 77) ausgestellt sind. Dessen Vater hat nämlich hier seine Kindheit verbracht. Für Liebhaber des Schriftstellers ist der Besuch ein Muss. Mehrsprachige Videos geben Erläuterungen zum Leben des Dichters. Öffnungszeiten: März – Okt. tgl. 9.00 – 17.00, Nov. bis Feb. So. 10.00 – 15.00 Uhr; www.kazantakis-museum.gr.

Angaráthou (Αγκαράθόυ)

Einige Mönche leben noch in dem blumenreichen **Kloster** Angaráthou (7 km östlich von Myrtiá) aus venezianischer Zeit, das vermutlich schon im Jahr 960 gegründet wurde. Der Granatapfelbaum im

Klosterhof gilt als heilig, weil hier zunächst ein Wildgewächs ausgetrieben war, das die Mönche dann mit Granatapfelzweigen veredelten. In der 1941 neu gebauten Klosterkirche ist die Ikone mit der ungewöhnlichen Darstellung der stillenden Muttergottes sehenswert.

Thrapsanó (Θραφανό)

In dem 20 km südöstlich von Archánes gelegenen Dorf Thrapsanó, der einstigen **»Hochburg der Töpferei«**, kann man noch in einigen Töpferwerkstätten der Arbeit zusehen. Hergestellt werden die traditionellen großen Pithoi. Das Ortsbild ist von verwinkelten Gassen und alten türkischen Häusern geprägt.

Émparos (Έμπαρος)

In Émparos, 21 km südöstlich von Archánes, lohnt die einfache **Einraumkapelle Ágios Geórgios** wegen ihrer einmaligen Fresken einen Besuch. Die recht gut erhaltenen Malereien aus den Jahren 1436 und 1437 sind das älteste Werk von Manuel Fokas.

Tsoútsouros (Τσούτσουρος)

Tsoútsouros, 45 km von Archánes entfernt an der Südküste in einer weiten Bucht gelegen, wird immer mehr zu einem **Ferienort** ausgebaut. Den Urlauber erwarten zwei gute Strände. In der westlichen Bucht liegt eine der Fruchtbarkeitsgöttin Eileidia geweihte Höhle, in der zahlreiche Funde aus geometrischer Zeit gemacht wurden.

Getöpfert wird auch heute noch in der einstigen Töpferhochburg Thrapsanó.

✶✶ Chaniá

D 2

Griechisch: Χανιά
Einwohnerzahl: 53 000

Hauptort des Nomos Chaniá

Chaniá, die zweitgrößte Stadt Kretas, gehört zum einen vor allem durch ihr malerisches Stadtbild, in dem verschiedene Kulturen Spuren hinterlassen haben, zu den sehenswertesten Städten Kretas. Es ist andererseits auch ein guter Ausgangspunkt, um Westkreta kennen zu lernen, das weniger Ausgrabungsstätten als landschaftliche Schönheiten bietet.

Multikulturelle Stadt

Vom Stadtbild ist vor allem der von vielen Tavernen und Cafés gesäumte schöne Venezianische Hafen mit der ehemaligen Moschee und das malerische verwinkelte Stadtviertel Topanás hervorzuheben. Es gehört zu den Höhepunkten des Besuchsprogramms von Chaniá, einige Zeit am Hafen zu verbringen und bei einem griechischen Kaffee dem Treiben zuzusehen.

Geschichte

Der Ort war bereits in minoischer Zeit ein bedeutender Mittelpunkt Kretas. In der klassischen Periode spielte er ebenfalls über Jahrhunderte eine führende Rolle in Westkreta, auch nach der Einnahme durch die Römer (69 v. Chr.). Im 13. Jh. wurde der Ort von den Venezianern als La Canea an der Stelle des antiken Kydonia neu errichtet und erfuhr nach einem genuesischen Zwischenspiel (1267 – 1290) einen wirtschaftlichen und geistigen Aufschwung, der Ende des 16. Jh.s in einer **Glanzzeit** gipfelte. Die Venezianer umgaben die Stadt 1537 mit einer Mauer als Schutz gegen die Türken, die jedoch den Ort als ersten auf Kreta bereits 1645 einnahmen.
Chaniá erhielt nun einen stark türkischen Charakter. Im Jahr 1851 verlegten die Osmanen ihren **Verwaltungssitz** für Kreta hierher. Nach der Befreiung von den Türken 1898 wurde Chaniá Hauptstadt des autonomen kretischen Staates unter dem Generalgouverneur Prinz Georg von Griechenland. Es wurde von den Geschehnissen des Zweiten Weltkrieges stark in Mitleidenschaft gezogen. Die Stadt war dann bis 1971 Verwaltungssitz von ganz Kreta.

Sehenswertes in Chaniá

✶ Venezianischer Hafen

Beliebter Treffpunkt in Chaniá ist der malerische Venezianische Hafen. Er wurde im 14. Jh. von den Venezianern durch Aufschüttung einer Mole angelegt, auf der die Italiener und Türken Todesurteile vollstreckten. Der Hafen hatte wegen seiner geringen Wassertiefe und des ungenügenden Schutzes gegen die Nordwinde nie eine große Bedeutung, an seine Stelle trat schon früh die Souda-Bucht. Seine Einfahrt war von Minaretts flankiert, deren Stümpfe noch zu sehen sind. Heute wird er nur von Booten angelaufen. An der östlichen

Besonders stimmungsvoll zeigt sich der Hafen von Chaniá am Abend.

Hafenseite erbauten 1497 die Venezianer Arsenale, aneinander gefügte Steinhallen mit mächtigen Tonnengewölben, von denen am Südkai sieben erhalten sind. Von den im 17. Jh. erbauten fünf **Arsenalen** am östlichen Kai sind noch zwei übriggeblieben. Die ursprünglich 23 einst bleigedeckten Hallen wurden zum Bau und als Winterlager der Galeeren sowie als Depot für Kriegsmaterial benutzt. Heute dienen sie als Lagerräume für Fischer. Auf der Molenspitze erhebt sich der venezianische Leuchtturm. Von hier hat man einen recht schönen Blick auf den Hafen, die Stadt und die Gipfel der Levká Óri.

◄ Janitscharen-Moschee

An der Ostseite des inneren Hafenbeckens steht als markanter Blickpunkt die imposante ehemalige Janitscharen-Moschee, die gleich nach der Eroberung der Stadt durch die Türken 1645 erbaut wurde. Die **Janitscharen** waren eine Kampfelitetruppe, zusammengesetzt aus geraubten christlichen Knaben, die zum Islam konvertieren und eine harte militäische Schulung durchlaufen mussten. Heute finden in dem Gebäude Wechselausstellungen statt. Die Kuppel der Moschee bildet einen ungewöhnlichen Kontrast zu den äußeren schlanken Stützbögen.

CHANIÁ ERLEBEN

AUSKUNFT

EOT
Kriari 40
GR-72100 Chania
Tel. 282 10 929 43
Fax 282 10 926 24
www.chania.gr

ESSEN

► Erschwinglich

① ***Aeriko***
Akti Miaouli/Nikiforou Foka
Ruhig gelegenes Restaurant an der Bucht östlich des Hafens; hier werden seltene Spezialitäten serviert.

② ***Kali Kardia – Good Heart***
Kondilaki 31
Tel. 282 10 991 02
Fax 282 10 764 20
Gemütliche Taverne, wo Wein vom Fass ausgeschenkt wird; Spezialitäten: Kléftiko-Lamm und Schwein in Weinsauce.
Dazu gehören die Chania Rooms, die 12 Zimmer vermieten, darunter Studios und Maisonette-Wohnungen.

③ ***Tamam***
Zambeliou 49
Tel. 28 21 60 80 39

In dem in einem ehemaligen türkischen Bad untergebrachten Lokal wird schmackhafte griechische Küche zu mittleren Preisen serviert. Neben der Speisekarte gibt es täglich wechselnde Gerichte.

ÜBERNACHTEN

► Luxus

① ***Amphora***
Parodos Theotokopoulou 20
Tel. 282 10 932 24, Fax 282 10 932 26
www.amphora.gr, 20 Z.
Historisches Gebäude aus dem 14. Jh. am Venezianischen Hafen, das mit türkischen und venezianischen Antiquitäten ausgestattet ist; individuell gestaltete Zimmer zum Hafen oder Innenhof hin, teils mit Küchenecke und teils mit Balkon; es kann vor allem nachts laut werden; Terrasse mit schönem Hafenblick; das Restaurant bietet traditionelle kretische Küche.

② ***Casa Leone***
Parodos Theotokopoulou 18
Tel./Fax 2 82 10 767 62
www.casa-leone.com
Kleines Hotel in 600 Jahre altem Haus; Innenhof mit Brunnen.

③ ***Casa Delfino***
Theophanous 9
Tel. 282 10 930 98
Fax 282 10 965 00, 12 Ap.
www.casadelfino.com
In der Altstadt gelegenes Hotel in einem venezianischen Adelspalais aus dem 17. Jh.; von der Dachterrasse Blick auf den Hafen; das Hotel verfügt über geschmackvoll eingerichtete Studios mit Küchenecke sowie einen romantischen grünen Innenhof.

④ ***Doma***
Chalepa, El. Venizelou 124

Tel. 282 10 517 72/3
Fax 282 10 415 78
www.hotel-doma.gr, 25 Z.
Hotel mit »diplomatischer« Vergangenheit in einer neoklassizistischen herrschaftlichen Villa im eleganten Vorort Chalepa, dem früheren Diplomatenviertel; jedes Zimmer mit eigener Note; vom Restaurant, das mit Antiquitäten ausgestattet ist, hat man einen eindrucksvollen Blick auf Altstadt und Hafen.

▶ Komfortabel

⑤ ***Porto Veneziano***
Am Fischerhafen
Tel. 282 10 271 00
Fax 282 10 271 05
www.portoveneziano.gr
51 Z.
Modernes Hotel in schöner Lage am Fischerhafen; die meisten Zimmer haben Balkone zum Hafen hin; hier wohnt man zentral und trotzdem recht ruhig.

★ Altstadt

Die bauhistorisch bedeutsame Altstadt, die sich südlich des Hafens ausbreitet, weist Gebäude aus venezianischer und türkischer Zeit seit dem 13. Jh. auf und ist von einer 3 km langen Stadtmauer aus dem 16. Jh. umgeben. Sie wurde durch die deutschen Bombenangriffe während des Zweiten Weltkriegs 1941 zu einem Drittel zerstört. Heute steht die Altstadt **unter Denkmalschutz** und wird mit Finanzmitteln der EU saniert.

★ Topanás

Das malerischste Stadtviertel ist das westlich des Hafens gelegene verwinkelte Topanás (»Kanonenhof«), einst zentraler Wohnort der Türken. Hier sind noch einige venezianische und türkische Bauten vorhanden, die teilweise sehr geschmackvoll renoviert wurden. Nirgends sonst auf Kreta findet man eine größere Auswahl an **stilvollen kleinen Hotels**.

Evraikí

Im Evraikí-Viertel, das sich südlich des Hafens ausbreitet, befand sich in venezianischer und türkischer Zeit das **jüdische Ghetto**. Die Juden hatten oft unter den Repressionen der Christen und Muslime zu leiden. Die meisten lebten in bescheidenen Verhältnissen, nur wenige gelangten vor allem durch Handel in einflussreichere Positio nen. 1944 sollte die ganze jüdische Gemeinde auf deutschen Befehl in ein Vernichtungslager gebracht werden. Das Transportschiff explodierte auf See – ob mit Absicht oder durch Fremdeinwirkung, wie es offiziell hieß, ist ungeklärt.

Kastélli

Kastélli, das älteste Viertel von Chaniá, breitet sich auf dem Hügel im Osten der Stadt aus. Die Siedlungsspuren reichen bis ins 4. Jahrtausend v. Chr. zurück; hier lag die minoische Stadt Kydonia. Die Ausgrabungen – an der Kanevaro-Straße am besten zu sehen – brachten einige **minoische Villen** zu Tag, die vielleicht sogar auf einen Palast hinweisen könnten. Die hier entdeckten Funde sind im Archäologischen Museum ausgestellt. In venezianischer Zeit standen hier die öffentlichen Gebäude. Im Zweiten Weltkrieg zerstörten deut-

Chania *Orientierung*

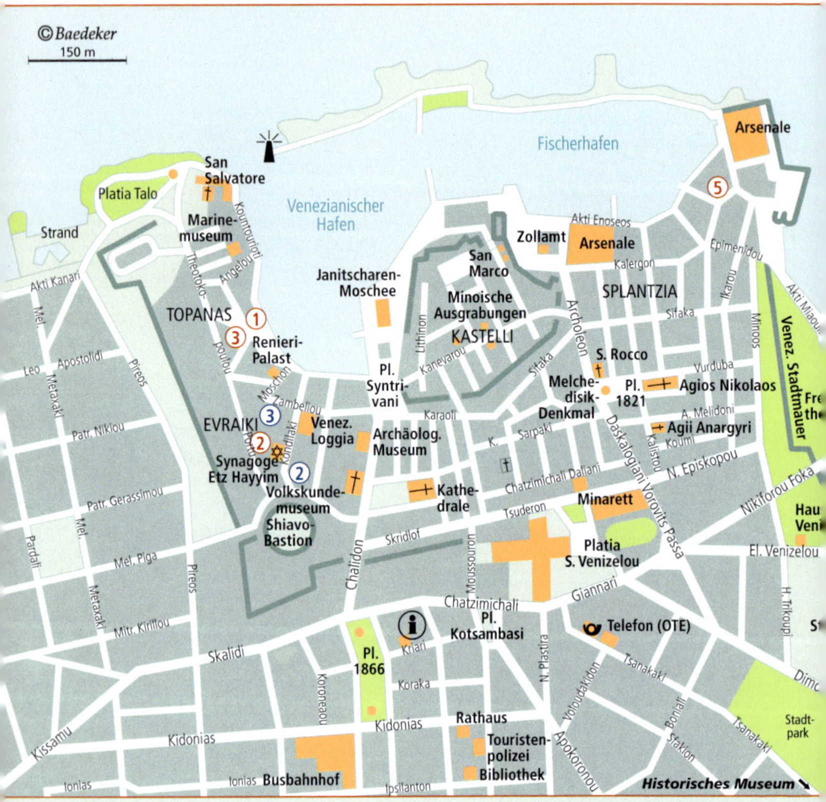

Essen

① Aeriko
② Kali Kardia - Good Heart
③ Tamam

Übernachten

① Amphora
② Casa Leone
③ Casa Delfino
④ Doma
⑤ Porto Veneziano

sche Bomberangriffe weite Teile des Viertels. Am Endes der Lithinon-Straße sieht man die Reste des **Rektorenpalastes**, des einstigen Amtssitzes des venezianischen Statthalters; laut Inschrift stammt er aus dem Jahr 1624. Am Ágios-Títos-Platz und in der Straße Agiou Markou sind Ruinen der venezianischen Kirche **Santa Maria dei Miracoli** (17. Jh.), vor allem eine Reihe von Rundbögen, erhalten.

★ **Archäologisches Museum**

In der ehemaligen Klosterkirche San Francesco (Chalidon 21) aus dem 16. Jh. ist das Archäologische Museum untergebracht. Als die

Kirche in türkischer Zeit in eine Moschee umgewandelt wurde, errichtete man den westlichen Anbau. Die Minarettbasis in der Nordwestecke der Anlage erinnert noch an diese Zeit.

Die dreischiffige Pfeilerbasilika mit ihren harmonischen Proportionen bildet einen stimmungsvollen Rahmen für die hervorragenden Exponate des Archäologischen Museums aus spätneolithischer bis römischer Zeit. Der Rundgang beginnt links vom Eingang und erfolgt im Uhrzeigersinn. Die chronologisch geordneten Exponate der folgenden Beschreibung entsprechen der Abfolge im Museum. Die ersten Vitrinen enthalten spätneolithische bis spätminoische Funde. Die Dreifuß-Pyxis ist die eindrucksvollste ihrer Art.

! Baedeker TIPP

Traditionelle Weberei

Sehr interessant ist ein Besuch in der Teppichweberei Roka (Zambeliou 61), wo man beim Weben auf alten Webstühlen zusehen und die traditionellen Teppiche in allen Größen kaufen kann (So. geschl.).

★ ◄ Siegel

Ein meisterliches Siegel zeigt einen Minoer auf einer Gebäudegruppe in felsiger Umgebung am Meer. Von den spätminoischen und geometrischen Funden seien die Modelle von Rundhäusern und die geometrische Scherbe mit Menschendarstellung hervorgehoben. Interessant sind die Spielsachen aus einem Kindergrab aus geometrischer Zeit. In der Mitte des Kirchenschiffes ist eine **Sammlung von Kultstieren** (4. Jh. v. Chr. – 2. Jh. n. Chr.) zu sehen. Es handelt sich um Votivgaben an Poseidon, der ungewöhnlicherweise als Gott der Stärke und Fruchtbarkeit gesehen wird.

Die **römischen Mosaiken** (3. Jh. n. Chr.) im hinteren Teil des Museums gehörten zu einem Haus in Chaniá. Im Hauptschiff stößt man auf zwei Mosaiken mit der Darstellung von Dionysos. Das Mosaik im Seitenschiff hat Poseidon und Amymone zum Thema. Von den Exponaten aus klassischer bis römischer Periode sollte man besonders den Miniaturschild mit zwei Kriegern und Flachreliefs von Artemis und Apollon beachten. Herausragend ist der wunderbare hellenistische Goldschmuck.

Im **Museumshof** sind ein türkischer Brunnen, der ehemals an einem Platz in der Stadt stand, und ein venezianisches Marmorportal zu sehen, das zum Zangaróla-Palast im Kastélli-Viertel gehörte. Öffnungszeiten: Apr. – Okt. Mo. 13.30 – 19.30, Di. – So. 8.00 – 19.30, Nov. bis März Di. – So. 8.30 – 15.00 Uhr.

Volkskundemuseum

Bei der katholischen Kirche weiter südlich wurde ein Volkskundemuseum (Chalidon 46 B) eingerichtet. Es zeigt kretische Volkskunst vom 18. bis 20. Jh.; Häkelarbeiten und Stickereien sind besonders interessant. Öffnungszeiten: Mo. – Sa. 9.00 – 15.00, 18.00 – 21.00 Uhr.

Etz Hayyim

Die **Synagoge** Etz Hayyim (Paródos Kondiláki) im Evraikí-Viertel wurde 1669 in einer vormals venezianischen Kirche (16. Jh.) eingerichtet. Die jüdische Gemeinde der Stadt unterhält sie nicht nur als historisches Denkmal und Erinnerungsstätte an den Holocaust, sondern auch als Ort der Versöhnung. Öffnungszeiten: Mo. – Fr. 10.00 bis 18.00 Uhr; www.etz-hayyim-hania.org.

Venezianische Loggia

In der Straße Zambeliou 43/45 stößt der Besucher auf eine venezianische Loggia im Renaissancestil, von der nur noch die Außenmauern erhalten sind. Eine Wappentafel zwischen den Fenstern des Mittelgeschosses trägt die Inschrift: »Nulli parvus est census qui magnus est animus« (»Keiner wird gering geschätzt, der einen großen Geist besitzt.«).

Renieri-Palast

Im Topanás-Viertel steht der Torbogen (Moskhon) des einst bedeutenden Renieri-Palastes, über dem das Familienwappen angebracht ist. Die humorvolle Inschrift (1608) darauf lautet: »Multa tulit, fecitroque Pater, sudavit, et alsit et studuit, dulces semper requiescenerat« (»Vieles ertrug und tat der Vater, er schwitzte und fror und mühte sich, und die süße Ruhe ging ihm immer ab.«).

Schifffahrtsmuseum

Das Schifffahrtsmuseum ist im Eingangsbereich des venezianischen Forts Firkas an der Nordwestecke des Hafens untergebracht. Es zeigt in mehreren Räumen Schiffsmodelle – z. B. eine attische Trireme – und Schiffsinstrumente sowie eine Muschelsammlung. Zudem werden antike Seeschlachten dargestellt. Darüber hinaus sind Dokumente und Bilder zur Kriegsmarine des 19./20. Jh.s, so auch zur Schlacht um Kreta 1941, und zur Handelsschifffahrt zu sehen. Öffnungszeiten: Apr. – Okt. tgl. 10.00 – 16.00, Nov. – März 10.00 – 14.00 Uhr.

San Salvatore/ Byzantinische und Nachbyzantinische Sammlung

Oberhalb des Marinemuseums steht die kleine venezianische Kirche San Salvatore (Theotokoupoulou 82; 16. Jh.), die in türkischer Zeit eine Moschee war. Die hier präsentierte Byzantinische und Nachbyzantinische Sammlung umfasst Mosaike, Wandmalereien, Bilder, Keramik und Kleinkunst. Öffnungszeiten: Di. – So. 8.30 – 15.00 Uhr.

Befestigungen

Von den Befestigungen der alten Stadt ist nicht mehr viel erhalten. So sind noch Teile einer älteren byzantinisch-sarazenischen Mauer um den Kastélli-Hügel, die von den Venezianern im 13. und 14. Jh. erneuert wurde, zu erkennen. Den Bau der neueren Befestigungsanlagen (15./16. Jh.) führte wie in Iráklion der Baumeister **Michele Sanmicheli** aus. Die Wälle, die die Stadt rechteckig umschlossen, waren etwa 2 km lang. Im Osten der Stadt kann man noch ein Stück der Stadtmauern sehen. Von den Bastionen ist am besten die Shiavo an der Südwestecke erhalten, von der man einen weiten Blick auf Stadt und Umland hat.

! *Baedeker* TIPP

Lederwaren

Bekannt für gute Lederwaren ist die Skridlof-Gasse, die »Ledergasse«. In den zahllosen Läden gibt es eine riesige Auswahl an Taschen, Schuhen und Handschuhen. Auch Schuhe nach Maß werden hier angefertigt.

Ágios Nikólaos

Die große Ágios Nikólaos-Kirche am recht hübschen Platz 1821 im Splantzia-Viertel in der östlichen Altstadt ist weltweit einzigartig: Ihre Westfront wird zugleich von einem christlichen Glockenturm und einem islamischen Minarett flankiert. In venezianischer Zeit war sie die Kirche eines Dominikanerklosters, die Türken nutzten sie als Moschee. 1918 wurde sie dann wieder als Kirche geweiht.
Unter der Platane auf dem Platz 1821 steht ein **Denkmal für Bischof Melchedisik**, den die Türken 1821 an diesem Baum wegen Teilnahme an einem Aufstand hängten.

Minoisches Schiff

In einer der Hallen der venezianischen Arsenale am östlichen Hafenrand zeigt die **Exhibition of Ancient & Traditional Naval Architecture** den experimentellen Nachbau eines minoischen Schiffs, das 2004 die Reise von Chaniá nach Piräus erfolgreich bewältigte. Öffnungszeiten: tgl. 10.00 – 16.00, 18.00 – 21.00 Uhr.

Ágii Anárgyri

Etwas weiter südlich trifft der Besucher auf die Ágii-Anárgyri-**Kirche** aus dem 16. Jh., die in venezianischer und türkischer Zeit das einzige orthodoxe Gotteshaus war. Sie weist eine prächtig geschnitzte **Ikonostase** auf.

Markthalle

Die kreuzförmig angelegte dekorative Markthalle an der Platia S. Venizelos, die 1913 nach einem **Vorbild in Marseille** erbaut wurde, ist

Alle Köstlichkeiten der Insel werden in der Markthalle angeboten.

eine der schönsten Griechenlands. An den Fisch-, Obst- und Gemischtwarenständen kann man alle Produkte des Landes sehen. Empfehlenswert als Mitbringsel sind vor allem die zahllosen Kräutermischungen. Man entdeckt hier auch ausgefallene Lebensmittel wie z. B. kretische Ziegenbutter.

Historisches Museum

In einer stattlichen Villa weiter südlich ist das kleine Historische Museum (Sfakianaki 20) mit dem Stadtarchiv untergebracht. Es ist nur Besuchern zu empfehlen, die sich besonders für kretische Geschichte interessieren. Im Museum werden die **Freiheitskriege gegen die Türken** sowie der Zweite Weltkrieg und der Widerstand gegen die deutsche Besatzung dargestellt. Zudem ist ein kleiner Raum Eleftherios Venizelos gewidmet. Öffnungszeiten: Mo. – Fr. 9.00 – 13.00 Uhr.

Stadtpark

In dem unweit der Historischen Museums gelegenen schönen Stadtpark werden die kretischen Wildziegen Agrími in Gehegen gehalten. Die Grünanlage lockt am Abend viele Einheimische ins **Parkkafenion** oder ins **Freilichtkino**.

Chalépa

Etwa 1 km östlich des Stadtzentrums liegt die elegante Villenvorstadt Chalépa, die um die Jahrhundertwende als Regierungsviertel angelegt wurde. Hier befinden sich das repräsentative Regierungsgebäude und verschiedene Konsulate.

Halbinsel Akrotíri

Profítis Ilías (Προφήτης Ηλίας)

Etwa 8 km nordöstlich von Chaniá, auf dem Berg Profítis Ilías, liegt eine weiträumige gepflegte **Gedenkstätte** mit den Gräbern des kretischen Staatsmannes **Eleftherios Venizelos** (► Berühmte Persönlichkeiten S. 78) und seines Sohnes Sophoklis. Hier kann man einen herrlichen Ausblick auf die Stadt bis hin zu den Levká Óri genießen. Diese Gedenkstätte ist für die Kreter von herausragender nationaler Bedeutung. Hier wurde 1897 zuerst die griechische Fahne gehisst. Als die Großmächte, die gegen den Anschluss der Insel an Griechenland waren, den Hügel beschossen und dabei den Fahnenmast zerstörten, soll sich ein Kreter als Ersatz hingestellt haben, worauf das Feuer beendet wurde. In der Folge wurde der Insel ein Autonomiestatus zugestanden.

Agía Triáda (ΑγίαΤριάδα)

Das **Kloster** Agía Triáda (17 km nordöstlich von Chaniá) von 1631 gehört zu den größten und bedeutendsten Klöstern Kretas. Nachdem es die Türken 1821 niedergebrannt hatten, erlangte es bald nach seinem erneuten Aufbau 1830 seinen einstigen Reichtum wieder. Das Kloster heißt nach seinen Gründern, der venezianischen Familie Zangarola, auch Moní Tzangarólou. Den Eingang der Anlage bildet ein mächtiges Portal mit Doppelsäulen, korinthischen Kapitellen und Dreiecksgiebel. Die Fassade der Kirche zeigt einfachen Renaissancestil. Beeindruckend im Innern ist die reich geschnitzte Ikonostase.

Links vom Eingang gibt es noch ein kleines Ikonenmuseum mit Werken aus dem 18. und 19. Jh., u. a. von dem Maler Emmanuel Skodilis. An der Südseite der Treppe sieht man einen Baum, der gleichzeitig Orangen, Mandarinen, Zitronen und Limonen hervorbringt. Geschlossen 14.00 – 17.00 Uhr.

Gouvernéto (Γουβερνέτο)

Wohl mit der schönste Ausflug von Chaniá führt zu dem beeindruckend auf einem Höhenzug gelegenen Kloster Gouvernéto (4 km nordwestlich von Agía Triáda), von dem man einen **herrlichen Ausblick** genießen kann. In der rechteckigen Klosteranlage, die einen wehrhaften Eindruck vermittelt, leben nur noch wenige Mönche. Die Gründung des Klosters geht zwar auf das Jahr 1548 zurück, es wurde jedoch durch Brände und die Revolte von 1821, als auch die meisten Mönche ermordet wurden, zerstört, so dass die heutige Anlage aus neuerer Zeit stammt. Wie bei Agía Triáda wird bei der Renaissancefassade der Kirche, die von einem modernen Glockenstuhl und einer Kuppel bekrönt ist, venezianischer Einfluss deutlich. Die Innenausstattung geht weitgehend auf das 19. Jh. zurück. Eine Ikone in der Vorhalle zeigt die Legende des **hl. Johannes von Gouvernéto**, der auf der Flucht aus dem Nahen Osten nach einer Meeresfahrt auf

Agía Triáda: eines der größten und bedeutendsten Klöster Kretas

Auch das Kloster Gouvernéto war eine Stätte des Widerstands gegen die Türken.

seinem Mantel unterhalb des heutigen Klosters landete. Dort lebte er mit 98 Gefährten als Eremit in Höhlen, bis ihn ein Jäger irrtümlich erschoss. Die Höhle des Johannes ist heute noch vorhanden.

Im Kloster sind eine Bibliothek und eine **Sammlung von byzantinischen sakralen Gegenständen** (Ikonen und liturgisches Gerät) untergebracht. Öffnungszeiten: orthodoxes Ostern bis Sept. Mo., Di., Do. 9.00 – 12.00, 17.00 – 19.00, Sa., So. 5.00 – 11.00, 17.00 – 20.00, Okt. bis orthodoxes Ostern Mo., Di., Do. 9.00 – 12.00, 16.00 – 18.00, Sa., So. 5.00 – 11.00, 16.00 – 19.00 Uhr.

Bärenhöhle

Von Gouvernéto führt ein gepflasterter Weg am rechten Hang abwärts bis zu einigen Hausruinen vor einer geräumigen Höhle, die nach der Form eines Stalagmiten »Bärenhöhle« genannt wird. Vermutlich war sie schon in neolithischer und minoischer Zeit eine Kulthöhle und diente in klassischer Zeit dem Kult der Göttin Artemis, der der Bär heilig war. Heute befindet sich am Eingang links die kleine **Kapelle Panagía Arkoudiótissa** (»Muttergottes von der Bärenhöhle«) aus dem 16. Jahrhundert.

Katholikó (Καθολικό)

Nun führt ein Weg in vielen Kurven abwärts zu dem grandios gelegenen verlassenen **Kloster** Katholikó (Klosterkirche). Kurz davor sieht man an der gegenüberliegenden Felswand die zahlreichen Höhlen der Eremiten und vor dem Tor zur Kirche links die **Höhle des Johannes von Gouvernéto**, der um 1100 gewirkt hat. In dieser ca. 40 m begehbaren Höhle sind noch ein gemauerter Herd und ein Wasserbecken vorhanden. Das schmale Tor führt zu einer Terrasse vor der Felsenkirche, die eine venezianisch inspirierte Portalwand im Renaissancestil besitzt. Die recht gut erhaltenen Klostergebäude datieren auf das 15. und 16. Jahrhundert. Bereits im 16. Jh. wurde Katholikó zugunsten von Gouvernéto wieder aufgegeben, weil es einige Male von arabischen Piraten überfallen worden war. In dem rechten zweigeschossigen Gebäude befand sich im Obergeschoss die Abtwohnung. Die zwei in die Schlucht führenden Öffnungen in der Terrasse davor sind vermutlich eine Toilettenanlage. Imponierend ist die 10 m breite, über die Schlucht führende **Brücke**, in deren Pfeilern Vorratsräume und eine Zisterne enthalten sind. Sehr schön ist der Weg hinunter zum Meer, wo einst die Anlegestelle des Klosters war.

Stavrós (Σταφρός)

Im Dorf Stavrós, westlich von Gouvernéto, wurden Szenen des **Films »Alexis Sorbas«** gedreht; am Strand hat Sorbas Sirtáki, der keineswegs ein griechischer Tanz ist, vorgeführt ► (Baedeker Special S. 72/73). Der Ort hat sich zu einem gefragten Ferienziel entwickelt.

Chorafákia (Χωραφάκια)

Schöner ist allerdings das südlich von Stavrós gelegene Dorf Chorafákia. Der kleine **Sandstrand** in der windgeschützten Bucht fällt ganz flach ins Meer ab.

Weitere Ziele in der Umgebung von Chaniá

Soúda-Bucht

Die südöstlich von Chaniá sich erstreckende Bucht von Soúda ist **der größte und am besten geschützte Naturhafen der Insel**. Er ist Handels- und Fährhafen von Chaniá – von hier verkehren täglich Schiffe nach Piräus – sowie Flottenstützpunkt.

◄ Britischer Soldatenfriedhof

An der Straße von Soúda zur Akrotíri-Halbinsel liegt ein gepflegter britischer Soldatenfriedhof, auf dem 1527 Gefallene aus dem Commonwealth begraben liegen, die bei der Schlacht um Kreta 1941 getötet wurden.

◄ Festung Kalámi

Am Eingang der Souda-Bucht, in unmittelbarer Nähe der Schnellstraße, steht auf der südlichen Seite die türkische Festung Kalámi. Nach der Vertreibung der Türken diente sie als Staatsgefängnis.

◄ Festung Souda

Die Festung Souda auf der Insel Souda am Eingang der Bucht wurde seit 1570 von den Venezianern ausgebaut und diente dann als Stützpunkt im türkisch-venezianischen Krieg. Nachdem die Türken 1669 Candia (Iráklion) und damit Kreta erobert hatten, schichteten sie zur Einschüchterung 5000 Köpfe enthaupteter Christen um die Festung. Doch die Verteidiger hielten durch, und so blieb die Festung bis ins 18. Jh. im Besitz der Venezianer.

Ágii Theodóri (Άγιοι Θεοδόροι)

Wenn man von Chaniá nach Westen fährt, hat man nach etwa 9 km rechts einen schönen Blick auf die **Insel** Ágioi Theodóri. Sie ist heute eines der Reservate für die kretische Wildziege Agrími.

Máleme (Μάλεμε)

Bei dem Ferienort Máleme, 16 km westlich von Chaniá, liegt auf einem Hügel ein **deutscher Soldatenfriedhof**, der zweitgrößte in Griechenland. Hier sind 4465 Soldaten, zumeist Fallschirmjäger, begraben, die bei dem Luftlandeunternehmen vom Mai 1941, mit dem die **Schlacht um Kreta** begann, umgekommen sind. Die Gefallenen wurden zunächst von den Mönchen des Klosters Goniás geborgen. Die Gräber sind in vier Blöcken angeordnet, die den Hauptkampfgebieten Máleme, Chaniá, Réthymnon und Iráklion entsprechen.

Rodopou (Ροδοπού)

8 km westlich von Máleme zweigt rechts eine Straße zu dem Ort Kolimbári ab, wo die sich nach Norden erstreckende **Halbinsel** Rodopou beginnt. Diese grandios wirkende karge Halbinsel bildet die westliche Begrenzung des Golfs von Chaniá. Nur 6 km breit und etwa 16 km lang, erreicht sie eine Höhe von 748 Metern. Ihre Hochflächen werden als Weiden für Schafe und Ziegen genutzt.

Goniás (Γωνιάς)

Das festungsartige Kloster Goniás – auch Odigítrias genannt –, liegt unweit nördlich von Kolimbári dort am Meer, wo die Bucht von Chaniá eine »Ecke« (»gonía«) bildet. Die Gründung von Goniás geht auf das Jahr 1618 zurück. 1645 landeten die Türken hier zum ersten Mal auf Kreta, wobei das Kloster teilweise zerstört wurde; aber bereits 1662 baute man es wieder auf. Auch die Revolten des 19. Jh.s, als es **Krankenhaus für die Befreiungskämpfer** war, und der Zweite Weltkrieg, in dem es als Feldlager diente, hinterließen Zerstörungen. Im 19. Jahrhundert wurden größere Erweiterungen vorgenommen. Gegenüber dem Klostereingang ist noch ein von einem Spitzbogen überwölbter venezianischer Brunnen zu sehen.

i Menschlichkeit

- Nach dem Zweiten Weltkrieg bargen die Mönche des Kloster Goniás die Gebeine der deutschen Gefallenen, bis sie auf dem Soldatenfriedhof von Máleme beigesetzt wurden. Eine Tat, die angesichts dessen, was das Kloster unter der Besatzung zu leiden hatte, umso mehr Bewunderung verdient.

Von der **Innenausstattung** der Kirche, die byzantinisch-frühbarocken Stil aufweist, sind die reich geschnitzte Tür zum Kirchenraum sowie die Rück- und Seitenwände des Bischofsthrones im Querarm hervorzuheben. Zudem enthält das Gotteshaus bedeutende Ikonen (17. Jh.) an der Ikonostase und den Wänden des Langschiffes. In dem kleinen Museum kann man weitere hervorragende Ikonen, vor allem des 17. und 18. Jh.s, sowie sakrale Gegenstände besichtigen. Öffnungszeiten: Sommer Mo. – Fr., So. 8.30 – 12.30, 16.00 – 20.00, Winter 15.30 – 17.30 Uhr.

Orthodoxe Akademie

Die Ökumenische Akademie der Kirche Kretas in der Nähe des Klosters wurde von dem fortschrittlichen Bischof von Kissámou und Selínou, **Ireneos Galanakis**, gegründet. Dieser Kirchenmann hat sich in seinem Bezirk sozial engagiert, die Modernisierung der Landwirtschaft vorangetrieben und die Schifffahrtslinie ANEK gegründet. Die Akademie ist ein Forum für den Austausch innerhalb der orthodoxen Kirche sowie zwischen östlichem und westlichem Denken.

Diktýnnaion (Δικτύνναιον)

Am Nordostende der Halbinsel Rodopou, an der Bucht Meniés, nahe dem Kap Skala, haben deutsche Archäologen während des Zweiten Weltkrieges das Heiligtum der **Nymphe Diktynna** freigelegt, die mit der kretischen Britomartis identisch ist und in späterer Zeit Artemis gleichgesetzt wurde. Sie war die Schutzherrin der Fischer und derer Netze (diktyon = Netz). Fischer waren es nämlich, die die Göttin in ihren Netzen retteten, als sie sich, um den Nachstellungen von König Minos zu entgehen, ins Meer warf. Man erreicht die spärlichen Ruinen am besten per Boot von Chaniá oder Kolimbári aus. Vom Anlegeplatz durch ein kleines Tal mit den Ruinen eines aufgegebenen Dorfes gehend und am linken (südlichen) Hang aufsteigend, kommt der Besucher zum Grabungsgelände. Auf dem Landweg steuert man zunächst das Dorf Rodopou an, von wo es etwa 18 km durch eine ungewöhnliche Felslandschaft weitergeht. Anschließend sind es noch ca. 30 Min. Fußweg zur Ruinenstätte, wo auch eine malerische Bucht zum Baden einlädt.

Auf dem Ausgrabungsgelände sind die Reste eines Tempels erhalten, der im 2. Jh. n. Chr. an der Stelle eines aus dem 7. Jh. v. Chr. stammenden Vorgängerbaues errichtet wurde, ferner der zugehörige Altar, drei Zisternen und weitere Gebäude, von denen das lang gestreckte am steilen Nordhang wahrscheinlich als Pilgerherberge fungierte.

Spiliá (Σπιλιά)

Der Name des Ortes Spiliá, 25 km westlich von Chaniá, kommt von der oberhalb gelegenen Höhle des Eremiten Johannes von Gouvernéto, in der sich eine kleine Kapelle befindet. Im Dorf ist eine **Panagía-Kirche** sehenswert mit Fresken der so genannten kretischen Schule aus dem 14. Jahrhundert. Nicht entgehen lassen sollte man sich das **Museum kirchlicher Kunst** in der Ortsmitte. Ausgestellt sind eine hervorragende Ikonensammlung, Ikonostasen und kirchliches Gerät vom 17. Jh. bis in die Gegenwart.

Episkopí (Σπισκοπή)

3 km südlich von Spiliá, kurz vor Episkopí steht eines der außergewöhnlichsten byzantinischen Bauwerke Kretas, die **Michaíl-Archángelos-Kirche** mit Rotunde aus der zweiten Hälfte des 10. Jh.s, (Schlüssel in dem Haus oberhalb), deren Außenbau allein schon einen Besuch lohnt. Die Rotunde wird von einer Kuppel bekrönt, die sich aus fünf Ringen stufenförmig zusammensetzt. Sie weist in ihrer elliptischen Form orientalische Einflüsse auf. Die Rotunde wird von einem quadratischen Baukörper umschlossen. Der Rest des Mosaikfußbodens links im Vorraum gehörte zu der frühbyzantinischen Basilika, an deren Stelle die Kirche errichtet ist. In diesem Vorraum steht auch die Büste des letzten von den Türken hingerichteten Bischofs, denn Episkopí war, wie der Name besagt, von mittelbyzantinischer Zeit bis 1821 Bischofssitz. In der Kirche sind nur noch wenige Freskenreste vorhanden.

Agiá (Αγιά)

In dem 9 km südlich von Chaniá gelegenen Ort Agiá ist die **Panagía-Kirche** sehenswert, eine dreischiffige Basilika (10./11. Jh.) mit Apsiden. Die zwei Reihen von je drei Säulen – zwei aus Marmor und vier aus Granit –, die die Seitenschiffe vom Mittelschiff trennten, sind noch sehr gut zu erkennen.

Alikianós (Αλικιανός)

An der Abzweigung nach Alikianós von der Hauptstraße von Chaniá zur Omalós-Hochebene steht links ein **Denkmal**, das an 118 Partisanen erinnert, die hier von deutschen Soldaten getötet wurden. Die Totenschädel sind im Untergeschoss des Denkmals aufbewahrt.
Die Kirche Ágios Geórgios in Alikianós stammt aus dem 13. Jh. und enthält noch einige Freskenfragmente. Die **Kreuzkuppelkirche Ágios Kír Ioánnis** (etwa 1 km nordwestlich an der Straße nach Koufós), die inmitten üppiger Vegetation liegt, geht auf das 14. Jh. zurück. Sie ist nach dem Eremiten Ái Kír Ioánnis benannt, der Westkreta nach der Befreiung von den Sarazenen für das Christentum zurückgewann und viele Kirchen baute. Die Kuppel des sehr ausgewogenen Baus, der allerdings in schlechtem Zustand ist, wurde im Zweiten Weltkrieg zerstört. Ungewöhnlich ist die Apsidenkonstruktion: eine außen fünfseitig geschlossene Mittelapsis und zwei rechtwinklig geschlossene Seitenapsiden. Die stark beschädigten Fresken gehen überwiegend auf das 14. Jh. zurück. Außen an der Nordwand sieht man ein überwölbtes Grab.

Mesklá (Μεσκλά)

In dem 20 km südlich von Chaniá, in einem mit Südfrüchten bepflanzten Tal gelegenen Ort Mesklá findet man nach dem Ortseingang links etwas oberhalb die **Einraumkapelle Sotíros Christou** (»Rettender Heiland«) mit Narthex. Die Kirche wartet mit einigen beachtenswerten Fresken aus dem Jahr 1303 auf, gemalt von Theodorus Daniel und seinem Neffen Michael Beneris. Von den Fresken ist die Verklärung Christi an der Südwand hervorzuheben.
Neben der Panagía-Kirche im oberen Teil des Ortes sind **Reste einer frühchristlichen Basilika** erhalten. Es ist umstritten, ob es sich bei den antiken Überresten oberhalb von Mesklá um ein zweites Rhizenía handelt.

Díktamos-Schlucht

Von Katochóri (20 km südlich von Chaniá) führt eine 9 km lange schattige **Wanderung** durch die Díktamos-Schlucht abwärts zu dem Ort Stýlos. Die Tour, die durch rote Punkte und einige Steinpyramiden markiert ist, beinhaltet einige mühevolle Passagen. In Stýlos (s. u.) erwarten den Wanderer Tavernen an einer Quelle unter Bäumen. Man kann die Wanderung auch umgekehrt von Stýlos aus unternehmen, sie führt dann aufwärts nach Katochóri.

Stýlos (Στύλος)

In dem Ort Stýlos, dem **Dorf der Quellen**, bei der Díktamos-Schlucht fanden Kämpfe zwischen Kretern und Türken sowie das Ende der Schlacht um Kreta 1941 statt. Der Ort ist End- oder Ausgangspunkt einer Wanderung durch die Schlucht (s. o.). Hier kann man eine Rast bei einer Quelle unter Platanen und Eukalyptusbäumen einlegen. Sehenswert ist die nördlich des Ortes in einem Olivenhain gelegene **Pa-**

nagía-Serviótissa-Kirche, die zum Kloster des hl. Ioánnis Theológos gehörte, das im Besitz des gleichnamigen Klosters auf der Insel Pátmos war. Eindrucksvoll ist der Bau, eine hochbyzantinische Kreuzkuppelanlage aus dem 11. oder 12. Jh., dessen Kuppel mit achteckigem Tambour von vier quadratischen Pfeilern gestützt wird. Die Mauern sind aus Quadern und Bruchsteinen mit Zwischenlagen aus Feld- und Ziegelsteinen errichtet.

Kiriakosélia (Κυριακοσέλια)

Von außergewöhnlicher Qualität sind die Fresken der **Ágios-Nikólaos-Kirche** in Kiriakosélia (beim Priester ist der Schlüssel erhältlich) bei Chiliómoudo, südlich von Stýlos. Bemerkenswert ist auch der Bau der feingliedrigen Kreuzkuppelkiche (11./12. Jh., die eine Kapelle als Vorraum aufweist. Die Malereien stammen aus den Jahren 1230 bis 1236. Dargestellt sind: ganz oben in der Kuppel der Pantokrator (= thronender Christus); im Tambour und in den Pendentifs Propheten und Evangelisten; in den Gewölbezonen die Verklärung Christi, die Auferweckung des Lazarus, Himmelfahrt und Pfingsten; im Altarraum die thronende Muttergottes mit zwei Engeln, darunter Apostel und griechische Kirchenväter bei der Liturgie; die Verkündigung an Maria am Triumphbogen sowie an den Wänden Szenen aus dem Leben des Kirchenpatrons Nikólaos.

Áptera (Άπτερα)

14 km östlich von Chaniá liegt auf einem Felsplateau die **Ruinenstätte** Áptera, deren Geschichte mindestens bis in dorische Zeit (ab 1000 v. Chr.) zurückreicht. Seine Blütezeit erlebte der Ort in hellenistischer Zeit. Von der einstigen 4 km langen Stadtmauer, die 300 v. Chr. errichtet worden war, sind noch gut erhaltene Reste vorhanden. In der Mitte des Geländes findet man eine malerische Klosteranlage, westlich davon eine rechtwinklig angelegte römische Zisterne und weiter nördlich ein dreischiffiges frühbyzantinisches Gebäude, wohl aber keine Kirche. Eine weitere römische Zisterne, ein eindrucksvoller dreigeteilter Bau, schließt sich südöstlich an.
An der Südwestecke des Klosters steht ein kleines Heiligtum mit zwei Räumen. Auf die Reste eines kleinen griechischen Theaters, dessen Sitzreihen noch gut zu erkennen sind, und einer byzantinischen Kirche stößt man im Süden des Geländes. Östlich des Theaters liegen ein dorisches Heiligtum und im Ostteil der Anlage ein hellenistischer Tempel.
Ganz an der Nordostspitze der Ruinenstätte steht das **türkische Fort Izzedin** (1868/1869), von dem man einen schönen Ausblick auf die Souda-Bucht und die Halbinsel Akrotíri genießen kann. Öffnungszeiten: Di. – So. 9.30 – 15.00 Uhr.

Kalýves (Καλύβες)

Der große Küstenort Kalýves, 18 km östlich von Chaniá, ist mit seinem **langen Sandstrand** noch immer ein relativ ruhiger Ferienort. Die Kirche Agía Paraskeví an der Platia wurde mit neuen Wandmalereien im traditionellen Stil verziert, gestiftet von Gläubigen; Inschriften nennen die Namen der Spender.

Vrýsses (Βρύσες) Das 33 km südöstlich von Chaniá an einem Flüsschen gelegene große Dorf ist bekannt für seine **Tavernen** unter schattigen Platanen, die zu einer Rast einladen, und für den ausgezeichneten Schafsjoghurt mit Honig. Ein großes Denkmal ist dem Befreiungskampf von 1897 gewidmet.

Alíkampos (Αλίκαμπος) Für Kunstliebhaber sind die byzantinischen Wandmalereien in der **Panagía-Kirche** in Alíkampos (6 km südlich von Vrýsses) ein besonderer Genuss. Man findet das Gotteshaus kurz vor dem Ort, links von einer scharfen Rechtskurve (Schlüssel beim Priester). Die einfache Einraumkapelle mit Tonnengewölbe und einer Rundapsis ist über dem Eingang mit Keramiktellern geschmückt und enthält Fresken (1315/1316) von Ioánnis Pagoménos. Der Stil des Malers ist eine Mischung aus volkstümlichen Elementen mit feineren Formen. Dargestellt sind: in der Apsis die Panagia, darüber die Himmelfahrt und darunter vier griechische Kirchenväter; an der Eingangswand der Tod Mariä; im Tonnengewölbe Szenen aus dem Leben Jesu; an der Südwand der thronende Christus, der Erzengel Michael und Kaiser Konstantin mit seiner Mutter Helena.

Vrýsses: ein guter Ort, um eine erholsame Rast einzulegen

Chóra Sfakíon

D 4

Griechisch: Χώρα Σφακιων **Nomos:** Chaniá
Einwohnerzahl: 350

Der malerisch an einer Bucht an der Südküste gelegene Hauptort der Sfakiá, Chóra (»Hauptort«) Sfakíon, mit weiß getünchten Häusern an engen Gassen ist das Fremdenverkehrszentrum dieser Region mit zahlreichen Unterkünften und Tavernen. Er fungiert vor allem als Sammelpunkt für die Wanderer der Samariá-Schlucht, die mit dem Boot von Agía Roumeli kommen und hier Busse zur Weiterfahrt besteigen. So bevölkern in den Nachmittagsstunden große Menschenmengen den Hafen.

Ort des Widerstandes

Von der Stadt verkehren im Sommer kleinere Schiffe zudem nach Loutró, Palaiochóra und zur Insel Gávdos. Ein sehr attraktiver Strand ist **Glikánera**, wo sich Süß- und Salzwasser mischen. In Chóra Sfakíon, das in früheren Jahrhunderten ein wichtiger Handelsplatz war, bauten die Venezianer eine kleine Festung, deren Reste oberhalb des Ortes zu sehen sind. Das Dorf war Mittelpunkt vieler kretischer Aufstände gegen die türkische Fremdherrschaft. Nach der Schlacht von Kreta hatten die englischen Truppe Ende Mai 1941 hier ihren Hauptstützpunkt; ein Gedenkstein an der Kaimauer ist diesem Ereignis gewidmet.

Umgebung von Chóra Sfakíon

Sfakiá

Die Sfakiá, die sich nördlich von Chóra Sfakíon erstreckt, ist **zusammen mit der Lassíthi die dichtbesiedeltste Hochebene der Insel**. Ihre Bewohner gelten als traditionstreu, stolz und kämpferisch. Bis in die Mitte des 20. Jh.s war Blutrache an der Tagesordnung. Die Menschen hier haben immer wieder den Fremdherrschaften Widerstand geleistet. Das unzugängliche Gebiet konnte von den Türken nie

CHÓRA SFÁKION ERLEBEN

ÜBERNACHTEN

► Günstig

Panorama
Tel. 282 50 912 96
Die einfache kleine Pension befindet sich am östlichen Ortsrand, auf einem Hügel und an einer lauten Straße; eine Taverne gehört dazu.

Stavris
Tel. 293 5012 20
Fax 282 500 91 52, 34 Z.
www.hotel-stavris-chora-sfakion.com
Oberhalb des Hafens gelegenes Hotel mit schöner Aussicht; Zimmer mit Balkon und teilweise mit Meerblick.

wirklich unterworfen werden, worauf die Sfakioten heute noch stolz sind. Auffallend ist die Tatsache, dass es auf der Sfakiá viele alte und gesunde Menschen gibt. Die Bewohner züchten Vieh und bauen Kartoffeln, Wein, Obst und Walnüsse an. Eine Spezialität der Region sind Sfakianés Pítes, mit Ziegenkäse gefüllte und mit Honig bestrichene Pfannkuchen.

★ Ímbros-Schlucht

Durch die schöne und wilde Ímbros-Schlucht nördlich von Chóra Sfakíon führt **eine der beliebtesten Wanderungen auf Kreta**. Die Schlucht, die noch steiler und enger als die Samariá-Schlucht ist, weist eine Länge von 7 km auf und erreicht an ihrer engsten Stelle nur zwei Meter Breite. Von Ímbros, einem Dorf auf der Sfakiá-Hochebene, kann man in etwa drei Stunden durch die Schlucht zum Ort Komitádes wandern. Dort stehen Taxis zur Verfügung, die den Wanderer zum Eingang der Schlucht zurückbringen, was allerdings ziemlich teuer ist. Außerdem verkehren Busse nach Chóra Sfakíon; die Bushaltestelle liegt 2 km südwestlich von Komitádes.

Komitádes (Κομιτάδες)

Südlich des Dorfs Komitádes, am Ausgang der Ímbros-Schlucht steht die **Kirche Ágios Geórgios**, die die ältesten sehenswerten Fresken des Malers Ioánnis Pagoménos von 1314 enthält. Es sind vor allem Szenen aus dem Leben Jesu, die Hll. Geórgios und Dimítrios sowie der Erzengel Michael dargestellt. Vor der Kirche steht ein verfallener Altar aus späterer Zeit.

Anópoli (Ανόπολι)

Das Dorf Anópoli breitet sich weitzerstreut nordwestlich oberhalb von Chóra Sfakíon aus. Auf dem großen Platz im westlichen Dorfteil steht ein **Denkmal für den Freiheitskämpfer Daskalojánnis** (► Berühmte Persönlichkeiten S. 75), der hier zur Welt kam. Von der Kirche Agía Ekateríni auf einem Hügel – der Aufstieg dauert etwa 30 Minuten – südlich des Dorfes bietet sich ein beeindruckender Ausblick nach Norden auf die Levká Óri (2453 m) als höchster Erhebung und nach Süden zur Küste. Von Anópoli kann man auf einem Fußweg in ca. 2 Stunden hinunter nach Loutró laufen.

Arádena (Αράδενα)

Das Dorf Arádena am Eingang der gleichnamigen Schlucht liegt an der Stelle der antiken Stadt Aradin, von der sich noch einige Ruinen in der Umgebung erhalten haben. Seit einem Blutrachefeldzug in den 1940er-Jahren weitgehend verlassen, wurde der alte Ort in der letzten Zeit wieder lebendig; einige Häuser wurden renoviert.
Er kann mit einer **Ágios-Michaíl-Archángelos-Kirche** in beeindruckender Lage auf einem hohen Felsen aufwarten. Es handelt sich um einen Kreuzkuppelbau mit eigenartig gerundeter Tambourkuppel, der im 14. Jh. mit antikem Material errichtet wurde und mit Fresken geschmückt ist. In den umliegenden Felsen sind zudem prähistorische, künstlich angelegte Wohnhöhlen zu sehen.

← *Die Abendsonne taucht Chóra Sfakíon in ein goldenes Licht.*

! Baedeker TIPP

Schlucht mit Ausblick

Eine beeindruckende Wanderung führt durch die von steilen Felswänden gesäumte Arádena-Schlucht hinunter zum Meer, wo sich herrliche Ausblicke eröffnen. Von Anópolis kommend beginnt kurz vor der Abzweigung nach Livaniná rechts der Straße der Weg zur Schlucht. In 2 ½ Stunden erreicht man das Meer und dann in 1 ½ Stunden den schönen Ort Loutró.

Der malerische Ort **Loutró** (3 km westlich von Chóra Sfakíon) erstreckt sich mit seinen schönen Ortsbild, das von weiß gekalkten Häusern geprägt ist, malerisch in einer Bucht am Fuß einer Felswand. Es gibt keine Straßenverbindung dorthin. Der Ort ist am besten von Chóra Sfakíon per Schiff zu erreichen. Man kann auch zu Fuß von Chóra Sfakíon in etwa 2 Std. nach Loutró gelangen. Baden ist überwiegend von Felsen und in kleinen Buchten möglich. Loutró, das **antike Phönix**, war im Altertum ein bedeutender Hafen, wo auch Schiffe überwinterten, wie in der Apostelgeschichte zu lesen ist. Der Hafen spielte bis zum Beginn des 19. Jh.s eine gewisse Rolle.

Auf dem Kap westlich des Orts findet man in herrlicher Umgebung einige **Ruinen aus römischer und byzantinischer Zeit**: Zisternen, Terrassierungsmauern, Hausfundamente und Gräber. Zudem steht hier die **Kirche Sotíros Christou**, die im älteren Teil Fresken des 14. und 15. Jh.s birgt.

Frangokástello (Φραγγο-κάστελλο)

Kleine vorgelagerte Sandstrandbuchten und die schöne Bergkulisse haben Frangokástello (10 km östlich von Chóra Sfakíon) zu einem ruhigeren Ferienort gemacht. Nahe dem Ufer steht ein mächtiges **Kastell**, das 1371 erbaut wurde und damit zu den ältesten venezianischen Anlagen Kretas gehört. Es war ursprünglich nach der benachbarten Kirche Ágios Nikítas benannt, wurde aber wegen seiner Fremdartigkeit von den Kretern in Frangokástello (»Kastell der Franken«) umbenannt. Die Festung am Meer mit der schönen Gebirgslandschaft im Hintergrund bietet einen reizvollen Anblick. Das rechteckige zinnenbewehrte Mauergeviert wurde an den Eckpunkten mit massiven Turmbauten verstärkt.

Über dem Haupteingang an der Seeseite brachte man den venezianischen Markuslöwen an. Im Innern ist nicht mehr viel erhalten. Das **Denkmal** an der Nordostecke des Kastells wurde zu Ehren von Chatzimicháli Daliánis aufgestellt, der 1828 mit 300 Sfakioten bei der Verteidigung der Festung gegen die Türken die Schlacht verlor und getötet wurde. Man sagt, dass um den Tag der Schlacht, am 17. Mai, alljährlich bewaffnete schwarze Schatten, die Seelen der Gefallenen, am Kastell vorbeiziehen. Weil sie im Morgengrauen kommen, nennt man sie »Taumänner«. Wissenschaftler meinen, es handle sich bei diesem Phänomen um Luftspiegelungen.

Etwas weiter östlich des Kastells findet man links der Straße die kleine **Ágios-Nikítas-Kirche**, die an der Stelle einer frühchristlichen Basilika steht. Von dieser haben sich noch schöne, geometrisch gemusterte Teile des Mosaikfußbodens erhalten.

In Frangokástello werden die Badenden vom mächtigen Kastell bewacht.

★ Festós

H 5

Griechisch: Φαιστός **Nomos:** Iráklion

Die Ruinen von Festós zeichnen sich durch eine herrliche Lage auf einem Höhenrücken in der reizvollen Landschaft der Messará aus. Der Palast nimmt entsprechend seiner Größe und Bedeutung nach Knossós die zweite Stelle unter den minoischen Palästen ein.

Hier wurde weniger restauriert als in Knossós; das Gesamtbild, das man sich vom Eingang auf den tiefer liegenden Palast verschaffen kann, ist aber sehr beeindruckend.

Öffnungszeiten:
Mai – Okt.
tgl. 8.00 – 19.30
Nov. – Apr.
8.30 – 15.00

Geschichte

Der Name Festós geht auf einen Enkel von Herkules zurück. Schon im Neolithikum war der Platz besiedelt. Das älteste hier gefundene Material datiert aus der frühminoischen Periode (um 3000 v. Chr.). Die Hochblüte des Ortes begann mit dem Bau des alten Palastes (um 1900 v. Chr). In dieser Zeit hatte Festós mindestens die gleiche Bedeutung wie Knossós. Der Palast wurde durch Erdbeben und einen Brand mehrmals zerstört. Den **neuen, mit Knossós vergleichbaren Palast** erbaute man nach 1700 v. Chr.; er wurde um 1450 v. Chr. das Opfer einer Brandkatastrophe. Festós blieb aber in nachminoischer, geometrischer und klassischer Zeit besiedelt, bis es von Górtys im 2. Jh. v. Chr. unterworfen und zerstört wurde.

FESTÓS

★ Festós, nach Knossós der bedeutendste minoische Palast, soll von dem sagenhaften König Minos gegründet worden sein. Immer wieder wurde er durch Erdbeben zerstört. Die meisten, heute sichtbaren Gebäude gehören zum neuen Palast und stammen aus der Zeit von 1700 bis 1450 vor Christus. Um 1450 wurde der Palast durch einen Brand zerstört.

Öffnungszeiten:
Mai – Okt. tgl. 8.00 – 19.30
Nov. – Apr. 8.30 – 15.00 Uhr

① Westhof

Der Westhof lag auf einer tieferen Ebene. Entlang seiner Stützmauer sind Stufen in den Fels gehauen, die als Sitzplätze für Theateraufführungen dienten. Vielleicht fand hier auch das kultische Stierspringen statt, das ein außergewöhnlich gefährlicher Brauch war, der vielleicht zur Abwehr von Urgewalten gepflegt wurde. Dabei vollführte der Springer einen Salto über den Rücken eines Stieres, was er wohl mit dem Leben bezahlt hat. Der Stierkult spielte überhaupt eine zentrale Rolle in der minoischen Religion.

② Haupteingang

Zum Haupteingang führte eine monumentale Treppe, die einmalig in der minoischen Architektur ist. Der Eingang ist als Propylon gestaltet, das von einer mächtigen Säule in zwei Teile getrennt war. Die Fassade mit Vorsprüngen und Vertiefungen ist typisch für die minoische Architektur dieser einmaligen Kultur.

③ Mittelhof

Der rechteckige gepflasterte Innenhof war der Mittelpunkt des Gebäudes und auch des Palastlebens. An der Ost- und Westseite war der Hof von sich abwechselnden Säulen- und Pfeilerreihen begrenzt.

④ Königsgemächer

Die Königsgemächer waren nach Norden ausgerichtet, damit im Sommer die kühleren Winde aus dieser Himmelsrichtung für Erfrischung in den heißen Gemächern sorgten. Außerdem konnte der König von hier das Panorama des Ídi-Gebirges genießen.

Festos *Orientierung*

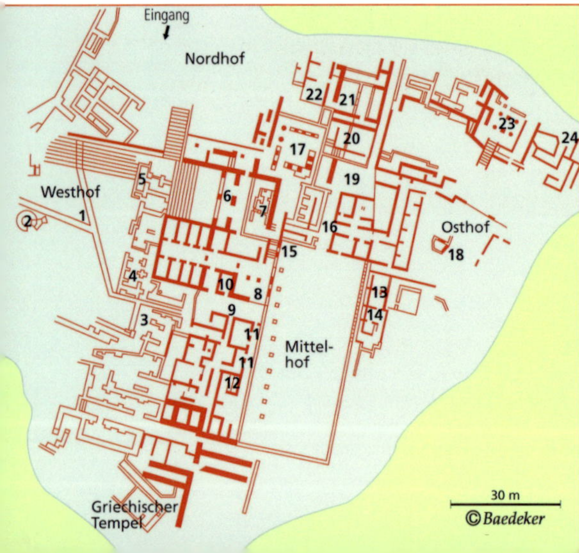

1 Prozessionsweg
2 Rundbau
3 Haupteingang
4 Magazine
5 Heiligtum
6 Propylon
7 Lichthof
8 Säulenhalle
9 Magazineingang
10 Wächterraum
11 Räume mit Alabasterbänken
12/13 Pfeilerraum
14 Kultbecken
15 Altar
16 Korridor
17 Peristyl
18 Schmelzofen
19 Kleiner Hof
20 Megaron der Königin
21 Megaron des Königs
22 Kultbecken
23 Peristyl
24 Töpferwerkstätten

Von Festós hat man einen herrlichen Ausblick auf die Messára-Ebene.

fen in ein Kultbecken. Bei der gestuften Konstruktion in der Nordwestecke des Mittelhofs handelt es sich wahrscheinlich um einen Altar. Ein zweiflügeliges Portal, flankiert von zwei Halbsäulen und zwei Nischen für Wächter oder Kultobjekte (vielleicht Doppeläxte), führt an der Nordseite des Hofs zum Nordtrakt, dem vornehmsten Teil des Palastes mit den **königlichen Gemächern**. Vom anschließenden Korridor leiten links Treppen zu einem Peristyl. Der Gang mündet in einen kleinen Hof, von wo es ostwärts weiter in den Osthof mit einem Schmelzofen geht. Nördlich des kleinen Hofs befinden sich die Gemächer der Königin. Das mit Gipsplatten verkleidete Megaron besaß einen Lichthof, der durch vier Säulen begrenzt war.

Das sich nördlich anschließende Megaron des Königs mit Polythyra weist im Osten einen durch zwei Säulen abgegrenzten Lichthof auf. Von der offenen Veranda mit drei Säulen nördlich des Megarons bietet sich eine prächtige Aussicht auf die Messará-Ebene mit der Gebirgsumrahmung. Westlich ist über mehrere Stufen ein Kultbecken zu erreichen. In dem etwas abgesetzten Baukomplex im Nordosten, wo der berühmte **»Diskos von Festós«** (heute im Archäologischen Museum Iráklion) gefunden wurde, ist vor allem das Peristyl zu nennen. Östlich schließen sich Töpferwerkstätten an.

★ Agía Triáda · Αγία Τριάδα

Öffnungszeiten:
tgl. 8.30 – 15.00

Etwa 2 km westlich von Festós und mit dem Palast einst durch eine Straße verbunden, liegen die Reste der so genannten **königlichen Villa** Agía Triáda aus minoischer Zeit. Von Festós ist der Weg dorthin ausgeschildert. Um das Ausgrabungsfeld zu erreichen, muss man

Großzügig breite Treppe in den Ruinen von Agía Triáda

vom Parkplatz noch ein kurzes Stück abwärts gehen. Da der antike **Name** nicht überliefert ist, erhielt die große minoische Villa ihren Namen nach der 250 m südwestlich stehenden byzantinischen Kirche Agía Triáda (»Hl. Dreifaltigkeit«) aus dem 14. Jh. und dem ehemaligen gleichnamigen Dorf. Die Gegend war etwa seit dem 3. Jt. v. Chr. besiedelt. Die Villa wurde um 1550 v. Chr. nach dem Aufbau des neuen Palastes in Festós errichtet, allerdings 1450 v. Chr. durch Feuer zerstört. Etwas später, in der spätminoischen oder mykenischen Periode, war die Gegend wieder bewohnt, wie es die umfangreiche Bautätigkeit erkennen lässt. Während der klassisch-griechischen Zeit gab man Agía Triáda als Wohngegend auf, es blieb jedoch immer eine Kultstätte. Damals stand hier ein Tempel des Zeus Velchanos.
Das Areal wurde ab 1902 von italienischen Archäologen erforscht, wobei die Villa mit außerordentlich reichen Funden ans Licht kam, die jetzt größtenteils im Archäologischen Museum von Iráklion verwahrt werden. Dazu gehören Fresken und sehr bedeutende Werke der Steinschneidekunst – so die einzigartige Schnittervase – sowie die umfangreichste Sammlung von Linear-A-Schrifttäfelchen. Vor allem aber ist der berühmte **Sarkophag von Agía Triáda** zu nennen.

Rundgang Südlich des Eingangs der Villa, die einen untypischen Grundriss in L-Form aufweist, befindet sich zunächst ein spätminoisches Heiligtum, in dem Fresken mit Delphin- und Oktopusmotiven entdeckt wurden. Nördlich stößt man auf den Wohntrakt für die Dienerschaft, westlich davon auf Magazinräume. Der Südhof war nach An-

Agia Triada Orientierung

1 Minoische Straße
2 Heiligtum
3 Diener-Wohntrakt
4 Magazine
5/6 Treppe
7 Wohntrakt
8 Megaron
9/10 Magazine
11 Korridor
12 Magazine
13 Portikus
14 Privatraum
15 Hauptsaal
16 Hof
17 Archiv
18 Raum mit Fresken
19 Pfeilerhalle

sicht von Archäologen das Zentrum der Kultfeiern von Agía Triáda. An seiner Nordostecke führt eine Treppe auf die Agora und zur Wohnstadt hinunter und im Norden des Hofs eine weitere Treppe zu einem Wohntrakt im Obergeschoss. Dieser Wohntrakt bestand aus prächtigen kleinen Räumen, die durch Lichthöfe erhellt wurden. Westlich schließt sich ein spätminoisches **Megaron** an, wohl einer der ersten mykenischen Fürstenbauten auf Kreta. Innerhalb liegen Magazine, in denen Pithoi zu sehen sind. Hier wurde die berühmte **Schnittervase** entdeckt. Die oberhalb des Hofes stehende byzantinische **Ágios-Geórgios-Kapelle** stammt aus dem Jahr 1302; einige Fresken sind erhalten.
Wenige Schritte westlich der Kapelle trifft man auf das Südende des Westflügels, wo im Korridor der wertvolle **Prinzenbecher**, eines der Meisterwerke der minoischen Kunst, gefunden wurde. Daran schließen sich Magazine an. Nördlich gelangt man in einen zweisäuligen Portikus, der in einen doppelten Lichthof überleitete. Ganz im Osten liegt ein heute wieder mit einem Dach versehener Privatraum, der an drei Seiten mit einer Bank ausgestattet ist. Durch die Tür an seiner Nordseite kommt man in das so genannte **Schlafgemach** mit einer Besonderheit: eine erhöhte Platte, die vermutlich als Unterlage für eine Schlafstelle diente. Geht der Besucher durch den Lichthof und den Portikus zurück, erreicht er den **Hauptsaal**. Dessen nördliche Türfront öffnet sich zu einem Hof, der wohl als Aussichtsterrasse be-

nutzt wurde, da man von hier einen schönen Ausblick auf das Meer und das Ida-Gebirge hat. Das so genannte Archiv östlich des Hofs ist der Fundort zahlreicher Tontäfelchen mit der Linear-A-Schrift, und in dem kleinen Raum unmittelbar östlich wurde u. a. das so genannte Wildkatzenfresko entdeckt. Die von den Ausgräbern so bezeichnete Terrasse »Rampa del Mare« erreicht der Besucher über eine Treppe ganz im Norden. An ihrem Ostende steht eine Halle mit fünf Pfeilern. Weiter nördlich breitet sich ein spätminoisches Stadtviertel aus und davor die Agora.

Nekropole

Durch das Tor an der Nordostecke des Ruinengeländes erreicht man eine Nekropole, die zwei Kuppelgräber und ein Schachtgrab umfasst. In diesem wurde der berühmte Sarkophag von Agía Triáda gefunden, auf dem Vorstellungen vom Leben nach dem Tod deutlich werden.

Weitere Ziele in der Umgebung von Festós

★ Vóri (Βώροι)

Im Dorf Vóri, 5 km nördlich von Festós, gibt es das **schönste und interessanteste Museum für kretische Volkskunde**. Die didaktisch gut aufgebaute Sammlung aus den letzten fünf Jahrhunderten umfasst die Bereiche Fischerei, Land- und Forstwirtschaft, Viehzucht, Handwerke (Metallbearbeitung, Schuhmacherei) sowie Weberei, Korbflechterei, Töpferei und anderes Kunsthandwerk. Zudem sind sakrale Gegenstände, Musikinstrumente und Waffen zu sehen. Öffnungszeiten: Mai – Okt. tgl. 10.00 – 18.00 Uhr.

Ágios Ioánnis (Άγιος Ιωάννις)

In dem gleich südlich von Festós gelegenen Dorf Ágios Ioánnis ist die **Kirche Ágios Pávlos** auf dem Friedhof architektonisch bemerkenswert. Die Kirche besteht aus drei Bauabschnitten, wovon der östliche überkuppelte kubische Bauteil der älteste ist, der wahrscheinlich als Baptisterium bis ins 4./5. Jh. zurückreicht. 1303 wurde der mittlere Zentralbau mit hoher Tambourkuppel und im 15./16. Jh. der offene Narthex in venezianischem Stil angebaut. Die Freskenreste gehen auf die Jahre 1303/1304 zurück. An der Innenseite der Ostmauer der Kirchhofs befindet sich ein kleines Beinhaus.

Odigítrias (Οδηγήτριας)

Das festungsartige **Kloster** Odigítrias, das einsam 12 km südlich von Festós im westlichen Asteroussia-Gebirge liegt, stammt aus venezianischer Zeit. Die nur noch von wenigen Mönchen bewohnte Anlage ist der Panagía Odigítrias (»Wegweiserin Maria«) geweiht. Hier verteidigte sich 1829 der Freiheitskämpfer Xopatéras (»Expater«) mit seiner Familie und ein paar Mönchen tagelang gegen die Türken. In der zweischiffigen Kirche sind wertvolle Ikonen des Malers Ángelos sowie alte Messgewänder und liturgisches Gerät verwahrt. Zudem ist das Südschiff mit einigen Fresken geschmückt.

Agiofárango ►

3 km südlich des Klosters Odigítrias zweigt rechts eine Schotterpiste ab, die in die **Schlucht** Agiofárango führt. Die Wanderung durch die Schlucht führt in einer Stunde ans Meer.

Kalí Liménes (Καλοί Λιμένες)

Der 30 km südlich von Festós, an einer geschützten Bucht gelegene Ort Kalí Liménes (»Gute Häfen«) besteht aus nur wenigen Häusern. Beim Ort gibt es schöne Badestrände, deren Aussicht allerdings durch Tanks auf der vorgelagerten Insel gestört wird. Kalí Liménes ist bekannt aus der Apostelgeschichte (Kap. 27, V. 8), wonach der Apostel Paulus auf seiner Reise nach Rom hier landete. Die Kirche westlich des Ortes oberhalb der Bucht erinnert an den Apostel.

Pitsídia (Πιτσίδια)

Das hübsche kleine Dorf, 5 km südwestlich von Ágios Ioánnis, ist immer noch eine gute Alternative zum überlaufenen Mátala. Allgemeine Treffpunkte sind die Platia und das alte Kafenion Kostas.

Kommós (Κομμός)

Kommós (3 km westlich von Pitsídia), seit mittelminoischer Zeit (ab 2100 v. Chr.) besiedelt, war **einer der Häfen von Festós**. Im 1. Jh. v. Chr. wurde es aufgegeben. Das Gelände ist wegen Ausgrabungen nicht zugänglich. Entdeckt wurden mehrere Grundrisse von spätminoischen und mittelminoischen Häusern, eines mit sieben Räumen, und eine Straße. Zudem fand man im Süden ein gut erhaltenes klassisch-hellenistisches Heiligtum, dessen Gründung auf das 8./7. Jh. v. Chr. zurückgeht und das 150 v. Chr. zerstört, aber bis 125 n. Chr. weiterbenutzt wurde. Es weist zwei Bauten mit umlaufenden Bänken, zwei Mittelsäulen und einen Opferaltar auf. Der Zweck des Rundbaus östlich des Tempels ist nicht zu bestimmen. Bei der Ausgrabungsstätte erstreckt sich ein feiner beliebter **Sandstrand**.

Mátala (Μάταλα)

5 km südwestlich von Pitsídia erreicht man das Meer bei Mátala, das in minoischer Zeit wahrscheinlich der Hafen für Festós, in römischer

Mátala: ungewöhnlicher Strand, von Kalkfelsen mit Höhlen gerahmt

Zeit für Górtys war. In die Felswände der flachen Hafenbucht sind Höhlen gegraben, die in frühchristlicher Zeit als Gräber dienten. Im Jahr 826 gingen hier die Sarazenen an Land. Auch Zeus soll, dem Mythos nach, in Gestalt eines Stieres mit der aus Phönikien entführten Prinzessin **Europa** hier gelandet sein. In den 1960er-Jahren war Mátala als Paradies für Hippies, die in den **Höhlen am Strand** lebten, bekannt geworden. Als sich die nachfolgenden Rucksacktouristen und Aussteiger hier auf Dauer einrichten wollten, wurden sie vor allem aus hygienischen Gründen vertrieben.
Heute sind die Höhlen durch einen Zaun vom Strand getrennt. Mátala ist noch immer ein sehr beliebter Badeort. Tagsüber kommen noch eine große Anzahl von Ausflüglern hinzu. Der Touristenort verfügt über zahlreiche Tavernen und Souvenirläden. Der schöne Strand bietet mit den Kalkfelsen, in den die Höhlen eingelassen sind, ein malerisches Bild.

Gávdos

D 6/7

Griechisch: Γάυδος
Bewohnerzahl: 100
Fläche: 35 km²

Kretas westlicher Südküste etwa 37 km im Libyschen Meer vorgelagert ist die Insel Gávdos, der südlichste Punkt Europas. Man erreicht sie am besten von Chóra Sfákion (37 km), aber auch Paleochóra (55 km) mit dem Schiff.

Südlichster Punkt Europas

Die Insel ist flach und bewaldet; ihre höchste Erhebung beträgt 345 Meter. In den vier winzigen Dörfern wohnen nur noch etwa 100 Gavdioten. Gávdos ist der letzte Rastplatz auf einer der vier Routen, die Zugvögel von Europa nach Afrika nehmen. Die Inselbewohner leben von der Landwirtschaft, die auf dem kargen, wasserarmen Boden betrieben wird. Ein Zubrot verschafft ihnen der Tourismus. Deswegen sind die meisten Gavdioten auf das kretische »Festland« oder nach Athen abgewandert. Gávdos ist wahrscheinlich das **mythologische Ogygia** (Odyssee VII, 244), die Insel der Kalypso, deren Gefangener Odysseus war. Sicher ist es jedoch mit der Insel Claude aus der Apostelgeschichte identisch. Hierher wurde **Paulus** auf seiner Reise von Caesarea nach Rom durch einen Schiffbruch verschlagen. Die Insel ist für Individualtouristen geeignet, die keine hohen Ansprüche an die touristische Infrastruktur stellen.

GÁVDOS ERLEBEN

ESSEN UND ÜBERNACHTEN

► **Erschwinglich**

To Sarakiniki
Tel. 282 30 411 03
Am schönsten Strand der Insel gelegenes Haus in traditioneller Bauweise.

Sehenswertes

Die Insel hat an landschaftlichen Schönheiten vor allem mehrere **gute Strände** zu bieten. Der **Hafenort Karavés** verfügt über Tavernen und Privatzimmer. Der bekannteste und schönste Strand der Insel ist Sarakinikó nördlich von Karavés. Inzwischen gibt es hier einige Tavernen, und es werden Zimmer vermietet. Ruhiger geht es am Strand von Ágios Ioánnis im Norden der Insel zu. Empfehlenswert ist auch **Kórfos** südlich von Karavés mit einem schönen Kiesstrand. Von hier kann man zum **Kap Tripití**, dem südlichsten Punkt Europas, wandern. Zudem erhebt sich im Nordwesten der Insel ein von den Deutschen 1941 zerbombter Leuchtturm.

Gavdopoula

Die kleine menschenleere Nachbarinsel Gavdopoula kam Ende der 1990er-Jahre in die Schlagzeilen, als man plante, hier einen riesigen Containerhafen zu bauen. Gegen das Projekt liefen griechischen Naturschützer Sturm. Schließlich entschied sich der Regierungsbezirk Chaniá gegen dieses gigantische Vorhaben; dieser Entscheidung schloss sich das griechische Umweltministerium an.

★ Górtys

J 5

Griechisch: Γόρτυν

Nomos: Iráklion

Górtys war die bedeutendste antike Stadt Kretas und die römische Inselhauptstadt. Die Ausgrabungsstätte liegt 46 km südlich von Iráklion. Hier entdeckte man auch den ältesten Gesetzestext des Abendlandes.

Geschichte

In minoischer Zeit (3./2. Jt. v. Chr.) stand Górtys im Schatten von Festós. Die erste Blütezeit erlebte es in der dorischen Periode (6./5. Jh. v. Chr.). Die Stadt brachte nach und nach die ganze Messará-Ebene unter ihre Herrschaft, was in der Eroberung von Festós (3. Jh. v. Chr.) gipfelte. Sie gewann damit neben dem eigenen Hafen Lébena einen zweiten hinzu. In den folgenden Jahrhunderten kämpfte Górtys mit Knossós um die Vormachtstellung in Mittelkreta. Die zweite außerordentliche Blütezeit erfolgte, als Górtys nach der Unterwerfung durch die Römer (69 v. Chr.) **Inselhauptstadt** und Sitz des Prätors von Creta-Cyrenaika wurde. Der Apostel Paulus setzte hier Titus als Bischof ein, unter dem die Insel christianisiert wurde. Wahrscheinlich schickte er ihm den im Neuen Testament enthaltenen Titus-Brief. Im Jahr 330 n. Chr. kam die Stadt zu Byzanz und bestand bis zum Eindringen der Sarazenen 826. Seit den 1980er-Jahren führen italienische Archäologen in Górtys Ausgrabungen durch.

Öffnungszeiten:
Mai – Okt.
tgl. 8.00 – 19.30
sonst 8.30 – 15.00

Besichtigung

Die Überreste von Górtys liegen verstreut nördlich und südlich der Hauptstraße: der nördliche Teil, wo sich die wichtigsten Ruinen befinden, ist bewacht, der südliche Teil frei zugänglich.

Gortys *Orientierung*

Der **Rundgang** beginnt mit dem Nordteil der Anlage. In der Nähe des Eingangs wurde ein kleines **Museum** eingerichtet, in dem man römische Marmorstatuen von hervorragender Qualität anschauen kann. Nach dem Eingang stößt man gleich auf die mächtige **Titus-Basilika** (wahrscheinlich 6. Jh.), eines der bedeutendsten christlichen Baudenkmäler Kretas. Die Reliquie des hl. Titus, die sich heute in der Ágios-Títos-Kirche in Iráklion befindet, wurde hier verehrt. Nach der Zerstörung der Kirche durch die Sarazenen 823 wurde das Gotteshaus 965 wieder aufgebaut und im 14. Jh. erneuert. In türkischer Zeit verfiel es und wurde von den Bewohnern der umliegenden Dörfer als Baumaterial verwendet. Die dreischiffige Basilika in Form eines lateinischen Kreuzes mit Vierungskuppel weist am Querhaus zwei Apsiden auf. Ihr tonnengewölbter östlicher Teil ist erhalten geblieben. Das Bema verfügt über zwei Innenapsiden, die links zur Prothesis mit den Resten zweier Bischofsgräber und rechts zum Diakonikon führen. Über die antike Agora geht man weiter zum **römischen Odeon** aus dem 1. Jh. v. Chr., das im 3. und 4. Jh. erneuert wurde. Die Orchestra ist mit weißen und schwarzen Marmorplatten ausgelegt, und an die Skene grenzen zwei Portiken.

★ Stadtrecht von Górtys (s. Abb. S. 42) ►

Im das Odeon umrundenden Portikus sind 12 von einst wohl 20 griechischen Gesetzestafeln aus der Zeit um 500 v. Chr. aufgestellt. Auf 42 Steinblöcken ist im »bustrofedón« (»wie ein Ochse pflügt«), d. h. in abwechselnd von links nach rechts und von rechts nach links geschriebenen Zeilen, das Zivil- und Strafrecht der dorischen Stadt Górtys festgehalten – das **älteste Gesetz des Abendlands** und damit ein einzigartiges Zeugnis des Rechtswesens. Bemerkenswert an diesen Gesetzen ist das milde Strafmaß – es gibt keine Todesstrafe – und die vermögensrechtlich bevorzugte Stellung der Frau.

Westlich des Odeons am Abhang des Hügels sind noch Reste eines **griechischen Theaters** mit einer Cavea von 120 m Umfang vorhanden. Die Ruinen auf der darüber liegenden **Akropolis** stammen aus griechischer und römischer Zeit, z. B. Magazine und ein Tempel (7. Jh. v. Chr). An der Akropolis entlang und an dem Hang weiter östlich verlaufen Wasserleitungen, die das Wasser aus der Gegend von Zarós herantransportierten. Südlich der Straße liegen im frei zugänglichen Olivenhain viele römische Ruinen, die allerdings schwer zu finden sind. Von dem Heiligtum der Isis und des Serapis, die von

Im Odeon stehen die Steinplatten mit dem Stadtrecht von Górtys, dem ältesten europäischen Gesetz.

den Römern nach der Eroberung Ägyptens verehrt wurden, ist u. a. noch ein Architrav erhalten, auf dem die beiden Gottheiten genannt werden. Vor der südlichen Außenwand führen einige Stufen in eine kleine Krypta mit zwei Statuennischen. Der weiter südlich gelegene **Tempel des Apollon Pythios** (3./2. Jh. v. Chr.), dessen Kern auf das 6. Jh. zurückgeht, besteht aus einem Pronaos mit sechs dorischen Halbsäulen und einem Raum, der durch zweimal vier Säulen in drei Schiffe geteilt ist. In römischer Zeit (2. Jh. n. Chr.) wurde eine Mittelapsis angebaut. In dem Heiligtum entdeckte man einen Tempelschatz. Davor steht ein fünfstufiger Altar. Südwestlich des Tempels befindet sich noch ein Theater.
Das **Prätorium**, der Sitz des römischen Statthalters, weiter östlich stammt aus dem 2. Jh. und wurde im 4. Jh. erneuert. Es weist eine portikusgesäumte Halle mit drei Apsiden, die so genannte Basilika, Bäder und einen Tempel auf. Auf dem Platz fanden öffentliche Versammlungen und Gerichtsverhandlungen statt. Folgt man dem Weg weiter, liegt links das Nymphaion, eine kleine Brunnenanlage aus dem 2. Jahrhundert. Im südlichen Bereich wurden ein Amphitheater (2. Jh.), Thermen (2. Jh.), ein Gräberfeld und ein Stadion (2. Jh.) ausgegraben.
An der südlich nach Léntas führenden Straße sieht man die **Grundmauern einer großen spätantiken Basilika**. Interessant ist auch die frühchristliche Dreikonchenanlage (5./6. Jh.) noch weiter südlich. Schöne Mosaiken mit geometrischen und figuralen Motiven sind in der südlichen Konche erhalten.

Umgebung von Górtys

Ágii Déka (Άγιοι Δέκα) Der Name des Ortes Ágii Déka (»Heilige Zehn«), unmittelbar östlich von Górtys, geht darauf zurück, dass zehn Christen unter der Herrschaft von Kaiser Decius im Jahr 250 mit dem Schwert hingerichtet wurden. Sie hatten sich geweigert, an der Einweihung eines heidnischen Tempels teilzunehmen. In der gleichnamigen Kirche im Ort ist neben interessanten Ikonen der Stein zu sehen, der als Richtblock gedient haben soll. Unterhalb der 1927 errichteten Kirche der Märtyrer am Südwestrand von Ágii Déka befinden sich sechs Gräber, wovon vier überbaut sind.

Plátanos (Πλάτανος) In dem Ort Plátanos (6 km südlich von Górtys) sind für den archäologisch Interessierten **zwei sehr bedeutende frühminoische Rundgräber** (etwa 2500 v. Chr.) zu besichtigen. Man erreicht die Gräber, indem man im Ort an einer Gabelung rechts den Weg nach Pómbia einschlägt und sich dann nochmals nach rechts hält.
Der östliche Tholos ist mit 13 m innerem Durchmesser der größte seiner Art auf Kreta. Der gepflasterte Platz diente wohl kultischen Zwecken. Die von Osten zugänglichen Gräber, die typisch für die Messará sind, waren Familien- oder Sippengräber, die jahrhundertelang benutzt wurden. Wenn sie belegt waren, bettete man die Gebeine der älteren Bestatteten in die dafür angebauten Kammern (Ossuarien) um.

Lébena In Léntas (17 km südlich von Górtys) sind die Reste der griechisch-römischen Stadt Lébena (phönikisch-semitisch »Löwe«) zu besichtigen. Der Name kommt von dem westlich gelegenen löwenförmigen Felsen. Eine bedeutende Rolle spielte Lébena in griechisch-römischer Zeit als **Hafen von Górtys**. Außerdem war es bereits seit dem 4. Jh. v. Chr. für seine **Thermalquellen** berühmt, zu denen Heilungsuchende aus ganz Griechenland kamen. Die oberhalb des Ortes liegende Ruinenstätte wurde von italienischen Archäologen ausgegraben.
In der Mitte der antiken Stadt steht ein **Asklepios-Tempel**, der aus dem 3. Jh. v. Chr. stammt und im 2. Jh. n. Chr. erneuert wurde. Seine Wand besteht interessanterweise außen aus Bruchsteinen und innen aus Ziegeln. Im Innern sind noch zwei Säulen und die Basis eines Kultbildes – hier standen die Statuen von Asklepios und Hygieia – sowie Mosaikreste zu sehen. Auf dem schönen Mosaik in dem Raum unmittelbar nördlich sind ein Seepferd und Palmetten dargestellt. Im Boden ist eine tiefe Grube mit runder Öffnung eingelassen, die in einen unterirdischen Raum führt. Hier bewahrte man den Tempelschatz auf, der allerdings schon in der Antike geraubt wurde.
Von der sich nördlich anschließenden monumentalen Marmortreppe ist ebenso wenig erhalten wie von dem östlich angrenzenden Portikus. Südöstlich dieses Komplexes sieht man die heute noch genutzte Heilquelle und südlich einige große Becken, die wahrscheinlich zum Baden verwendet wurden. Frei zugänglich.

Die **Ágios-Ioánnis-Kapelle** (11. Jh.) östlich der Tempelanlage steht in den Ruinen einer überwiegend aus antikem Baumaterial erbauten byzantinischen Basilika (5./6. Jh.). Ihre Fresken stammen aus dem 14./15. Jahrhundert.

Dytikós-Strand

In 15 Gehminuten erreicht man westlich von Léntas den schönen Sandstrand Dytikós, der besonders bei Individualreisenden und Campern beliebt ist, die sich in der Taverne Odysseas treffen.

Ídi · Psilorítis

H/J 4

Griechisch: Ίδη · Ψηλορείτις **Nomos:** Réthymnon

Der mythenumwobene Ídi (»Waldgebirge«) ist mit seinem breiten Massiv der höchste und eindrucksvollste Gebirgszug Kretas; der Psilorítis (»der Höchste«) ragt mit 2456 Metern auf. In der Idäischen Höhle soll der Sage nach der griechische Göttervater Zeus aufgewachsen sein.

Wanderung

Sehr lohnend ist die Besteigung des Tímios Stavrós – wie der eigentliche Gipfel des Psilorítis heißt – entweder vom Ort Kamáres zur Kamáreshöhle und weiter zum Gipfel oder von der Nída-Hochebene, die über das Dorf Anógia zu erreichen ist. Die Wanderung ist allerdings praktisch nur in den Monaten Juni bis September möglich. Man sollte sie nicht allein unternehmen. Die Route setzt gute Kondition voraus. Wetterfeste und warme Kleidung, feste Schuhe mit Profilsohle, Proviant, Wasser und ein Schlafsack sind für die Kamáres-Tour erforderlich.

Aufstieg von Kamáres

Der Aufstieg von Kamáres (600 m) ist vor allem dann ratsam, wenn man die Kamáres-Höhle (1525 m) sehen möchte. Dann muss man entweder in der Höhle, auf der Alm Kótila oder auf dem Psilorítis übernachten. Die Wanderung beginnt am östlichen Ortausgang von Kamáres.

Den E-4-Schildern folgend gelangt man in etwa 3 Std. zur **Kamáres-Höhle** (1525 m) unterhalb des 1981 m hohen Berges Márvi mit seinem markanten Doppelgipfel. Die Höhle, die in mittelminoischer Zeit ein Heiligtum für die ganze Messará-Ebene war, grub man 1913 aus. Dabei wurden zahlreiche mehrfarbige Gefäße aus mittelminoischer Zeit im nach der Höhle benannten **»Kamares-Stil«** gefunden, die heute im Archäologischen Museum Iráklion zu bewundern sind. Sie bestehen aus feinstem Ton – die so genannte Eierschalenkeramik war besonders dünn – und sind mit weißen, gelben und roten Pflanzen- und Spiralmustern auf dunklem Grund verziert.

Kanne im Kamares-Stil

Mythenumwoben: der Ídi, das höchste Gebirge Kretas

Die Route führt weiter in etwa 3 ½ Std. zur Alm Kótila. Kurz darauf stößt der Weg, der von der Nída-Hochebene kommt, auf unsere Route (weitere Beschreibung siehe Aufstieg von der Nída-Hochebene). Der gesamte Aufstieg dauert etwa 7 ½ Stunden. Ohne den mehr als 2-stündigen Abstecher zur Kamáres-Höhle kann man die Wanderung auch an einem Tag schaffen.

Nída-Hochebene

Die vom Dorf Anógia zu erreichende Nída-Hochebene ist vor allem Schaf- und Ziegenweide. Die Fahrt dorthin führt durch eine **wildromantische Gebirgslandschaft**, vorbei an mehreren Almen bis zu einem 13 km entfernten Pass auf 1500 m Höhe, wo man einen hinreißenden Blick auf die Hochebene hat.

Observatorium

17 km nach Anógia führt eine Straße südöstlich zum futuristischen Observatorium auf dem Skinákas, das von der physikalischen Fakultät der Universität von Kreta genutzt wird. **Mondbeobachtungen** werden sonntags vor Vollmond angeboten.

Aufstieg von der Nída-Hochfläche

Auch von der Nída-Hochfläche ist der Aufstieg auf den Tímios Stavrós möglich. Die Wanderung auf den Gipfel dauert etwa 4 Stunden. Der Weg ist teilweise mit den schwarz-gelben E-4-Schildern sowie mit roten Punkten und Steinzeichen markiert.

Idäische Höhle (Idaío Ántro) ▶

Von dem Gästehaus am Ende der Straße von Anógia geht der Weg aufwärts zu der an der Nordflanke des Ídi, auf 1540 Meter Höhe gelegenen Idäischen Höhle. Sie ist neben der Diktäischen Höhle auf der Lassíthi-Hochebene die berühmteste Höhle Kretas. Hier wurde dem Mythos nach **Zeus** von Nymphen mit Milch der Ziege Amaltheia und mit Honig großgezogen. Seine Mutter Rhea hatte ihn hierher gebracht, um ihn vor seinem Vater Kronos zu schützen. Dieser verschlang nämlich alle seine Kinder, weil ihm prophezeit worden war, dass er durch einen Sohn seine Macht verlieren würde. Rhea beauftragte die Kureten, ihre Priester, durch das Aneinanderschlagen ihrer Bronzeschilde Krach zu machen, damit Kronos das Geschrei des Kindes nicht hören konnte. Die Höhle war von minoischer bis römischer Zeit ein Kultort. Links vom Eingang wurde ein hervorstehender Fels in einen Altar umgewandelt.

Die seit 1884 erforschte Höhle besteht aus einem großen Hauptraum und drei Nebenräumen, von denen der mittlere, das Allerheiligste, in 8 m Höhe nur mit einer Leiter erreichbar ist. In ihr fand man bedeutende Bronzestücke, darunter die **berühmten Kuretenschilde** (im Archäologischen Museum Iráklion), Keramik, Gold- und Silberobjekte sowie römische Öllampen.

★ ◄ Ausblick

Auf dem Gipfel Tímios Stavrós stehen eine Kirche und eine kleine Schutzhütte. Von dort bietet sich dem Wanderer ein überwältigender Rundblick: im Südwesten zur Insel Gávdos, zu den Levká Óri im Westen, im Norden nach Iráklion, zum Bergland der Lassíthi im Osten und im Süden über die Messará zu den Asterousia-Bergen.

Ierápetra

05

Griechisch: Ιεράπετρα
Einwohnerzahl: 9000
Nomos: Lassíthi

An der Südküste Kretas erstreckt sich inmitten eines reichen Gemüse- und Obstanbaugebiets Ierápetra, die südlichste Stadt Europas. Die Landwirtschaft, deren Hauptanbauprodukte Gurken und Tomaten sind, bestimmt das Leben der Menschen hier.

Bedeutender antiker Ort

Während Ierápetra im Hochsommer oft unter Hitze leiden muss, ist es im Winter der angenehmste Aufenthaltsort der Insel. Selbst im Dezember und Januar kann man noch im Libyschen Meer baden. Ierápetra nahm im Altertum als Hierapydna eine **strategisch wichtige Stellung für den Afrikahandel** ein. Zu einer der bedeutendsten Städte Kretas stieg es im 4. und 3. Jh. v. Chr. auf. Eine wichtige Rolle spielte der Ort auch in römischer Zeit, als er mit zahlreichen prächtigen Bauten wie Theatern, Tempeln und Bädern ausgestattet war. Von diesen ist allerdings nur noch wenig in der Umgebung zu finden. Durch die arabischen Überfälle im 9. Jh. erlitt es schwere Zerstörungen. Venezianern und Türken diente der Ort als Festung.

Im Jahr 1798 soll **Napoleon** auf seinem Zug nach Ägypten eine Nacht hier verbracht haben. Der örtlichen Überlieferung nach ist er mit fünf Seeleuten an Land gegangen, um frisches Wasser zu besor-

Der Stadtstrand von Ierápetra lädt zu einem erfrischenden Bad ein.

gen. Er kam mit einem einheimischen Notar ins Geprach, der den Kaiser nicht erkannte und ihn zu sich nach Hause einlud. Am nächsten Morgen fand der Notar im Bett des Gastes nach dessen Abreise einen Zettel mit dem Namen Napoleons.

Für die Fremden ist die mit vielfarbigen Marmor- und Travertinplatten gepflasterte **Uferpromenade** das Zentrum, denn hier reihen sich vielbesuchte Tavernen und Cafés aneinander. Südlich liegt die Altstadt, der sich nördlich die Neustadt mit Markthalle, Behörden und Geschäften anschließt. Gute Strände zu beiden Seiten der Uferpromenade versprechen Badevergnügen.

Sehenswertes in Ierápetra

Altstadt

An der südlichen Ecke der Stadt auf einem vorspringenden Kap steht die im 13. Jh. von den Venezianern erbaute **Hafenfestung** mit Zinnen und Türmen an den vier Eckpunkten. Dahinter erstreckt sich die Altstadt mit kleinen Gassen aus der Türkenzeit. In dem kleinen **Napoleon-Haus** (»spíti tou Napoléon«) unweit nördlich der Festung soll der Kaiser übernachtet haben. An der Platia steht eine Moschee mit restauriertem Minarett, daneben ein türkischer Brunnen mit Nischen und Kapitellen.

Archäologisches Museum

In einer vormals türkischen Schule befindet sich ein kleines Archäologisches Museum (Adrianou 2) mit vielen Keramikstücken, darunter geflammte Ware im Vassiliki-Stil und Steinschalen aus Móchlos, sowie Münzen. Hervorzuheben ist ein besonders schöner minoischer

IERÁPETRA ERLEBEN

AUSKUNFT

www.ierapetra.gr

ESSEN

▶ Fein & teuer

Portego
Foniadaki 8
Tel. 284 20 277 33
Stilvolles Restaurant in den historischen Gemäuern des türkischen Beis von Ierápetra mit unterschiedlichen Räumen. Eine große Auswahl an guten Flaschenweinen und dazu viele griechische und kretische Spezialitäten stehen auf der Speisekarte.

▶ Erschwinglich

Kastro
An der Uferstraße, gegenüber dem Fort
Ouzerie, in der man Ouzo, Raki und Retsina trinken und eine Vielzahl kleiner Gerichte essen kann.

ÜBERNACHTEN

▶ Komfortabel

Petra Mare
Tel. 284 20 233 41/9
Fax 284 20 233 50
www.petramare.com, 227 Z.
Angenehmes Strandresort mit schönem Blick auf das Stadtpanorama; eines der besten Wassersportzentren an der Südküste mit ausgezeichneten Surfmöglichkeiten.

▶ Günstig

Cretan Villa
Oplarchou Lakerda 16 A
Tel./Fax 284 20 285 22
www.cretan-villa.gr
Kleines, historisches Stadthaus an einer ruhigen Nebenstraße im Stadtzentrum, stimmungsvoll und freundlich. Die neun Zimmer sind modern ausgestattet und für den Preis recht geräumig. Kleiner, von Wein überrankter Innenhof. Zum Hafen und zum nächsten Strand geht man etwa vier Minuten, der Busbahnhof ist zwei Minuten entfernt.

Erotokritos
Parodos Stratigou Samuil
Tel. 284 20 281 51, 5 Z.
Idyllisch gelegenes, schön bepflanztes Haus in der Altstadt mit kleinen Zimmern, z. T. mit Küche.

Four Seasons
Oplarchigou Lakerda
Tel. 284 20 243 90, 9 Z.
In einer reizenden Villa; gepflegte Zimmer mit alten Holzdecken.

Sarkophag mit Darstellungen aus dem täglichen Leben und eine hervorragende Statue der Göttin Demeter (2. Jh. n. Chr.). Öffnungszeiten: Di. – So. 8.30 – 15.00 Uhr.

Umgebung von Ierápetra

Episkopí (Επισκοπή)

Von architektonischer Besonderheit ist die **Kirche Ágios Geórgios** (12./13. Jh.) in Episkopí (7 km nördlich von Ierápetra). Der Bau mit zwei Konchen weist feingliedrige Blendbögen aus Ziegelsteinen am Kuppelansatz auf. Das Südschiff ist durch eine dem Ágios Charálambos geweihte Kapelle ersetzt worden. Zu beachten ist noch die Ikonostase mit einem großfigurigen, geschnitzten Kreuz.

Anatolí (Ανατολή)

Das 640 m hoch gelegene **Bergdorf** Anatolí, 18 km nordwestlich von Ierápetra, erreicht man nach einer schönen Fahrt durch reizvolle Berglandschaften. Auf fantastisch anmutenden Felsbuckeln wachsen Kiefern, und im März blühen hier Mandelbäume. Das Dorf wurde in den letzten Jahrzehnten zunehmend verlassen. Inzwischen wurden einige Häuser renoviert. Vom Dorf bietet sich eine schöne Aussicht.

Mýrtos (Μύρτος)

12 km westlich von Ierápetra liegt der Mýrtos, der mit seinem hübschen Ortsbild mit viel Grün durchaus eine gewissen Atmosphäre hat. Das einstige Hippiedorf wird von Individualreisenden geschätzt. In den Tavernen am Kai sollte man eine Pause einlegen. Zum Baden laden hier ein langer Kies-/Sandstrand und in Richtung Tértsa einsame Badebuchten ein.

! *Baedeker* TIPP

Enge Schlucht

Die enge grüne Sarakínas-Schlucht zieht sich von Míthi, 5 km nördlich von Mýrtos, nach Norden. Die gut 3-stündige Tour ist nur für geübte Wanderer geeignet, da sie einige Klettereien erfordert. Sie kann nur im Sommer unternommen werden, da sonst der Wasserstand des Mýrtos-Baches noch zu hoch ist.

Unmittelbar östlich des Ortes Pýrgos haben Archäologen auf einem Hügel die spärlichen **Überreste eines mittelminoischen Herrenhauses** (1600 v. Chr.) freigelegt. Zu sehen ist im Süden ein gepflasterter Hof mit einer runden Zisterne, an die sich nördlich eine Vorhalle anschließt, hinter der die zahlreichen Räume der Villa liegen. Vom Hügel hat man einen weiten Blick auf das Küstenland.

Fournou Korýfi (Φούρνου Κορύφη)

Auf dem Berg Fournou Korýfi, 2 km östlich vom Mýrtos, wurde eine bedeutende frühminoische Siedlung (2500 – 2150 v. Chr.) entdeckt. Dabei kam umfangreiche Keramik im geflammten Vassiliki-Stil und im Ágios-Onoufrios-Stil mit diagonalem Linearmuster zu Tag. Die Siedlung besteht aus mehr als 100 miteinander verbundenen Räumen, die auf die Wohnstätte eines Familienclans hindeuten. Es wurden auch zwei Heiligtümer und Kernoi entdeckt.

Árvi (Άρβη)

Die Fahrt zu dem in einer von Bananenstauden, Apfelsinenbäumen und Gemüse geprägten Gegend liegenden Dorf Árvi an der Südküste (39 km westlich von Ierápetra) ist landschaftlich sehr reizvoll. An der Abzweigung von der Hauptstraße nach Árvi liegt eine **Gedenkstätte**, die an die Exekution von 800 Kretern 1943 durch die deutschen Besatzer erinnert. Árvi ist kein schöner, aber recht uriger Badeort direkt auf Klippen, überragt von mächtigen Felswänden. Gute Sand- und Kiesstrände erwarten die Besucher. Hinter dem Ort gräbt sich eine **Schlucht** in die Landschaft; an ihrer östlichen Flanke steht das verlassene Kloster Ágios Antónios, das man in 30 Min. erreicht.

Áno Viánnos (Άνω Βιάννος)

Der Ort Áno Viánnos, 36 km westlich von Ierápetra, breitet sich inmitten von Olivenhainen aus. Hier kann man direkt an der Hauptstraße unweit der Dorfkirche einem Ikonenmaler bei der Arbeit zusehen. Schon in früh- und mittelminoischer Zeit (3./2. Jt. v. Chr.) war die Gegend besiedelt. Hier lag die griechische Stadt Viennos, die einen selbstständigen Stadtstaat bildete. In venezianischer Zeit war Viánnos ein bedeutender Ort in Südkreta.
Sehenswert in Áno Viánnos ist die **Kirche Agía Pelagía** mit Fresken aus dem Jahr 1360. Von besonderem ikonografischen Interesse sind im Kirchenraum die Szenen aus dem Leben der hl. Pelagia. Auf dem Gurtbogen sieht man die Hl. Zehn von Ágii Déka. Ein **Volkskundemuseum** stellt Handwerks- und Landwirtschaftsgeräte aus.

Keratókambos/ Kastrí (Κερατόκαμπος)

In dem Ferienort Keratókambos (43 km westlich von Ierápetra), der die Ortsteile Keratókambos und Kastrí umfasst, wurden in der letzten Zeit einige Touristenunterkünfte und Ferienwohnungen gebaut. Schöne Dünen zeichnen den Sandstrand östlich des Orts aus.

Immer noch ein typisches Bild: Fischer beim Ausbessern von Netzen

Makrygialós (Μακρυγιαλός) Der mit dem benachbarten Análipsis zusammengewachsene Badeort Makrygialós, 24 km östlich von Ierápetra in einer Bucht gelegen, ist Ziel vieler Pauschalreisender. Der Sandstrand ist lang, aber schmal. Von der Hauptstraße leitet ein Wegweiser zur frei zugänglichen Ruine einer spätminoischen Villa. Nahe der Dorfkirche sind die eingezäunten und völlig von modernen Häusern gesäumten Grundmauern einer römischen Villa (1. Jh. n. Chr.) mit zahlreichen um einen Hof gelegenen Zimmern zu erkennen.

Kapsá (Καψά) Das am Ausgang einer Schlucht einsam auf einer schmalen Felsterrasse gelegene Kapsá-**Kloster** (8 km östlich von Makrygialós) wurde wahrscheinlich im 15. Jh. erbaut. Man verehrt hier Johannes den Täufer, dessen Leben auf einer schönen Ikone dargestellt ist. Im Kloster ist zudem das Grab des Mönchs Josif Gerondojannis zu sehen, der Wunderheilungen vollbrachte. Öffnungszeiten: tgl. 8.00 bis 12.00, 16.00 – 19.00 Uhr. Oberhalb des Klosters erreicht man über schmale Felsstufen eine Eremitenhöhle, in der Gerondojannos und andere Eremiten gelebt haben.

Chryssí, Koufonísi Ierápetra rund 18 km südlich vorgelagert sind die 5 km lange Insel Chrissí und weiter östlich, etwa 5 km vor Kap Goudoura, die Insel Koufonísi. In der Saison fahren täglich Ausflugsboote von Ierápetra zur schönen Insel Chrissí (»Goldene Insel«), die zum **Naturschutzgebiet** erklärt wurde. Dann ist auch mindestens eine Taverne geöffnet, ansonsten ist das mit Kiefern und Wacholder bewachsene Eiland unbewohnt. Man kann an herrlichen Sandstränden das kristallklare Wasser genießen oder Wanderungen unternehmen. Die kleine, ebenfalls unbewohnte Insel Koufonísi, die gelegentlich im Sommer bei Ausflügen von Makrigiálos angelaufen wird, bietet nicht nur Strände, sondern auch Ausgrabungen einer römischen Stadt mit Theater.

★★ Iráklion · Herákleion

K 3/4

Griechisch: Ηράκλειο
Inselhauptstadt

Nomos: Iráklion
Einwohnerzahl: 138 000

Iráklion ist die größte Stadt Kretas und zugleich Hauptstadt und wirtschaftliches Zentrum von Kreta mit dessen wichtigstem Handelshafen. Die Stadt ist zudem kulturelles Zentrum der Insel; einige Fakultäten der Universität von Kreta, zahlreiche Schulen, eine Bibliothek und einige Museen sind hier angesiedelt. Obwohl Iráklion eine lange Geschichte hat, sind nur noch wenige historische Bauwerke erhalten. Eine große Anzahl der alten Bausubstanz wurde durch neue Bauten ersetzt, so dass das Stadtbild dadurch geprägt ist und deshalb wenig Ansprechendes besitzt.

Am Morosini-Brunnen schlägt das Herz der Stadt.

Geschäftige Inselhauptstadt

Die Sehenswürdigkeiten von Iráklion liegen fast alle innerhalb der weitgehend noch gut erhaltenen venezianischen Stadtmauer. Die Atmosphäre der geschäftigen Stadt erlebt man am besten auf der **Platia Venizelou** mit dem Morosini-Brunnen, wo viele Restaurants und Cafés auf Gäste warten. Von diesem Areal gehen die Schlagadern der Stadt aus: die Leoforos Dikeossinis, die wichtigste Straße von Iráklion, mit Geschäften, großen Gerichts- und Verwaltungsgebäuden sowie Cafés, ferner die zum Hafen führende Odos 25 Avgoustou mit Banken, Reisebüros und Autovermietungen, die Fußgängergasse Dedalou mit Souvenirgeschäften, Reisebüros und Restaurants, dann die Marktgasse Odos 1866 mit Lebensmittelgeschäften und die Haupteinkaufsstraße der Einheimischen, die Odos Kalokerinou. Der zweite zentrale Punkt der lebhaften und geschäftigen Stadt ist die weitläufige, neu gestaltete und verkehrsberuhigte **Platia Eleftherias**, wo das außerordentlich sehenswerte Archäologische Museum zahllose Besucher anlockt und einige große Cafés auf Gäste warten.

Geschichte

Iráklion war schon in minoischer Zeit der Hafen von Knossós. In der Antike hieß es laut Überlieferung **Heraklea** nach Herakles, der seine siebte Arbeit verrichtete, indem er den Kretischen Stier von der Insel entführte. Von der Geschichte in römischer und frühbyzantinischer Zeit ist kaum etwas bekannt. Im Jahr 824 n. Chr. wurde die Stadt von den Sarazenen erobert und unter dem Namen »Rhabd el Chandak« (»Grabenburg«) zum militärischen Hauptquartier ausgebaut. Der byzantinische Feldherr Nikeforos Fokas nahm sie 961 ein und zerstörte die Festung. Man kürzte den Ortsnamen in Chandax. Aus

IRÁKLION ERLEBEN

AUSKUNFT

EOT
Papa Alexandrou E' 16
GR-71202 Iraklion
Tel. 28 10 24 61 06, Fax 28 10 24 61 05
www.heraklion.gr

SHOPPING

Die Palette der Geschäfte ist weit gefächert: es reicht von eleganten Boutiquen bis zu typischen Touristenläden, in denen meistens viel Kitsch angeboten wird. An den Hauptverkehrsstraßen Dikeossinis und Kalokerinou warten zahllose Geschäfte auf Kunden. Schicke Boutiquen, gute Schmuck- und Antiquitätengeschäfte säumen die Dedalou-Straße. Man sollte sich aber auch in den Nebengassen umsehen; hier lässt sich noch so manches Besondere entdecken. In der Marktstraße Odos 1866 gibt es alle erdenklichen kretischen Lebensmittel. Östlich vom Busbahnhof A am Hafen findet jeden Samstagvormittag ein Straßenmarkt statt, wo alles Mögliche feilgeboten wird, von Lebensmitteln über Haushaltswaren bis Kleidung.

ESSEN

► Fein & Teuer

② *Kiriakos*
Leoforos Dimokratias 53
Tel. 28 10 22 46 49
Das moderne Lokal mit gemütlicher Atmosphäre, das etwas abseits vom Zentrum liegt, gilt als eines der besten Restaurants der Stadt; gepflegte griechische Küche.

► Erschwinglich

① *Ippokambos*
S. Venizelou 2 – 3
In der Ouzerie am Venezianischen Hafen kann man auf zwei Etagen kretische Köstlichkeiten genießen.

③ *Pantheon*
Theodosaki/Odos 1866
Tel. 28 10 24 16 52
Die einzige noch das ganze Jahr über von morgens bis abends geöffnete Markttaverne alten Stils; große Auswahl an gekochten, auch rein saisonalen Gerichten, die man am Schautresen auswählen kann. Das Grillfleisch liegt in einem Kühltresen zur Begutachtung aus. Morgens gibt es zudem die kräftige Kuttelsuppe patsá.

ÜBERNACHTEN

► Luxus

① *Aquila Atlantis*
Igias 2
Tel. 28 10 22 91 03, Fax 28 10 22 62 65
www.aquilahotels.com, 160 Z.
Großes Hotel nahe dem Archäologischen Museum; Foyer und Restaurant in Designer-Eleganz.

② *Galaxy*
Dimokratias 75
Tel. 28 10 23 88 12, Fax 28 10 21 12 11
www.galaxy-hotel.com.gr, 140 Z.
Modernes Stadthotel; im Innenhof ein großer Pool.

④ *Lato*
Epimenidou 15
Tel. 28 10 22 81 03
Fax 28 10 24 03 50
www.lato.gr, 50 Z.
Die meisten Zimmer in diesem eleganten Stadthotel bieten prächtige Ausblicke auf Hafen und Meer.

► Komfortabel

⑥ *Irini*
Idomeneos 4
Tel. 28 10 22 97 03, Fax 28 10 22 64 07
www.irini-hotel.gr, 59 Z.
Zentral gelegenes Hotel; Zimmer nach hinten ruhig.

Schuh kaputt – kein Problem für den Schuhmacher in der Marktgasse Odos 1866.

③ ***Kastro***
Theotokopoulou 22
Tel. 28 10 28 41 85, Fax 28 10 22 36 22
www.kastro-hotel.gr, 38 Z.
Vor kurzem renoviertes, zentral gelegenes Hotel mit Dachterrasse; Zimmer mit schallisolierten Fenstern.

▶ **GÜNSTG**

⑦ ***Lena***
Lachana 10
Tel. 28 10 22 32 80, Fax 28 10 24 28 26
www.lena-hotel.gr, 16 Z.
Kleines Hotel in zentraler Lage an einer verkehrsarmen Gasse.

ÜBERNACHTEN IN DER UMGEBUNG VON IRÁKLION

▶ **Luxus**

Agapi Beach
Ammoudara
Tel. 28 10 25 05 02
Fax 28 10 25 87 31
www.agapibeach.gr
176 Z., 132 Bung., 12 Suiten
Das luxuriöse, großzügige Resort-Hotel liegt am kilometerlangen Sandstrand inmitten eines weitläufigen Gartengelandes; es bestehen Möglichkeiten zum Wassersport.

OUT OF THE BLUE
Agia Pelagia
Tel. 28 10 81 11 11, Fax 28 10 81 10 76
www.capsis.com
467 Z., Suiten und Villen
Das weitläufige Resort in herrlicher Lage auf einer langgestreckten Halbinsel besteht aus fünf ganz unterschiedlich gestalteten Hotels und Villen, deren größte 510 m² Wohnfläche hat. Zur Anlage gehören

ein Botanischer Garten, Gewächshäuser für ökologischen Gemüseanbau und zwei Kirchen für Trauungen, außerdem sieben große Pools und drei Strände, Spa, Fitness Lounge, Vergnügungspark und viele Sportmöglichkeiten.

Peninsula
Agia Pelagia
Tel. 28 10 81 13 13
Fax 28 10 37 16 00
www.peninsula.gr, 266 Z.
Die schön bepflanzte Hotelanlage liegt auf Klippen, etwa 50 m vom Sand-/Kiesstrand und 15 Minuten zu Fuß vom Zentrum entfernt; die Zimmer verfügen teilweise über Meerblick; zum Baden benutzt man entweder die Mole unterhalb des Hotels oder den Kiesstrand an der Nordseite; zahlreiche Wassersportmöglichkeiten und Animationsprogramme ergänzen das Angebot.

► Komfortabel

Alexander House
Agia Pelagia
Tel. 28 10 81 13 03, Fax 28 10 81 13 81
www.alexanderhouse.gr, 77 Z.
Ansprechender mittlerer Hotelkomplex, um einen Swimming Pool angeordnet; 200 m bis zum Strand; außerdem gibt es ein Freilichttheater

⑤ ***Sofia***
Stadiou 57, Nea Alikarnassos
Tel. 28 10 24 00 02
Fax 28 10 22 75 64
www.hotel-sofia.gr, 61 Z.
Modernes, familiär geführtes Hotel mit Pool und Privatparkplatz, nur 2 km vom Flughafen entfernt; nahe Bushaltestelle zu Stadt und Flughafen.

Creta Beach
Ammoudara
Tel. 28 10 25 23 02, Fax 28 10 25 17 77
www.cretabeach.com, 150 Z.
Die Hotel- und Bungalowanlage hat viele Sportmöglichkeiten im Angebot.

Dolphin Bay
Ammoudara
Tel. 28 10 82 12 76/7
Fax 28 10 82 13 12
www.dolphinbay.gr, 259 Z.
Weitläufige Hotel- und Bungalowanlage am Strand.

Santa Marina Beach
Ammoudara
Tel. 28 10 26 11 03, Fax 28 10 26 13 69
www.santamarina-hotels.gr, 210 Z.
Das Santa Marina Beach ist eine ruhige und angenehme Anlage, bestehend aus Haupthaus und Reihenbungalows, direkt am schönen feinsandigen Strand.

Sicherheitsgründen gründete Fokas eine neue Stadt 19 km südlich der alten, indem er dort das Kastell Témenos errichten ließ. Die Siedler zogen jedoch Chandax vor, so dass dieses wieder aufgebaut wurde. Nachdem Kreta 1204 nach Kämpfen mit den Genuesen an Venedig gefallen war, wurde die Stadt Sitz des Gouverneurs der Insel und erhielt wie die ganze Insel den Namen **Candia**. Die Stadt erlangte Bedeutung für den Levantehandel der Venezianer. Sie erhielt in der folgenden Zeit viele prächtige Bauten, da alle vornehmen venezianischen und griechischen Familien hier Wohnsitze haben mussten. Gegen die Fremdherrschaft kam es zu mehreren Revolutionen. Die **Venezianer** ließen die Stadt seit 1538 durch den Baumeister Michele Sanmicheli mit einer gewaltigen, festungsartig ausgebauten Mauer umgeben. Nach der Einnahme Kretas durch die Türken 1648 belagerten diese Candia 21 Jahre lang. Der lange und blutige Kampf endete 1669 mit der Übergabe der Festung an die Türken. Fast alle Christen verließen die zerstörte Stadt. Die Einheimischen nannten Candia nun Megálo Kástro (»Große Burg«). Unter dieser Bezeichnung erscheint es auch in dem Roman »Alexis Sorbas« von Nikos Kasantzakis.

Die Stadt wurde Sitz eines Paschas, verlor aber ihre wirtschaftliche Bedeutung. Im 16. und 17. Jh. befand sich hier eine **bedeutende Malerschule**, aus der auch der berühmte Maler El Greco hervorging. Erst mit dem Anschluss Kretas an Griechenland 1913 gewann Iráklion seine führende wirtschaftliche Stellung zurück. Im Zweiten Weltkrieg wurde es zur Hälfte zerstört. 1971 avancierte Iráklion zur Inselhauptstadt.

Sehenswertes in Iráklion

✶ **Morosini-Brunnen**

Der schöne Morosini-Brunnen ist der Mittelpunkt der Stadt, wo Tag und Nacht geschäftiges Leben herrscht. Er wurde von dem venezianischen Generalproveditore Francesco Morosini 1628 unter Einbeziehung von vier wahrscheinlich aus dem 14. Jh. stammenden Löwen errichtet. Er besteht aus acht dreiviertelkreisfömigen Becken, die wiederum kreisförmig angeordnet sind. Ihre Außenwände sind mit Themen aus der griechischen Mythologie, z. B. Europa auf dem Stier, und Fabelwesen verziert.

> ! *Baedeker* TIPP
>
> **Für Nachtschwärmer**
>
> Quirliges und lautes Leben herrscht abends in den Cafés und Bars rund um den Korai-Platz, östlich des Morosini-Brunnens. Hier trifft man sich, genießt einen Drink und beobachtet das rege Kommen und Gehen. Musik aus den Lokalen belebt die Szenerie noch zusätzlich.

San Marco

Die dem Schutzheiligen Venedigs geweihte San-Marco-Kirche gegenüber dem Morosini-Brunnen, bereits 1239 von den Venezianern erbaut, war in venezianischer Zeit Sitz des lateinischen Erzbischofs der Insel und die Hof- und Grabkirche der Herzöge von Kreta. In den Jahren 1303 und 1508 wurde sie durch Erdbeben stark beschädigt. Als türkisches Gotteshaus mit dem Namen **Dephterda-Moschee** nutzte man sie von 1669 bis 1915. Die 1960 restaurierte Kirche dient heute als Ausstellungs- und Veranstaltungsraum. Der Campanile, der einst rechts von der Kirche stand, wurde von den Türken durch ein Minarett ersetzt, von dem noch die Grundmauern erhalten sind. Die beiden Seitenschiffe der Basilika sind durch sechs Arkaden mit je fünf grünen Marmorsäulen mit dem Mittelschiff verbunden. An der Nordwand sieht man ein schönes Portal mit Spitzbogen. Die größte Sehenswürdigkeit ist eine **Sammlung von Freskenkopien** aus bekannten kretischen Kirchen, so der Panagía Kerá in Kritsá.

Iraklion *Orientierung*

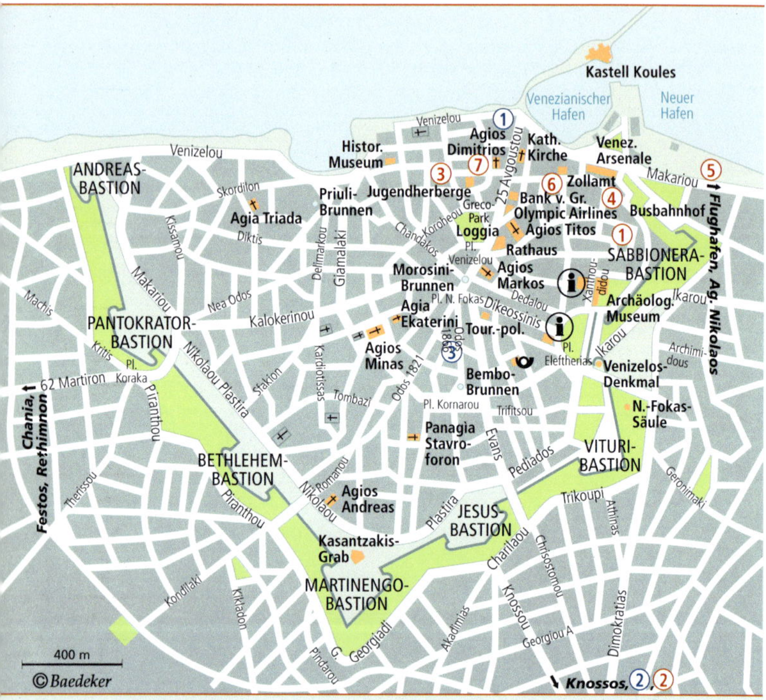

Essen
① Ippokambos
② Kiriakos
③ Pantheon

Übernachten
① Aquila Atlantis
② Galaxy
③ Kastro
④ Lato
⑤ Sofia
⑥ Irini
⑦ Lena

★ **Venezianische Loggia**

Die Loggia etwas weiter nördlich ist **einer der schönsten und harmonischsten venezianischen Bauten Kretas**. Sie wurde von Francesco Morosini 1628 errichtet. Die Loggia war Versammlungsort und Ballsaal für die venezianisch-kretischen Adligen, und die Türken benutzten sie als Verwaltungsgebäude.

Nach den Beschädigungen im Zweiten Weltkrieg baute man sie wieder auf. Der zweigeschossige Bau mit Dachbalustrade ist mit sieben Arkaden an der Längsseite und je zwei Arkaden an den Schmalseiten versehen. Das Erdgeschoss weist dorische und das Obergeschoss ionischen Säulen auf. Auf den Metopen zwischen den beiden Geschossen der Loggia sind Kriegstrophäen und der venezianische Markuslöwe dargestellt.

An der Ostseite der Loggia schließt sich das große venezianische **Zeughaus** (Armeria) aus dem 17. Jh. an, das heute als Rathaus dient.

Sagredo-Brunnen

Den kleinen Sagredo-Brunnen nördlich dieses Gebäudekomplexes ließ der Duca Sagredo 1602 erbauen; er ist nicht mehr in der Originalfassung erhalten. Die stark beschädigte Frauenfigur, flankiert von ebenfalls teilweise zerstörten ionischen Pilastern, und die Platte mit der Inschrift »Cura Sagredi profluit ista ducis« (»Dieser Brunnen fließt dank dem Herzog Sagredo«) sind originale Bauteile.

Ágios Títos

Die Gründung der Ágios-Títos-Kirche etwas weiter nördlich, die nach dem **hl. Titus, dem ersten Bischof von Kreta**, benannt ist, geht auf das 10./11. Jh. zurück. Das Gotteshaus wurde mehrmals durch Erdbeben und Feuer zerstört und immer wieder auf- und umgebaut. 1862 wandelten es die Türken in eine Moschee um und erneuerten diese 1872 nach einem weiteren Erdbeben mit dekorativer islamischer Außengestaltung. Nachdem die Türken die Insel verlassen hatten, wurde die Kirche zum orthodoxen Gotteshaus umgestaltet. Der islamische Zentralbau mit Zentralkuppel und vier Kuppeln über den Gebäudeecken erhielt drei Apsiden. Zwei islamische Gebetsnischen sind in die Außenwand bzw. in den Narthex eingelassen. Die Innenausstattung ist zwar neu, aber wegen der reichen Schnitzereien, z. B. einer Ikonenwand, sehenswert. In der kleinen Titus-Kapelle, die von der Vorhalle zugänglich ist, wird der **Schädel des hl. Titus** in einem kostbaren Goldbehälter verwahrt. Nachdem er 1669 bei der Eroberung Candias durch die Türken nach Venedig gebracht worden war, gab man ihn 1966 an Iráklion zurück. Öffnungszeiten: tgl. 7.00 bis 12.00, 17.00 – 20.00 Uhr.

> ! *Baedeker* TIPP
>
> **Religiöse Malerei**
>
> Wer sich für Ikonen interessiert, sollte unbedingt bei der Ikonenmalerin Voula Manousakis in der Chandakos-Straße 22 vorbeischauen. In vielen kretischen Kirchen hängen ihre Werke. Kleinere Ikonen sind durchaus auch erschwinglich.

Kastell Koules (s. Abb. S. 210)

Am venezianischen Hafen steht das eindrucksvolle Kastell Koules, das lange als Gefängnis genutzt wurde. An den Außenseiten des von 1523 bis 1540 errichteten Baus sind Hochreliefs mit Markuslöwen zu sehen. Im Nordosten erkennt man den Stumpf eines Minaretts. Zum offenen zinnenbewehrten Obergeschoss führt eine Rampe, auf der Geschütze transportiert wurden. Dort befinden sich zahlreiche Magazine und Wohnräume. Heute dient das Kastell als Spielstätte des Sommerfestivals. Öffnungszeiten: Mai – Okt. Di. – So. 8.00 – 19.00, Nov. – Apr. Di. – So. 8.30 – 15.00 Uhr.

Arsenale

Am alten Hafen sind noch einige venezianische Arsenale mit Tonnengewölbe erhalten. Sie dienten als Werften für Galeeren, die hier gebaut und repariert wurden.

Das mächtige venezianische Kastell bewacht den Hafen.

Archäologisches Museum

Wegen Umbau mindestens bis Frühjahr 2012 geschlossen

Das nach dem Archäologischen Nationalmuseum in Athen bedeutendste Museum Griechenlands ist das Archäologische Museum (Xanthoudidou 1), das die großartigen Funde aus den Palästen und Wohnbauten von Knossós, Festós, Agía Triáda und anderen Ausgrabungsstätten der Insel enthält und damit ein Bild der außergewöhnlichen minoischen Kultur ab dem 3. Jt. v. Chr. vermittelt. Es gehört mit seinen einmaligen Exponaten zum Pflichtprogramm für jeden Kreta-Besucher.

Weil der 1938 eröffnete Museumsbau allerdings angesichts vieler neuer Funde zu klein wurde und die Präsentation der einzigartigen Objekte überhaupt nicht mehr zeitgemäß war, entschloss man sich zu einer völligen Entkernung des Gebäudes und einem modernen Anbau. Seit Juli 2007 ist das Museum daher geschlossen, die Wiedereröffnung ist für das Frühjahr 2012 vorgesehen, kann sich aber auch verzögern.

Bis dahin sind einige der bedeutendsten Objekte aus dem Museumsbestand in einer **Sonderausstellung** in einem ebenerdigen Saal in der Südostecke des Neubaus zu sehen. Wenn der Museumsumbau abgeschlossen ist, werden diese Objekte aber nach und nach hier aufgestellt, so dass es gut möglich ist, dass sie irgendwann in der Sonderausstellung fehlen. Wir beschreiben im Folgenden die herausragenden Stücke in chronologischer Abfolge, die auch nach Eröffnung des Museumsneubaus zu den Höhepunkten jedes Rundganges gehören werden. Öffungszeiten der Sonderausstellung: Mo. 12.00 – 17.00, Di. bis So. 8.30 – 15.00, im Sommer evtl. länger, Tel. 28 10 22 60 92.

Die ältesten Funde stammen aus dem Neolithikum und der minoischen Vorpalastzeit (5000 – 2100 v. Chr.). Von großer Schönheit ist die Steinpyxis mit feiner Ritztechnik und einem Griff in Gestalt eines liegenden Hundes. Außerdem sind das Modell eines heiligen Schiffes und eine Göttin mit entblößten Brüsten hervorzuheben. Von den Gefäßen im Barbotine-Stil mit aufgesetzten Tontupfen sollte man die sehr schöne Schnabelkanne mit Henkel beachten. Zu den herausragenden Exponaten der Vorpalastzeit gehört die Votivschale mit plastischer Innendekoration, die eine Schafherde mit Hirten darstellt. Das Kykladenidol aus Elfenbein weist auf die intensiven Handelskontakte Kretas hin.

Neolithikum und minoische Vorpalastzeit (5000 – 2100 v. Chr.)

★ ◄ Steinpyxis

★ ◄ Schale mit Schafherde

Die alte Palastzeit (2100 – 1700 v. Chr.) ist vor allem mit Funde aus Knossós, Mália und von Gipfelheiligtümern vertreten. Bei dem bedeutenden so genannte Dreisäulenheiligtum symbolisieren die Tauben die Erscheinung der Gottheit. Beachtenswert ist außerdem der Dolch mit goldenem Griff.

Alte Palastzeit (2100 – 1700 v. Chr.)

Von den **Gefäßen im Kamares- und Barbotine-Stil** sind hervorzuheben: eine Fruchtpresse; ein aufhängbares Gefäß mit großer seitlicher Öffnung, vielleicht eine Lampe, sowie eine schöne Vase mit aufgesetzten Muscheln und ein Fruchtständer mit weißer Bemalung. Einzigartig ist der Ständer, vielleicht eines Gefäßes, mit der plastischen Darstellung des Meeresgrunds mit Delphinen. Bemerkenswert ist auch die elegante Kanne mit weißen Spiralmustern (s. Abb. S. 57, 195). Aus dem königlichen Geschirr im Kamares-Stil stechen ein großer Fruchtständer mit spitzenartigem Rand und Spiralmustern sowie ein Krater mit plastischen weißen Blüten hervor.

Der berühmte tönerne Diskos von Festós ist einer der wertvollsten Gegenstände des Museums und mit seinen spiralenförmig von außen nach innen verlaufenden Hieroglyphen das **weltweit älteste Zeugnis eines Schriftdrucks**.

★ ★ ◄ Diskos von Festós (s. Abb. S. 183)

Die berühmtesten Funde des Museums entstammen der Neuen Palastzeit (1700 – 1400 v. Chr.) aus den Palästen von Knossós, Festós und Mália. Kulturhistorisch bedeutend sind eine Amphore und zwei Schalen, beide mit **Linear-A-Schriftzeichen**. Von den Bronzefunden ist besonders schön der Griff einer Kultaxt, vielleicht ein Zepter, in Form eines Panthers. Beachten sollte man den Krug im so genannten Meeresstil (Darstellung von Meerestieren). Wunderschön ist die Schnabelkanne mit feinem Schilfdekor (s. Abb. S. 183).

Neue Palastzeit, Nach-Palastzeit (1700 – 1300 v. Chr.)

Zu den Kultgegenstände aus den Schatzkammern des Zentralheiligtums von Knossós gehören die zwei berühmten so genannten Schlangengöttinnen mit Schlangen als Kultattributen. Es handelt sich wahrscheinlich um Mutter und Tochter. An ihnen wird die minoische Mode deutlich: eng geschnürte Taillen, entblößte Brüste und weit fallende Röcke.

★ ★ ◄ Schlangengöttinnen (s. Abb. S. 60)

Das Stierrhyton (s. Abb. S. 1), einer der bedeutendsten Funde der minoischen Kultur, ist eine meisterhafte Arbeit aus Steatit; die Augen

★ ★ ◄ Stierrhyton

sind aus Bergkristall und Jaspis; die goldenen Hörner sind ergänzt. Es macht wie andere Rhyta einen Teil des Kults deutlich: das Vergießen von Weiheflüssigkeiten wie Öl, Wein oder Opferblut.

Stierspringer ► Eine sehr bedeutende Arbeit stellt auch der außerordentlich lebendig gestaltete Stierspringer aus Elfenbein dar, der beim kultischen Stiersprung gezeigt wird. Diese kultische Handlung wurde vielleicht zur Abwehr von Urgewalten veranstaltet. Die teilnehmenden Springer haben wohl mit dem Leben bezahlt, denn ein solcher Sprung war kaum durchführbar.

Das beeindruckende **Spielbrett** wurde aus Elfenbein mit Gold-, Silber-, Bergkristall- und Lapislazuli-Einlagen sowie mit Spielsteinen ebenfalls aus Elfenbein gearbeitet. Vermutlich war es in königlichem Gebrauch, denkbar wäre aber auch eine Verwendung durch Priester.

Lebendig gearbeitete Schnittervase

Sehr selten ist die **Bronzestatuette eines Gottes** mit spitzer Kappe. Interessant ist das Modell eines Hauses, das einen Einblick in die Wohnweise der minoischen Zeit vermittelt.

Von den Exponaten aus den Nekropolen im Gebiet von Knossós, Festós und Archánes sind die Tongegenstände mit der Darstellung von kultischen Szenen besonders interessant, wobei die Darstellung von vier Figuren, die einen kultischen Kreistanz ausführen, herausragt. Ungewöhnlich ist die Tonstatuette der **Kourotrofos** – vielleicht eine Göttin –, die ein neugeborenes Kind hochhält, ausgestellt. Beachten sollte man auch den Helm aus Eberzähnen. Eines der bedeutendsten Gefäße der Epoche stellt die sehr gut erhaltene prachtvolle **Kultkanne** nach einem metallenen Vorbild mit aufgesetzten Zacken dar. Zu den Funden gehört auch ein **Bronzehelm mit Wangenschutz**, der einzige minoische Metallhelm.

Ring von Isópata ► Ein Meisterwerk ist der goldene Ring aus Isópata mit drei tanzenden Frauen und einer Gestalt, wahrscheinlich eine Göttin, die vom Himmel herabschwebt.

Schnittervase ► Ein weiteres Glanzstück des Museums, die so genannte Schnittervase aus Steatit, zeigt eine sehr lebendigen Darstellung: Männer ziehen fröhlich und singend von der Getreideernte heim.

Prinzen-Becher ► Auch der so genannte Prinzen-Becher, ebenfalls aus Steatit gearbeitet, zeigt schönen Reliefschmuck: Vor einem jungen Mann mit Zepter steht ein Würdenträger mit einem Schwert über der Schulter, dem drei Männer, die Tierfelle tragen, folgen.

Von dem Goldschmuck ist das bedeutendste Meisterwerk der berühmte Anhänger mit Bienen von Mália: Zwei mit den Köpfen und den Unterleibern aneinander stoßende Bienen bilden ein ringförmiges Motiv und halten dabei mit ihren Beinen einen Tropfen Honig in der Schwebe. Die geöffneten Flügel der Tiere verleihen dem Stück eine bezaubernde Wirkung, die noch gesteigert wird durch den Kontrast zwischen den glatten und granulierten Oberflächen.

*

◄ Bienen von Mália (s. Abb. S. 59)

In Káto Zákros gefunden wurde ein weiteres Glanzstück des Museums: das wunderschöne Rhyton aus Bergkristall mit einem Henkel aus Kristallperlen, geschmückt mit einem vergoldeten Perlenkranz.

* *

◄ Rhyton aus Bergkristall

Bedeutend ist ferner das Rhyton aus grünem Stein mit der Darstellung eines Gipfelheiligtums, das mit Kulthörnern geschmückt ist.

Wunderschönes Rhyton aus Bergkristall

Zu den Funden aus Ostkreta gehören schöne Rhyta, z. B. in Gestalt eines Stieres mit feinem Netzdekor. Einmalig sind die **Figuren eines sitzenden und eines stehenden Kindes**, bedeutend auch das Plättchen mit Kultknoten und Doppelaxt. Beachten sollte man auch die meisterhaften Siegelsteine aus Halbedelsteinen mit der Darstellung von Tieren, Kultszenen und Porträts, z. B. das Bildnis eines bärtigen Mannes.

Die weiblichen Kultidole mit erhobenen Händen tragen als Kopfschmuck Kultattribute wie Mohnkapseln, Doppelhörner und Vögel. Einzigartig ist die **Frau auf einer Schaukel**, auf deren Pfosten zwei Vögel sitzen. Die Vögel, die die Erscheinung der Gottheit symbolisieren, beweisen die kultische Funktion des Gegenstands.

Ein ganz besonderes Highlight des Museums sind die berühmten Fresken. Diese beeindruckenden Meisterwerke sind zwar größtenteils rekonstruiert, vermitteln aber einen hervorragenden Einblick in die verfeinerte minoischen Kultur. Von den Fresken sind folgende besonders beachtenswert: das kultische Stierspringen, bei dem drei junge Akrobaten das rituelle Wettkampfspiel mit einem Stier austragen und einer gerade einen Salto über das Tier vollführt, und der so genannte **Lilienprinz** (s. Abb. S. 60) mit einer Krone aus

* *

◄ Fresken

Sie kamen und staunten: Besucher vor den herrlichen minoischen Fresken

Lilien und Pfauenfedern, der an dem Seil in seiner Hand vielleicht einen Greif führte. Von den weiteren Fresken sticht besonders die **»Pariserin«** (s. Abb. S. 9) heraus, eine Priesterin mit Kultknoten im Haar.

Sarkophage ▶

Bei den minoischen Sarkophagen unterscheidet man zwischen eckigen und ovalen Typen, in denen die Toten in Hockstellung bestattet wurden. Die Sarkophage sind vorwiegend mit Flora- und Faunamotiven geschmückt.

★ ★ Sarkophag von Agía Triáda ▶

Von hoher kunsthistorischer Bedeutung ist der Sarkophag von Agía Triáda (um 1400 v. Chr.), der **einzige minoische Steinsarg**. Er enthielt wahrscheinlich den Leichnam eines Königs. Die außerordentlich gut erhaltenen Fresken zeigen Szenen von Kulthandlungen, wobei die Frauen an der weißen und die Männer an der braunen Farbe erkennbar sind. So bringt eine Priesterin auf einem Altar vor einem mit Doppelhörnern geschmückten Kultbau ein Opfer dar. Der Vogel auf der Doppelaxt daneben symbolisiert die Anwesenheit der Gottheit. Eine weitere Priesterin führt ein blutiges Stieropfer aus, begleitet

Sarkophag von Agía Triáda: der einzige minoische Steinsarg

von einem Flötenspieler. Von rechts, von der Schmalseite kommen zwei Göttinnen in einem von zwei Greifen gezogenen Wagen.
Zu diesen Szenen gehören auf der anderen Längsseite die zwei von einem Lyraspieler begleiteten Priesterinnen, die Opferflüssigkeiten in einen Mischkrug gießen. Der zweite Teil dieser Seite stellt eine andere Szene dar: ein Toter, erkennbar an den fehlenden Armen, steht vor einem Grabbau. Ihm bringen drei Männer zwei Tiere und wahrscheinlich eine Totenbarke. Von der Schmalseite bewegen sich von rechts zwei Frauen und weitere Gabenbringer auf die Szene zu.

Geometrische und orientalisierende Epoche (900 – 620 v. Chr.)

Von den Funden dieser Epoche ist einzigartig die Darstellung eines **Liebespaars**, wahrscheinlich Theseus und Ariadne, auf dem Hals eines Kruges; bedeutend die Gefäßurne mit der Szene einer Totenklage. Beachten sollte man auch den **Bronzegürtel** mit der Darstellung von zwei Frauen und einem Mann, die von Bogenschützen vor angreifenden Streitwagen geschützt werden.

Archaische Epoche (620 bis 480 v. Chr.)

Die archaischen bronzenen Plastiken (7. Jh. v. Chr.) auf dem Apollo-Tempel in Dríros stellen wahrscheinlich Apollo, seine Schwester Artemis und seine Mutter Leto dar. Interessant sind auch die mythenumwobenen Bronzeschilde (8. Jh. v. Chr.) aus der Idäischen Höhle, wo Zeus von Nymphen aufgezogen worden sein soll.

In den Bars im Stadtzentrum ist abends immer viel los.

Weitere Sehenswürdigkeiten von Iráklion

Bembo-Brunnen

Am Ende der Odos 1866, südwestlich des Archäologischen Museums steht der Bembo-Brunnen, bei dem sich ein beliebtes Café etabliert hat. Den Brunnen ließ Zuanne Bembo 1588 unter Einbeziehung antiker Stücke erbauen. Auf einem mit Akanthusblättern verzierten antiken Sockel steht zwischen Pilastern und Säulen eine kopflose römische Statue. Ebenfalls antik ist der Sarkophag, der als Becken dient. Neben den Pilastern sind die Wappen venezianischer Familien und darüber ein Löwenkopf bzw. ein geflügelter Markuslöwe angebracht. Daneben sieht man ein türkisches polygonales Brunnenhaus.

Santa Maria dei Crocioferi/ Panagía Stavrofóron

Etwas weiter südwestlich steht die **Klosterkirche** Santa Maria dei Crocioferi, die auf Griechisch Panagía Stavrofóron (»Marienkirche der Kreuzfahrer«) heißt. Die schöne dreischiffige Basilika der Venezianer stammt aus dem 14. Jahrhundert.

Ágios-Minás-Kirchen

Die relativ große **Metropolitenkirche** Ágios Minás am Ekaterini-Platz, die Hauptkirche der Stadt, wurde in der zweiten Hälfte des 19. Jh.s im neobyzantinischen Stil erbaut. Der Grundriss der fünfschiffigen Anlage mit Vierungskuppel ist ein lateinisches Kreuz. Ihre Ausstattung ist zwar sehr prächtig, aber künstlerisch nicht besonders bemerkenswert. Westlich steht die kleine alte Ágios-Minás-Kirche, die in einigen Bauphasen entstand, wobei der älteste Teil wohl auf das 15./16. Jh. zurückgeht. Die größte Kostbarkeit des Gotteshauses sind die reich geschnitzten Ikonostasen, die in den Jahren 1740 bis 1760 von den Brüdern Gastrofilakos geschaffen wurden.

★ **Byzantinisches Museum**

Die **Agía Ekateríni** (1555) mit ihrer Nebenkapelle, ebenfalls am gleichnamigen Platz, war die Hauptkirche des Ekateríni-Klosters, das im 15./16. Jh. nicht nur als theologisch-philosophische Hochschule, sondern auch als **Schule für Ikonenmalerei** berühmt war. Hier studierten viele bekannte Kreter jener Zeit wie die Maler Michael Damaskinos und El Greco sowie die Dichter Vitzentios Kornaros und Georgios Chartatzis. In türkischer Zeit diente die Kirche als Moschee. Sie bildet einen authentischen und stimmungsvollen Rahmen für das Byzantinische Museum. Meisterwerke sind die **Ikonen von Michael Damaskinos**, die von 1580 bis 1591 für das Kloster Vrondísi gemalt wurden.
Die an der Südwand (rechts) des Langhauses angebrachten Kunstwerke zeigen folgende Darstellungen: die Anbetung der Heiligen Drei Könige, Abendmahl und Gottesmutter des brennenden Dornbusches (links unten signiert), die Heilige Liturgie, das Ökumenische Konzil von Nikäa und Christus mit Maria Magdalena. Ein weiteres Meisterwerk der Sammlung ist die ausdrucksstarke **Fanourios-Ikone** (an der Nordwand des Langhauses) des 15. Jh.s, auf der der Heilige in großer Anmut dargestellt wird. Daneben hängt noch eine Ikone (15. Jh.) von hoher Qualität mit zwei sehr fein gearbeiteten Szenen: Christus erscheint seiner Mutter Maria und Maria Magdalena sowie das Wunder des hl. Fanourios. Außerdem werden Kirchenbücher, liturgisches Gerät und Priestergewänder gezeigt. Schließlich sind noch bedeutende Freskenfragmente des 14. Jh.s im nördlichen Kreuzarm erhalten. Zurzeit geschlossen, frühesten im Herbst 2011 wiedereröffnet.

Priuli-Brunnen

In der Nähe des Nearchou-Platzes an der Kum-Kapi-Bucht steht der Priuli- oder Delimarkos-Brunnen, der 1666 von dem Generalproveditore Antonio Priuli im Renaissancestil errichtet wurde. Er war das letzte Bauwerk der Venezianer, nachdem die Türken die Wasserleitung zwischen dem Berg Jouchtas und der Stadt zerstört hatten.

★ **Historisches Museum**

Das Historische Museum etwas weiter östlich ist in dem neoklassizistischen Wohnhaus von Kalokairinos (Lysimahou Kolokerinou 7), des ersten Ausgräbers von Knossós, untergebracht und wurde durch einen modernen Anbau erweitert. Das Museum vermittelt ein lebendiges Bild kretischer Geschichte von der frühchristlichen Zeit bis in die Gegenwart.

◄ Erdgeschoss

Wenn man nach der Kasse den rechten Raum betritt, fällt gleich ein großes **Modell der Stadt von 1645** ins Auge. Zudem sind historische

»Letztes Abendmahl« des bedeutenden kretischen Ikonenmalers Michael Damaskinos.

HEILIGE BILDER

Ikonen, die besondere Verehrung bei den Gläubigen genießen und oft mit Legenden verbunden sind, stellen einen wesentlichen Teil des Kults der orthodoxen Glaubenswelt dar.

Die transportablen Kultbilder mit den Darstellungen von Heiligen und biblischen Szenen nennt man in der orthodoxen Kirche Ikonen (»Bilder«). Auch heute noch sind sie neben der Heiligen Schrift ein Grundpfeiler der orthodoxen Glaubenswelt. Man findet die heiligen Bilder außer in Gotteshäusern auch in vielen Privatwohnungen und -fahrzeugen. Sie werden mit Edelmetallen und -steinen, kostbaren Vorhängen, Ringen und Uhren geschmückt, auf Reisen mitgenommen und sind das Ziel von Wallfahrten. Ikonen bringen den Menschen die Heiligen nahe, weshalb sie große Verehrung genießen. Diese Verehrung gilt jedoch nicht der Abbildung, sondern dem abgebildeten Heiligen. In den Kirchen sind die Ikonen nach einem bestimmten Schema angebracht an der **Ikonostase**, einer hohen hölzernen Wand, die den Altarraum vom Gemeinderaum trennt. Auf dem Pult in der Mitte wird jeweils die Ikone des Tagesheiligen oder -festes ausgelegt. Die Ikonenmalerei gilt als liturgische Handlung, die ursprünglich nur von Priestern ausgeführt werden durfte. Sie ist hinsichtlich Komposition und Farbgebung sowie der Materialien genau festgelegt, so dass der Maler kaum Freiheit bei der Gestaltung des Bildwerks hat und keinen eigenen Stil entwickeln kann. Der Künstler darf in die Bilder keinen persönlichen Ausdruck bringen. Deshalb gleichen sich viele Ikonen, unabhängig davon, aus welchem Jahrhundert die Werke stammen. Der venezianische Einfluss hat zwar einige Lockerungen der byzantinischen Formensprache bewirkt, inhaltlich jedoch blieb es bei den überlieferten Vorgaben. Für die Darstellungsweise ist charakteristisch, dass Natur und Architektur durch Abstrahierung in den Hintergrund treten, um die zeitlose Göttlichkeit oder Heiligkeit der Figuren hervorzuheben. Die Flächigkeit der Ikonen ist durch die fehlenden Schatten bedingt, was mit der Auffassung zusammenhängt, dass das göttliche Licht alles durchdringt. Anziehend ist die **einzigartige Farbigkeit** der Bilder. Der Farbauftrag erfolgt meist auf Holz mit Mineralfarben. Er wird mit gekochtem Leinöl überzogen, was die erstaunliche Haltbarkeit garantiert.

Karten und Fotos ausgestellt. Ferner erhält man im Erdgeschoss Einblick in die Töpferkunst auf Kreta über 1600 Jahre: Die Exponate stammen aus byzantinischer, venezianischer, arabischer und türkischer Zeit. Weiterhin sind Bauplastik von frühchristlichen Basiliken sowie Inschriften und Skulpturen aus byzantinischer und venezianischer Zeit zu sehen. Sehr schön ist der 10-stufige Brunnen (17. Jh.) aus einem Palazzo.

◄ 1. Obergeschoss

Höhepunkte des 1. Obergeschosses sind zwei Gemälde von El Greco: eines mit der Taufe Jesu und das ihm zugeschriebene, um 1570 entstandene Gemälde mit der Darstellung des Katharinenklosters auf dem Sinai. Neueren Forschungen nach ist diese Zuschreibung jedoch falsch. Die übrigen Räume sind Wechselausstellungen vorbehalten.

◄ 2. Obergeschoss

Im 2. Obergeschoss wird eine große **Sammlung von kretischen Web- und Handarbeiten** gezeigt. Außerdem sind Musikinstrumente und Haushaltsgegenstände ausgestellt. Ferner baute man einen bäuerlichen Wohnraum mit Herd, Bettkasten und Webstuhl nach. Im neuen Flügel dieses Stockes rekonstruierte man die **Bibliothek und das Arbeitszimmers des Dichters Nikos Kasantzakis**, in dem er von 1948 bis 1957 in Antibes/Südfrankreich arbeitete. Öffnungszeiten: Apr. bis Okt. Mo. – Sa. 9.00 – 17.00, Nov. – März Mo. – Sa. 9.00 – 15.00 Uhr; www.historical-museum.gr.

San Pietro

Die venezianische San Pietro (griech. Agios Petros), die ehemalige Kirche eines Dominikanerklosters, unweit nordöstlich des Historischen Museums, wurde rekonstruiert. Sie stammt aus der ersten Hälfte des 14. Jh.s und war in türkischer Zeit eine Moschee.

Stadtmauer

Die mindestens seit byzantinischer Zeit bestehende Befestigung der Stadt wurde vor allem unter den Venezianern im 16. Jh. nach Plänen des **veronesischen Baumeisters Michele Sanmicheli** erweitert. Der etwa 3 km lange Mauerring besteht aus fünf Bastionen und zwei Halbbastionen, die mit Geschützkasematten in mehreren Stockwerken versehen waren.

Einige Bastionen verfügten über so genannte Kavaliere, besonders erhöhte Aussichtspunkte. Vor der Mauer lag ein heute teilweise noch erkennbarer, 20 bis 60 m breiter Trockengraben und jenseits noch ein Ring von nicht mehr erhaltenen polygonalen Vorbastionen. Die Festungsbauten waren durch ein unterirdisches, 15 bis 20 m tiefes Tunnelsystem miteinander verbunden. Die meisten der acht Stadttore sind noch vorhanden.

◄ Martinengo-Bastion

Von der Martinengo-Bastion im südlichen Teil der Stadtmauer hat man einen guten Überblick über die Stadt. Auf ihr befindet sich das **Grab des Dichters Nikos Kasantzakis** (► Berühmte Persönlichkeiten S. 77), der 1957 in Freiburg im Breisgau starb und hier beigesetzt wurde, weil die Kirche dem Freidenker eine Bestattung in geweihter Erde verweigert hatte. Es ist mit einer schlichten Platte und einem einfachen Holzkreuz versehen und trägt die Inschrift: »Ich erhoffe nichts, ich fürchte nichts, ich bin frei!«

Skaláni (Σκαλάνι) Am Rand des Vororts Skaláni, der von den Gourmets der Hauptstadt wegen seiner beiden exzellenten Restaurants direkt an der Dorfkirche geschätzt wird, hat das in ganz Griechenland aktive Unternehmen **Boutári** eine **Weinkellerei** inmitten von Rebgärten errichtet, zu der auch ein modernes Besucherzentrum gehört. Hier kann man sich zu mehrsprachigen Führungen anmelden, die sehr guten kretischen Weine verkosten und kaufen sowie Filme über Weinanbau und -herstellung ansehen. Der Blick in die Landschaft ist zudem von hier aus fantastisch! Tel. 28 10 73 17 51, Öffnungszeiten: tgl. 10.00 – 18.00 Uhr; Führungen: halbstündlich; www.boutari.gr.

Umgebung von Iráklion

Arolíthos (Αρόλιθος) Das **Museumsdorf** Arolíthos (13 km westlich von Iráklion), das alte kretische Traditionen bewahren soll, verfügt über ein Kafenion und Tavernen sowie eine Kirche und Werkstätten für altes Handwerk. So wurden ein Atelier für Ikonenmalerei und eine Schmiedewerkstätte eingerichtet. Zudem gibt es einige traditionell eingerichtete Gästezimmer, in denen man übernachten kann. Das Museum hier präsentiert Erzeugnisse kretischen Kunsthandwerks sowie handwerkliche und landwirtschaftliche Geräte. Außerdem wurde ein traditionelles Wohn-/Schlafzimmer nachgebaut. Im Dorf werden kretische Abende mit Musik und Tanz veranstaltet. Öffnungszeiten des Museums: Mo. bis Fr. 9.00 – 20.00, Sa., So. 10.00 bis 18.00 Uhr.

Týlisos (Τύλισος) Sehenswerte **Überreste dreier spätminoischer Herrenhäuser** sind am Ortsrand des Dorfes Týlisos,, 2 km südlich von Arolíthos, zu besichtigen. Bei den hier durchgeführten Ausgrabungen kamen verschiedene Typen dieser Häuser (17./16. Jh. v. Chr.) zutage. Die Bauzeit war auch die Blütezeit des recht wohlhabenden Ortes, der nach seiner Zerstörung um 1500 v. Chr. bald wieder besiedelt wurde. Diese Siedlung hatte dann bis in byzantinische Zeit Bestand. Architektonisch bemerkenswert sind die sorgfältig aus großen Quadern gearbeiteten Mauern, die durch senkrechte Holzbalken stabilisiert wurden. Die Wände waren verputzt und bemalt, und die Fenster öffneten sich nach innen zu den Lichthöfen. Die Häuser hatten Flachdächer.

Nach dem Eingang stößt man rechts auf Haus B, das kleinste Gebäude, das regelmäßig gebaut, aber schlecht erhalten ist. Haus A, das **größte Gebäude**, ist in einen Südteil (Wohnräume) und einen Nordteil (Magazine und Nebenräume) getrennt. Der an der Ostfassade gelegene, mit zwei Pfeilern versehene Zugang öffnet sich in einen Vorraum. An dem links abgehenden Korridor liegt rechts ein Vorratsraum mit einem Mittelpfeiler und am Ende ein großer Raum mit einem Lichthof, an den nochmals ein Raum grenzt. In der Kammer dahinter wurden mächtige Bronzekessel (im Archäologischen Museum Iráklion) gefunden. In den zwei großen Magazinen im Nordteil des Hauses wurden viele Pithoi entdeckt.

Überreste von minoischen Herrenhäusern in Týlisos

Bei Haus C, dem **vornehmsten Gebäude**, führt der im Osten liegende Eingang ebenfalls in einen Vorraum, an den sich rechts ein Wärterraum anschließt. Von diesem Vorraum geht ein Korridor ab, wo rechts Räume mit noch erhaltenen Böden liegen und links eine Treppe ins Obergeschoss führte. Links von dieser liegt ein Raum, der wahrscheinlich kultischen Zwecken diente. Am Ende des Gangs befinden sich rechts Magazine mit einem gemeinsamen Eingang; in einem ist noch eine Säulenbasis zu sehen. Gegenüber der Treppe kommt man in einen weiteren Korridor, an dem links eine Treppe und rechts ein kleiner Saal mit gut erhaltenen Wänden liegen.
Nordwestlich folgt eine weiterer Saal, der sich mit drei Pfeilertüren und einer Vorhalle mit zwei Säulen auf einen Lichthof öffnet. An der Nordostecke des Komplexes findet man eine Zisterne, von der aus ein tönernes Leitungssystem die Häuser mit Wasser versorgte. Nördlich des Hauses erbaute man in mykenischer Zeit ein **Megaron**, von dem die Unterbauten der Säulen des Vorraums, die Mauer der Cella und eine wuchtige Schwelle erhalten sind. Daneben steht auf einem gepflasterten Hof der Altar eines klassischen Heiligtums. Öffnungszeiten: Di. – So. 8.30 – 15.00 Uhr.

Sklavókampos (κλαβοκαμπος)

9 km westlich von Týlisos liegen links der Straße die wenigen **Reste des spätminoischen Herrenhauses** Sklavókampos aus der Zeit um 1500 v. Chr., das in den 1930er-Jahren ausgegraben sowie im Zweiten Weltkrieg und durch Straßenbau beschädigt wurde. Der Haupteingang des Hauses im Osten führt durch eine Tür mit zwei Zwischenpfeilern in einen Aufenthaltsraum. Westlich schließt ein Raum an,

Auch heute noch werden in Anógia handgewebte Textilien angeboten.

der als Heiligtum gedeutet wird. Unter der noch weiter westlich gelegenen Treppe fand man eine mit einem Loch versehene Steinplatte mit einer Abwasserleitung, wahrscheinlich ein Abort. Ganz im Nordwesten ist eine Veranda mit drei Sitzen zu sehen. Das Zentrum des Herrenhauses bildet ein Lichthof.

Anógia (Ανώγια)

Das 800 m hoch gelegene große Bergdorf Anógia (11 km westlich von Sklavókampos) wurde 1944 von deutschen Truppen als Rache für die Entführung ihres Generals von Kreipe völlig zerstört, und alle männlichen Einwohner wurden erschossen. An dieses Ereignis erinnert eine Gedenktafel am modernen Rathaus. Auch in türkischer Zeit waren die Einwohner Partisanen im Kampf gegen die Besatzer. Das Dorf, das früher ein **Zentrum der Handweberei** war, ist heute bekannt für seine **Musiker** und sein Festival. Berühmtheit erlangte die Musikerfamilie Xylouris, vor allem durch den 1980 verstorbenen Nikos, dessen Wohnhaus in ein kleines Museum umgewandelt wurde. Die Bewohner leben von der Schaf- und Ziegenzucht, und auch heute noch werden handgefertigte Textilien hergestellt. Anógia ist Ausgangspunkt für Touren ins Ídi-Gebirge (►dort).

Ein paar alte Häuser sind im unteren Ortsteil mit schöner Platia noch erhalten. Hier weist ein Schild zum nahen **Museum von Alkibiades Skoula**, einem naiven Maler und Holzschnitzer. Die zweischiffige **Ágios-Ioánnis-Kirche** im Zentrum ist mit Fresken aus dem frühen 14. Jh. geschmückt.

Axós (Αχος)

In dem schon in minoischer Zeit besiedelten Bergort Axós, 5 km nordwestlich von Anógia, sind vor allem die byzantinischen Kirchen sehenswert. Die **Agía Iríni** (Schlüssel im Geschäft daneben) bildet eine reizvolle Kombination zwischen einer älteren Einraumkapelle und einer als Narthex vorgelagerten Kreuzkuppelkirche. Der Tambour gefällt durch seine eleganten Blendarkaden. Die einfache Einraumkapelle **Ágios Ioánnis** (Schlüssel beim Priester) auf dem Friedhof, geschmückt mit schönen Fresken aus dem 14. und 15. Jh., ist auf den Fundamenten einer frühchristlichen Basilika erbaut, von deren Mosaikfußboden noch Reste vorhanden sind. Von dem oberhalb der Kirche gelegenen **antiken Axós** gibt es nur noch wenige Ruinen; von dort bietet sich jedoch ein schöner Ausblick.

Sventóni Andro

Eine weitere interessante Höhle ist die etwa 500 m lange Sventóni beim Dorf Zonianá, 2 km südlich von Axós. In der Höhle haben sich sehr alte Stalagmiten gebildet. Öffnungszeiten: tgl. 9.00 – 18.00, Nov. bis März Fr. – So. 9.30 – 16.00 Uhr.

Savathianón (Σαββαθιανόν)

Die Fahrt in das 18 km westlich von Iráklion gelegene Nonnenkloster Savathianón führt von Rogdiá durch Weinberge und bietet herrliche Ausblicke auf die Bucht von Iráklion. Die malerische Anlage ist von hohen Bäumen umgeben und mit Blumen geschmückt. Hervorzuheben ist in der Kirche die Ikone (1741) des hl. Antonius mit Szenen aus seinem Leben. Vom Kloster führt ein Kreuzweg mit 12 Leidensstationen Christi zur modernen Höhlenkapelle des hl. Antonius.

Amnisós (Αμνιςός)

Der 7 km östlich von Iráklion gelegene Ort Amnisós war in minoischer Zeit wahrscheinlich ein Hafen von Knossós. Später befand sich hier ein Heiligtum, das zum Kultplatz der Eileidía-Grotte gehörte. Die Siedlung wurde in türkischer Zeit aufgegeben. Von der Stadt ist nur noch wenig erhalten, so Hafenanlagen, Häuser und eine mächtige Brunnenanlage. Am westlichen Bergfuß zum Meer hin sind die Überreste des berühmten archaischen Zeus-Thenatas-Altars zu sehen. Zudem wurde hier eine minoische Villa, das so genannte Haus des Hafenkommandanten, gefunden. Ferner trifft man auf die Ruinen einer weiteren minoischen zweistöckigen Villa, die um 1800 v. Chr. entstand und um 1650 v. Chr. durch Feuer zerstört wurde. Wegen der hier gefundenen wunderschönen Fresken (im Archäologischen Museum Iráklion) erhielt sie den Namen **»Lilienvilla«**. Sie verfügt über eine gepflasterte Terrasse, von wo man einen Ausblick aufs Meer hat, und eine durch einen Polythyron zu betretende Halle.

Eileidía (Ειλειθυίασ)

Die **Höhle** für Eileidía (unzugänglich), eine frühe kretische Geburtsgöttin, liegt 1 km südlich von Amnisós, wenige Meter unterhalb der Straße nach Episkopí bei einem Feigenbaum. Sie ist **eines der ältesten Heiligtümer auf Kreta**. Bereits in neolithischer Zeit war die Höhle Wohnplatz und vom 3. Jt. v. Chr. bis zum 6. Jh. n. Chr. Kultstätte für mehrere Kulturen und Religionen, was viele Keramik- und Idolfunde belegen. In der 63 m langen und 19 m breiten Höhle entdeckte man Stalagmiten mit Kultspuren. So wird ein hügelförmiger Stalagmit »Der Nabel« genannt, weil er mit seiner Einbuchtung dem Bauch einer schwangeren Frau gleicht. In der Antike haben Schwangere ihren Bauch daran gerieben, weil sie glaubten, dadurch eine gute Entbindung zu haben. Die Wandnischen sind gerahmt von Stalaktiten und Sinterbecken mit – wie man glaubte – heilkräftigem Wasser.

Nírou Cháni (Νίρου Χάνι)

15 km östlich von Iráklion direkt an der Küstenstraße sind die Reste eines spätminoischen, recht gut erhaltenen Herrenhauses (1700 v. Chr.) bei Nírou Cháni zu sehen, das 1919 u. a. von Arthur Evans ausgegraben wurde. Viele Kultgegenstände wurden hier gefunden: Schalen, Altäre und die **größten Doppeläxte** (im Archäologischen Museum Iráklion). Nach dem Eingang betritt man zunächst einen mit Schieferplatten gepflasterten Hof und kommt anschließend in eine mit zwei Säulen versehene Vorhalle, die in den mit Steinplatten ausgelegten Hauptraum führt. Dessen westliche Tür leitet auf einen Gang, der in einem Lichthof endet. Von hier gelangt man zum Heiligtum, dem so genannten Raum der vier Doppeläxte. Am Ende des Ganges führte eine Treppe ins Obergeschoss.
Durch einen ehemals mit Fresken geschmückten Korridor kommt der Besucher vom Hauptraum links in einen mit Wandbänken ausgestatteten Raum, der als Empfangsraum oder Bankettsaal diente. Die zwei Räume im Süden, das so genannte Altarmagazin, enthielt das viele Gefäße und Dreifüße. Nördlich der Wohnanlage gibt es zahlreiche Magazine, in denen man viele Pithoi entdeckte. Öffnungszeiten: Di. – So. 8.30 – 15.00 Uhr.

Höhle von Skotinó (Σκοτεινό Σπήλια)

Die Höhle von Skotinó liegt 23 km östlich von Iráklion und 1,5 km südlich des gleichnamigen Ortes, in 220 m Höhe. Sie diente von mittelminoischer bis römischer Zeit als Kulthöhle und wurde von den Venezianern, die sie für das Labyrinth hielten, als Sehenswürdigkeit aufgesucht. Hier sind auch eine Kirche und Überreste eines älteren Gotteshauses zu sehen. In der Höhle, die mit 100 m Länge und 40 m Breite eine der größten Kretas ist, haben sich Stalagmiten gebildet. Man sollte nicht weit in die Höhle hineinlaufen.

Agía Varvára (Αγία Βαρβάρα)

Das Dorf Agía Varvára befindet sich 30 km südlich von Iráklion auf 600 m Höhe. Am nördlichen Ortseingang bezeichnet der »Nabel Kretas« genannte Fels, auf dem eine Kirche steht, den **geografischen Mittelpunkt Kretas**.

Rizenía (Ριζενία)

Bei dem Ort Priniás, 5 km nördlich von Agía Varvára, sind auf dem Berg Patéla (680 m) die wenigen Reste des antiken Rizenía verstreut. Man erreicht das eingezäunte Grabungsgelände, wenn man etwa 2 km nördlich des Orts rechts eine Anhöhe emporsteigt; etwa 200 m vor der Ágios-Panteleïmon-Kapelle breitet sich rechts das umzäunte Gelände aus. Der seit spätminoischer Zeit besiedelte Berg wurde in spätklassischer und hellenistischer Periode durch eine Umfassungsmauer und ein Kastell befestigt. Bei den Ausgrabungen kamen die Grundmauern zweier Tempel aus dem 7. und 6. Jh. v. Chr. zu Tag, **der ältesten erhaltenen archaischen Tempel Kretas**. Das nördliche, Rhea geweihte Heiligtum A setzt sich aus einem Pronaos und einer Cella mit einer Sitzbank an der Südseite zusammen. Der schmalere Tempel B besteht ebenfalls aus diesen beiden Teilen und einem Opistodomos.

In beiden Gebäuden fanden sich ungewöhnliche rechteckige Opferstätten, die aus mit Ton überzogenen Steinhaufen, eingefasst von Steinplatten, bestanden. Berühmt ist Tempel A durch den **einmaligen plastischen Bauschmuck**: ein Reiterfries und die Türumrahmung der Cella mit der Darstellung der Göttin Britomartis (im Archäologischen Museum Iráklion). Östlich des Tempels und im Norden des Geländes sieht man Reste der Siedlung aus geometrischer Zeit und westlich die Grundmauern eines Kastells (4. Jh. v. Chr.).

Zur Nekropole von Rizenía gehören die **hellenistischen Felsgräber**, die 500 m weiter an der Straße in Richtung Ágios Míronas liegen.

Zarós (Ζαρός)

Das 47 km südwestlich von Iráklion gelegene große Dorf Zarós in 340 m Höhe erreicht man auf der Straße von Agía Varvára nach Kamáres. Es ist bekannt für seine Forellenzucht, die einmalig auf Kreta

Eine besondere Spezialität sind die Forellen aus dem Límni-Votomou-See.

! **Baedeker TIPP**

Außergewöhnliche Fische

Etwas ganz Besonderes auf Kreta sind die Forellen von Zarós, die man unbedingt probieren sollte. Frisch gefangen aus den Becken kommen die Fische in den Tavernen »Votomos« auf den Tisch.

ist, und für seine zahllosen Quellen, deren Wasser abgefüllt und auf der ganzen Insel verkauft wird. Viele Besucher kommen hierher, um die Fische zu probieren. Empfehlenswert ist ein Ausflug zu dem hübschen Forellensee **Limni Votomou** oberhalb des Ortes, der mit Bänken, Stegen und Kinderspielplatz touristisch erschlossen ist. Von dem See führt ein Wanderweg zum **Kloster Ágios Nikólaos** mit einer zweischiffigen Kirche, die mit Fresken aus dem 15. Jh. geschmückt ist. Von hier kann man in die **Rouvas-Schlucht** hineinlaufen, wo 1994 ein verheerender Waldbrand einen Großteil der Vegetation zerstört hat; inzwischen hat sich die Natur wieder erholt. Östlich oberhalb des Klosters sieht man in der Felswand eine **Höhle mit der Ágios-Efthímios-Kapelle**. Die Legende berichtet, dass der hl. Efthímios, der in der Höhle lebte, aus Not einige Früchte stahl. Er wurde dabei erwischt und angeschossen, schließlich erlag er seinen Verletzungen. Deshalb gilt er als Schutzpatron für diejenigen, die in einer Notlage stehlen.

Vrontísiou (Βροντήσιου)

Vom **Kloster** Vrontísiou, 4 km westlich von Zarós, kann man einen weiten Blick ins Tal genießen. Vor dem Eingang der Anlage steht links unter einer mächtigen Platane ein schöner Brunnen (15. Jh.) in venezianischem Stil mit der Darstellung von Adam und Eva. Als Wasserspender dienen vier Köpfe, die die personifizierten Flüsse des Paradieses darstellen. **Michail Damakinos** hat hier einige seiner berühmten Ikonen geschaffen (heute im Ikonenmuseum von Iráklion). Das Gründungsdatum des Klosters ist unbekannt, die heutigen Gebäude stammen aus den Jahren 1630/1639. Im älteren Teil der Kirche lassen sich allerdings Fresken bereits aus dem 14. Jh. nachweisen. Die **Ágios-Antónios-Kirch**e, ein Schmuckstück byzantinischer Kunst, besteht aus zwei verschieden hohen Schiffen – das nördliche ist das ältere – und einem vorgebauten Glockenturm. Dieser in venezianischem Stil gehaltene Campanile ist einer der ältesten Kretas. Im Südschiff sind qualitätsvolle Fresken zu sehen.
Einzigartig für die Insel ist in der Apsis die Darstellung des Abendmahls; ungewöhnlich sind im Gewölbe die zahlreichen Heiligen. Im Gewölbe des Altarraums sieht man Engel, die das Leichentuch Christi tragen. An der Ikonostase sind bemerkenswert die Ikone von Ángelos, eine Panagía Odigítria und der hl. Antónios.

Valsamónero (Βαλσαμόνερο)

Das Kloster Valsamónero (»Balsamwasser«) liegt 2 km von dem Ort Vorízia und 8 km von Zarós entfernt. Man erreicht das Kloster, indem man nach dem Ort links den Weg zum unteren Dorf einschlägt. Die Anlage zeichnet sich durch eine **wunderschöne Lage** mit Blick auf das Ida-Massiv aus.

Von den Klostergebäuden sind nur noch einige Reste vorhanden, während die **Klosterkirche Ágios Fanoúrios** mit ihren berühmten Fresken sehr gut erhalten ist. Ihre Südfassade in gotisch-venezianischem Stil weist einen schönen Glockenstuhl auf. Ältester der aus verschiedenen Bauphasen stammenden Teile ist das größere Nordschiff, das um 1330 entstanden und der Panagia geweiht ist. Der Bau des schmaleren, Johannes dem Täufer geweihten Südschiffes geht auf das Jahr 1400 zurück. Den beiden Schiffen wurde 1426 ein Querschiff angefügt. Der sich anschließende Narthex (15./16. Jh.) ist mit einem spitzbogigen Tor und einem darüber liegenden Rundfenster versehen. Bei den Ikonostasen fehlen zwar die Bilder, aber sie sind prächtig mit Weinlaubschnitzereien und Muscheln verziert.

★ ◄ Fresken

Von besonderem kunstgeschichtlichen Interesse sind die hervorragenden Fresken (14./15. Jh.). Folgende Themen sind dargestellt: im Südschiff über dem Eingang der Kindermord von Bethlehem, links und über den gegenüberliegenden Bögen Szenen aus dem Leben Johannes des Täufers, an der Nordwand die Kreuzigung und daneben die Grablegung Christi, in der Apsis nochmals Johannes der Täufer, an der Südwand der Judaskuss.

Im Nordschiff erkennt man: an der Südwand Hieronymus mit dem Löwen, in der Wölbung meist Szenen aus dem Leben Christi, an der Nordseite von links nach rechts Christus, der hl. Johannes von Damaskus, die Geburt Marias, nochmals Hieronymus mit dem Löwen und Christus zwischen zwei Engeln, in der Apsis Mariä Verkündigung. Im Querschiff sind vor allem erwähnenswert: in der Konche der Apsis Christus Pantokrator, darüber die Dreifaltigkeit und darunter die heilige Liturgie. Der Narthex ist mit dem Stammbaum Jesse bemalt. Öffnungszeiten: Juni – Sept. Di. – So. 9.00 – 15.00 Uhr.

Fódele (Φόδελε)

Das inmitten von Orangen- und Olivenhainen gelegene hübsche Dorf Fódele (29 km westlich von Iráklion) ist von einem mit Bäumen bestandenen Bach durchflossen, an dem sich in der Ortsmitte ein schattiger Picknickplatz befindet. Besonders schön ist es, hier die Zeit der Orangenblüte, wenn das ganze Tal mit Duft erfüllt ist, zu erleben. In dem Dorf wurde wahrscheinlich der berühmte Maler **El Greco** (►Berühmte Persönlichkeiten S. 76) geboren. In der Dorfmitte unter einer uralten Platane steht eine Gedenktafel für den Maler, die von der Universität Valladolid in Spanien gestiftet wurde. In der Dorfkirche gibt es ein Buch mit Reproduktionen der bekanntesten Gemälde El Grecos. Wenn man nördlich des Ortszentrums links über eine Brücke aufwärts geht, kommt man zur **Panagía-Kirche**, einer ausgewogenen Kreuzkuppelkirche als Vierpfeilertypus aus dem 13. Jh., die über einer dreischiffigen Pfeilerbasilika des 8. Jh.s errichtet wurde. Im Innern beeindrucken qualitätsvolle Fresken vor allem aus dem 13. Jahrhundert. Öffnungszeiten: Apr. – Nov. tgl. 8.30 – 15.00 Uhr. Von der Kirche führt links ein Pfad hinauf zu dem **angeblichen Geburtshaus von El Greco**, wo transparente Kopien seiner Werke ausgestellt sind. Öffnungszeiten: Mai – Sept. tgl. 9.00 – 19.00 Uhr.

El Greco

Kísamos · Kastélli

A 2/3

Griechisch: Κίσαμος
Einwohnerzahl: 3000
Nomos: Chaniá

Kísamos (Kastélli), Kretas westlichste Stadt, liegt im Süden der von zwei Halbinseln gesäumten Kisámou-Bucht und ist Zentrum des in dieser Gegend intensiv betriebenen Weinbaus. In dem ruhigen Städtchen ist noch wenig von Tourismus zu merken.

Ehemalige Hafenstadt

Der einzige Reiz des Ortes besteht denn auch in dieser Lage an der weiten Bucht vor dem Hintergrund grüner Hügel. Der **schönste Strand** in Stadtnähe ist der **Mávros Mólos**. In der Antike war Kísamos der Hafen des einige Kilometer weiter südlich gelegenen Polyrinía; diese Funktion hatte es auch unter den Römern, Byzantinern und Venezianern, die den Ort befestigten. Erhalten blieb hier nur ein kleiner Rest der Stadtmauer aus venezianischer Zeit.

Umgebung von Kísamos

Polyrinía (Πολυρηνία)

Etwa 30 Gehminuten oberhalb des modernen Dorfs gleichen Namens (6 km südlich von Kísamos) liegen auf einem Hügel verstreut die spärlichen **Ruinen** der Stadt Polyrinía, die von den Dorern im 8. Jh. v. Chr. gegründet wurde und einer der wichtigsten Stadtstaaten Westkretas war. Auch in der griechischen Periode nahm sie neben Falásarna die bedeutendste Rolle in Westkreta ein. Von jener Zeit zeugen nur noch wenige Grundmauern auf der Akropolis am nördlichen Hang. Aus der byzantinischen Epoche blieb eine **Kirche Ágii Patéres** erhalten, in der man 31 antike Inschriftensteine verbaute. Aus

KÍSAMOS ERLEBEN

AUSKUNFT

www.kissamos.net

ÜBERNACHTEN

► **Günstig**

Argo
Tel. 282 20 235 63
Sauberes Hotel direkt an der Strandpromenade; große Zimmer.

Bikakis
Tel. 282 20 242 57
Fax 282 20 221 05
www.familybikakis.gr, 15 Z. und Ap.
Familiäre Stadtpension in zentraler, aber ruhiger Lage mit gepflegten Zimmern, die oft einen schönen Blick auf die Bucht bieten.

Galini Beach
Tel. 282 20 232 88
Fax 282 20 233 88
www.galinibeach.com
Östlich vom Ort, am Strand, beim Sportplatz gelegen; die Zimmer sind mit Balkonen ausgestattet.

venezianischer Periode stammen die wuchtigen **Burgmauern**. Von hier kann man einen herrlichen Blick auf den Kisámou-Golf genießen. Frei zugänglich.

Farángi Topolia

Südlich vom Bergdorf Topolia (22 km südlich von Kísamos) verläuft die 1,5 km lange beeindruckende Topolia-Schlucht mit schroffen, 300 m hoch aufragenden Felswänden, die teilweise nur 5 m voneinander enfernt sind.

Agía Sofía

Fährt man die Straße südlich weiter, kommt man durch einen Tunnel. Etwa 300 m weiter führt rechts ein Treppenweg in etwa 10 Minuten hinauf zur 80 m höher gelegenen **Höhle** Agía Sofía, die seit neolithischer Zeit benutzt wurde. Die Tropfsteinhöhle mit Stalagmiten und Stalaktiten ist allerdings im Sommer ausgetrocknet.

Kefáli (Κεφάλι)

Die Fahrt zu dem Ort Kefáli (30 km südlich von Kísamos) führt durch Kastanienwälder und Olivenhaine, an mit Steineichen bestandenen Hängen und hohen Platanen vorbei. Das Dorf selbst schmiegt sich unterhalb der Hauptstraße an einen Hang. Beim Bummel durch enge, gewundene Gassen sieht man schöne Innenhöfe, Gemüse- und Obstgärten sowie einige Ruinen venezianischer Herrenhäuser. Auf dem Friedhof steht die kleine Einraumkapelle **Sotirós Christou** mit zwei Jochen und Tonnengewölbe. Sie wurde 1320 reich mit Fresken in zwei unterschiedlichen Stilrichtungen ausgemalt.

Váthi (Βάθη)

Das gut einen Kilometer südlich von Kefáli gelegene Dorf Váthi kann mit zwei freskierten kleinen Kirchen aufwarten. Die nur noch fragmentarisch vorhandenen Malereien der Einraumkapelle **Ágios Geórgios** im Ort stammen laut Stifterinschrift von 1284. Die **Michaíl-Archángelos-Kirche** südlich des Dorfes am Ende eines schwer auffindbaren Feldweges ist mit recht gut erhaltenen Fresken des 14. Jh.s geschmückt.

Chrysoskalítissa (Χρυσοσ-καλίτισσα)

Das kleine weiße Kloster Chrisoskalítissa aus dem 17. Jh., 10 km von Váthi entfernt, ist vor allem wegen seiner hübschen Lage auf einem niedrigen Fels über dem Meer sehenswert. Der Name Chrisoskalítissa (»Goldtreppe«) hängt mit einer Legende zusammen: Pilger müssen, um das Kloster zu erreichen, 98 Stufen einer Treppe hinaufsteigen; die letzte Stufe aus Gold können allerdings nur Gläubige sehen. Das modern wirkende Kloster ist in seiner wechselvollen Geschichte oft aufgegeben worden; 1944 zerstörten die Deutschen viele seiner Gebäude. In dem **kleinen Museum** sind vor allem einige Ikonen zu sehen. Öffnungszeiten: tgl. 9.00 – 12.00, 15.00 – 17.00 Uhr.

✶ Elafónisi (Ελαπόνησι)

6 km südlich des Klosters Chrisoskalítissa erstreckt sich der viel besuchte **wunderschöne Elafónisi-Strand**, der durch die vielen Blau- und Grüntöne geradezu karibisch anmutet. Das Ufer in der **Lagune** fällt sanft ab, das Wasser ist warm und klar. Der Sandstrand wurde

Karibisches Flair am wunderschönen Elafónisi-Strand

im Jahr 2000 unter Naturschutz gestellt. In der Sommersaison wird der Strand von Ausflugsbooten aus Paleochóra angelaufen, auch mit dem Bus von Kísamos und Chaniá kommt man hierher.

Dem Strand ist die kleine **Insel Elafónisi** vorgelagert, die mit dem Festland durch einen Sandstreifen verbunden ist, so dass man bei ruhiger See zu Fuß (max. Tiefe 1 m) zur Insel laufen kann. Die Insel ist Brutstätte für die Meeresschildkröte und die letzte Raststätte für die Zugvögel auf ihrem Flug von Europa nach Afrika.

Falásarna (Φαλάσαρνα)

Die im 5./4. Jh. v. Chr. gegründete Stadt Falásarna (19 km westlich von Kísamos), wurde wahrscheinlich aufgegeben, als sich im 4. oder 6. Jh. hier die Küste durch tektonische Bewegungen um fast 7 m anhob und damit die Hafenanlagen trocken lagen und unbenutzbar wurden. Auf dem Ausgrabungsgelände stößt der Besucher zunächst auf die Nekropole der antiken Stadt und links auf einen »Thron«, dessen Bedeutung bis heute Rätsel aufgibt. Von besonderem Interesse sind die **Hafenanlagen** mit einem 5 m hohen erhaltenen Wachturm und ein zum Meer führender Kanal. Zudem wurde eine sich am Berg hinziehende Stadtmauer aus regelmäßigen Quadern mit einigen vorspringenden Turmfundamenten freigelegt. Folgt man dieser, kann man in der Bucht nördlich des Kaps sehen, wie hoch einst das Wasser stand. Überreste eines Bauwerks mit einigen Treppenstufen liegen auf dem Bergsattel, von wo man einen schönen Blick genießen kann. Öffnungszeiten: Mo. 12.00 – 19.00, Di. – So. 8.00 – 19.00 Uhr.

In der weit geschwungenen Badebucht südlich von Kap Koutrí mit bizarrer Felskulisse im Hintergrund erstreckt sich ein herrlicher kilometerlanger Sandstrand aus, der ganz flach ins Meer hineinläuft. Wunderbares türkisfarbenes Wasser lädt zu einem kühlen Bad ein.

★ ◄ Strand

★ **Bálos-Strand**

Der umwerfende Sandstrand Bálos mit Lagune, wo das Meer in Türkistönen schimmert, erstreckt sich in einer malerischen Bucht an der nördlichen Westküste der Halbinsel Gramvoúsa. Er ist 10 km von Kalyviani entfernt; die Strecke ist zum Großteil befahrbar. Vom Parkplatz am Ende der Piste sind es 30 Min. Fußweg zum Strand. Von Kísamos verkehren auch Schiffe dorthin. Vom Strand führt ein Pfad zum **Kap Vouxa** und zu den Resten eines Apollo-Heiligtums.

Gramvoúsa (Γραμβούσα)

Der Nordspitze der Halbinsel Gramvoúsa westlich vorgelagert ist die **Insel** Gramvoúsa, die nur von Kísamos mit dem Ausflugsschiff zu erreichen ist. Über der westlichen Steilküste der Insel erhebt sich in 135 m Höhe ein **Kastell**, das die Venezianer auch nach der Eroberung Kretas durch die Türken 1669 halten konnten. Venezianisch ist auch die kleine **katholische Kirche** mit Renaissancefassade. Um 1800 war Gramvoúsa ein überaus **gefürchtetes Seeräubernest**; allein in zwei Jahren, von 1825 bis 1827, wurden von den Piraten 155 Schiffe gekapert. Daraufhin zerstörte eine britisch-französische Strafexpedition den damals von etwa 6000 Menschen bewohnten Seeräuberort und befreite viele in Höhlen schmachtende Gefangene. Diese Höhlen sind auch heute noch sichtbar.

★ Knossós

K 4

Griechisch: Κνωσός **Nomos:** Iráklion

Die Ausgrabung von Knossós ist die berühmteste und größte minoische Palastanlage und einer der touristischen Höhepunkte Kretas. Sie vermittelt einen sehr anschaulichen Eindruck von der ersten Hochkultur Europas. Die Anlage gehört in ihrer Pracht zum Pflichtprogramm jedes Kreta-Besuchers.

Öffnungszeiten:
Apr. – Okt.
tgl. 8.30 – 20.00
Nov. – März
tgl. 8.30 – 17.00

Nirgendwo sonst auf Kreta erhält man einen so umfassenden und anschaulichen Einblick in die minoische Palastarchitektur, nicht zuletzt dank umfangreicher Rekonstruktionen. Wandteile und Säulen, ja sogar ganze Säle sind entsprechend den Grabungsergebnissen in farbigem Beton wieder errichtet worden. Die ins Archäologische Museum von Iráklion verbrachten Freskenreste hat man an Ort und Stelle durch Kopien ersetzt, so dass der Besucher trotz mancher Kri-

tik an den Rekonstruktionen ein sehr plastisches Bild von dem größten minoischen Palast erhält. Zu den Rekonstruktionen von Evans schreibt **Henry Miller** in seinem berühmtem Griechenland-Buch **»Der Koloß von Maroussi«** (»The Colossus of Maroussi«, 1940; zitiert nach der deutschen Taschenbuchausgabe des Rowohlt-Verlages, 1965): »Über die Ästhetik von Sir Arthur Evans' Restaurationsarbeiten sind die Meinungen geteilt. Ich war nicht imstande, mir ein Urteil zu bilden, ich nahm das Geschaffene als eine Tatsache hin. Wie auch immer Knossós in der Vergangenheit ausgesehen haben mag, das hier, was Evans geschaffen hat, ist das einzige, was ich je kennen werde. Ich bin ihm dankbar für das, was er getan hat, dankbar, daß er mir ermöglichte, die große Treppe hinunterzusteigen und auf jenem wunderbaren Thron zu sitzen, dessen Kopie im Haager Friedenspalast steht und jetzt schon fast ebenso ein Denkmal der Vergangenheit ist wie das Original. Knossos spiegelt in allem, was von ihm noch erhalten ist, die Pracht und die Kraft und den Überfluß eines mächtigen friedlichen Volkes wider. Es ist lebenslustig – lebenslustig, gesund, heilsam. Das gewöhnliche Volk spielte eine große Rolle, das ist offensichtlich.«
Und auch heute noch sind es gerade diese Rekonstruktionen, die die Besucher ganz besonders faszinieren. Obwohl Forscher wie H. Wunderlich die These vertreten haben, der Palast sei der kultische Zentralbau einer Nekropole nach Art der ägyptischen Totentempel und P. Faure den großen Palast ausschließlich als ein Heiligtum ansah, ist die Mehrzahl der Gelehrten überzeugt, dass die **Palastanlage einem mächtigen Herrscher als Residenz** diente und zugleich Verwaltungs- und Wirtschaftszentrum sowie religiöser Mittelpunkt eines größeren Territoriums war.

Geschichte

Die Anfänge der Besiedlung von Knossós gehen in die Jungsteinzeit zurück. Die Reste eines neolithischen Holzhauses sind auf etwa 6500 bis 6100 v. Chr. datiert worden. Der erste Palastbau aus der Zeit von 2000 v. Chr. wurde auf einem niedrigen Hügel oberhalb des Kératos-Tales errichtet. Er bildete den Auftakt des minoischen Palastbausystems mit seinen Zentralhöfen und komplizierten Raumgefügen von Repräsentationssälen, Privatgemächern, Kultarealen und Werkstätten bis zu Magazinen, die durch Korridore und Treppenanlagen verbunden waren. Um 1700 v. Chr. geht die Alte Palastzeit mit der Zerstörung des Baus durch ein Erdbeben zu Ende.
Ein neuer, noch prächtigerer Palast mit mehreren Stockwerken und aufwändigen Innendekorationen entstand 1600 v. Chr., dessen eindrucksvolle Überreste heute zu sehen sind. Mit der Übernahme der Herrschaft durch die **Mykener** stagnierte der Palastbau um 1400 v. Chr in Knossós. Die Eroberer nutzten zwar die Palastanlage in Knossós weiter, veränderten sie aber nach eigenen Bedürfnissen. Möglicherweise fiel in diese Zeit die Entstehung eines neuen Herrschaftgebiets unter einem mächtigen König, das ägyptische Quellen als Menus oder Minus bezeichnen. Es ist nicht auszuschließen, dass

hierin die Ursprünge für die Namensgebung des **sagenhaften Königs Minos** liegen. Um 1375 v. Chr. wurden große Teile des Palastes durch Feuer vernichtet, ob durch einen Aufstand oder eine Naturkatastrophe bleibt ungeklärt. Die anschließenden Renovierungen und Umbauten ließen allerdings von der minoischen Architektur nur noch wenig übrig. Gegen 1200 v. Chr. wurde der Palast von Knossós schließlich durch fremde Eindringlinge vollends zerstört. Im Verlauf des 10. Jh.s v. Chr. drangen die Dorer in das Gebiet von Knossós ein, ohne dass sich dadurch ein neues Herrschaftssystem entwickeln konnte.

? WUSSTEN SIE SCHON ...?

- Die Griechen meinten, dass es sich bei dem Palast von Knossós wegen seiner Kompliziertheit und Unübersichtlichkeit um das Labyrinth des Minos handle. Das Wort »Labyrinth« leitet sich nämlich von dem lydischen Begriff »labrys« (»Doppelaxt«) ab und bedeutet demnach »Haus der Doppelaxt«. Diese war ein zentrales Kultsymbol der minoischen Kultur.

Im 8. und 7. Jh. v. Chr. stand Knossós unter dem Einfluss der griechischen Lebenswelt und gelangte zu einer bescheidenen Wirtschafts- und Kulturblüte. Seit dem 6. Jh. v. Chr. wurden offenbar unter dem verwirrenden Eindruck der weitläufigen Palastruinen Goldmünzen in Knossós geprägt, die **das Labyrinth und den Minotauros** als Ziermotiv zeigen.

Erst im 4. Jh. v. Chr. erreichte Knossós wieder eine Art Vorherrschaft, musste aber in der Folgezeit ständig mit anderen Stadtstaaten auf der Insel um den Machterhalt kämpfen. Im Jahr 67 v. Chr. besetzten die Römer Kreta, und Knossós wurde unter dem Namen Colonia Julia Nobilis neben Górtys ein Zentrum ihrer Herrschaft. Als die Byzantiner im 4. Jh. n. Chr. die Insel in Besitz nahmen, war Knossós immer noch bewohnt, doch dann verlieren sich Einzelheiten im Dunkel der Geschichte.

Erst 1878 entdeckte der Hobbyarchäologe Mínos Kalokerinos den minoischen Palast von Knossós wieder und grub zwei Magazinräume im Westflügel aus. Nach der Unabhängigkeit Kretas gelang es dem britischen Archäologen **Arthur Evans** (► Berühmte Persönlichkeiten S. 75), das Palastgelände zu erwerben und im Jahr 1900 mit der systematischen Ausgrabung zu beginnen. Mit zeitweilig 200 Arbeitern förderte er bis 1903 einen Großteil der Palastanlage ans Tageslicht und beschäftigte sich auch die nächsten Jahrzehnte bis zu seinem Tod 1941 mit der wissenschaftlichen Erforschung von Knossós. Die Grabungen gehen bis heute durch die britische Archäologische Schule weiter und konzentrieren sich nunmehr auf die Umgebung des Palastes. Evans hat nicht nur die erste umfassende Chronologie der minoischen Palastkultur erstellt, sondern ist auch verantwortlich für die konkreten Raumbenennungen wie z. B. Baderaum der Königin, Thronsaal oder Halle der Doppeläxte, obwohl diese Funktionen nicht durch archäologische Funde bewiesen sind. Zur Erleichterung der Orientierung der Besucher sind diese Raumbezeichnungen jedoch bis heute gebräuchlich.

KNOSSÓS

★★ Knossós, der bedeutendste minoische Palast, ist ein sehr anschauliches Zeugnis für die erste Hochkultur Europas. Mit einer Fläche von 20 000 m² und mehr als 1000 Räumen ist er zugleich auch der größte Palast dieser einmaligen Kultur. In seiner Blütezeit sollen nach Schätzungen von Archäologen 10 000 Menschen in der Anlage und im Umkreis gelebt haben.

Öffnungszeiten:
Mai. – Okt. tgl. 8.00 – 19.00
Jan. – Apr. Mo. 12.00 – 17.00
Di. – So. 8.00 – 17.00
Nov., Dez. Di. – So. 8.30 – 15.00

① Thronsaal

Den zentralen Platz im Thronsaal nimmt der Thron aus Alabaster ein, flankiert von Sitzbänken und von Fresken mit Greifenmotiven hinterfangen. An den Saal grenzen Kulträume; in einem wurde eine Muttergottheit verehrt.

② Zentralheiligtum

Im nur von Fackeln beleuchteten Zentralheiligtum wurden wahrscheinlich Erd- und Fruchtbarkeitsgottheiten angebetet. Die Doppelaxtzeichen verleihen dem Raum eine besondere Heiligkeit. Die Doppelaxt war neben den Stierhörnern ein wichtiges Kultobjekt der minoischen Religion. Außerdem gab es unterirdische Schatzgruben.

③ Nordwestflügel

Im Nordwestflügel waren Kulträume untergebracht, die mit schönen Wandmalereien geschmückt waren. Unter diesen Malereien gab es beispielsweise die Darstellung eines Affen im Palastgarten.

④ Halle der Doppeläxte

Die Halle der Doppeläxte ist nach den Doppelaxtmotiven benannt, mit denen sie geschmückt war. Es handelt sich hier wohl um den offiziellen Empfangsraum des Palastes, in dem Gesandtschaften empfangen wurden.

Knossos Orientierung

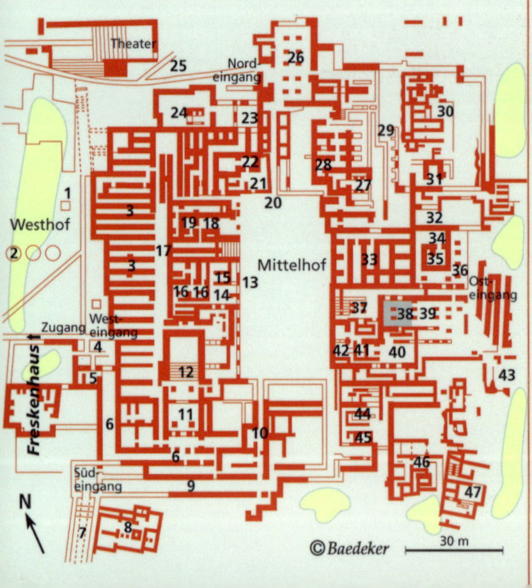

1 Altarsockel
2 Gruben
3 Vorratskammern
4 Westpropyläen
5 Wächterraum
6 Prozessionskorridor
7 Säulentreppe
8 Südgebäude
9 Südkorridor
10 Korridor
11 Südpropyläen
12 Treppe
13 Heiligtum
14 Vorraum
15 Zentralheiligtum
16 Pfeilerkrypta
17 Magazinkorridor
18 Thronsaal
19 Kultraum
20 Nordrampe
21 Gefängnis
22 Kultraum
23 Nordwestpropyläen
24 Kultareal
25 Königliche Straße
26 Zollhaus
27 Nordosthalle
28 Nordostmagaz
29 Töpferwerkstätten (?)
30 Keramikwerkst
31 Magazin
32 Lichthof
33 Raum mit Wasserbecken
34 Töpferei
35 Steinmetz-Wer
36 Ostveranda
37 Großes Treppe
38 Halle der Dopp
39 Megaron des K
40 Megaron der K
41 Baderaum der Königin
42 Boudoir der Kö
43 Ostbastionen
44 Halle der Doppeläxte
45 Kultbassin
46 Haus mit heiliger Tribüne
47 Südostgebäud

das Ziel der festlichen Prozessionen war. Vom Nord-Südkorridor des ersten Stockes blickt man auf die westlichen Magazinkammern mit großen Vorratsgefäßen aus Ton. Ein rekonstruierter Raum birgt einige Freskenkopien aus verschiedenen Palastgemächern.
Von dort gelangt man über eine kleine Wendeltreppe in den Vorraum des Thronsaales im Erdgeschoss des Westflügels. Sinnvoll ist jedoch ein kleiner Umweg über den **Mittelhof**, von wo man die einst mehrstöckigen, terrassenförmig mit Treppen, Säulengängen und Veranden angelegten Flügel des Palastes mit ihren Schaufassaden besser wahrnehmen kann. Dabei bemerkt man als Bauzier an den verschiedenen Fassadenteilen und an den Treppenläufen stilisierte Stierhörner.

Westflügel

Vom Mittelhof aus, wo Kulthandlungen und Hoffeste stattfanden, hat man den besten Blick auf den Westflügel mit dem großen Treppenhaus und der links davon gelegenen dreiteiligen Kultfassade eines Heiligtums, in dem vermutlich geheime Mysterien vollzogen wurden. Dahinter befinden sich Räume mit Säulenbasen und einer Steinbank, die zum **Zentralheiligtum** mit seinen unterirdischen Schatzgruben überleiten.

★★ ◄ Thronsaal

Rechts vom säulengeschmückten Treppenhaus liegt der Zugang durch einen Vorraum mit Porphyrschale zum bezaubernden Thronsaal mit angrenzendem Kultraum. An der Nordwand des Thronsaales steht der Alabasterthron, den Sitzbänke flankieren und Freskenkopien mit Greifenmotiven hinterfangen.

Der Thronsaal ist mit wunderschönen Fresken mit Greifenmotiven ausgemalt.

Nordflügel Ein rampenartiger Weg führt vom Mittelhof zum nördlichen Palastflügel mit einer Raumgruppe an der Nordwestecke, die der Archäologe Evans als Gefängniszellen interpretierte. Die Nordrampe, die z. T. mit hochgesetzten Säulengängen oder Veranden mit stuckierten Stierrelieffresken flankiert war, stellt auch die Verbindung mit der nördlichen Pfeilerhalle her, die Evans als Zollhaus deutete, da er annahm, dass die vom Hafen in den Palast kommenden Besucher ihre Gaben dort registrieren ließen. Vermutlich handelt es sich aber um eine große Halle für kultische und höfische Feste.

Nahebei befinden sich die Nordwestpropyläen und ein so genanntes Einweihungsareal, das aus einem Hof mit einem tiefer gelegenen Kultbassin besteht, wo vermutlich rituelle Reinigungen vollzogen wurden. Westlich des Nordeingangs führt die königliche Straße als Prozessionsweg zum so genannten **Theaterbezirk**, der von zwei großen, rechtwinklig aufeinander stoßenden Freitreppen gebildet wird. Möglicherweise sahen die Einwohner von diesen Schautreppen den Stierspielen zu oder empfingen hohe Gäste und vollzogen kultisch-höfische Zeremonien. Folgt man der königlichen Straße noch weiter westlich, erreicht man das sogenannte Haus der Fresken, das wohl einem Palastbeamten gehörte, aus dem u. a. das Fresko des blauen Vogels stammt.

Ostflügel Im nordöstlichen Palastareal fällt zunächst eine mehrfach abknickende Schachttreppe auf mit parallel dazu verlaufenden Abflussrinnen und Senkkästen für Regenwasser, das in der Nähe der Ostbastion in zisternenartigen Becken aufgefangen wurde. Ein Teil des weit verzweigten **Wasserrohrleitungssystems** ist in einem Lichthof zu sehen, und in einem weiteren Raum befindet sich ein steinernes Wasserbecken in Verbindung mit den dort untergebrachten Werkstätten. Die Nordosthalle beeindruckte einst durch die vier kräftigen Säulen, von denen noch Basen erhalten sind. Die angrenzenden **Magazinräume** dienten wohl als Lager für Keramikwaren, denn in der Nähe befanden sich die Töpferwerkstätten, die allerdings auch als Stallungen gedeutet werden. Weitere Keramikwerkstätten und Magazine mit imposanten Vorratsgefäßen schlossen sich daran an.

Im Nordosttrakt lag offenbar das **Wirtschaftszentrum** des Palastes, denn auch die Räume mit einer weiteren Töpferei sowie die Werkstatt der Steinschneider deuten darauf hin. Architektonisch eingerahmt wurde der Wirtschaftsflügel durch eine offene Säulenveranda, die den Blick auf den Osteingang und das Kératos-Tal freigeben. Manche Forscher vermuten, dass von hier auch den Stierspielen im Tal zugesehen wurde. Die Stützmauern in Hanglage stammen noch vom älteren Palastbau (vor 1700 v. Chr.).

Wendet man sich dem südöstlichen Palastteil zu, so gelangt man über das große eindrucksvolle, drei tiefer gelegene Geschosse verbindende Treppenhaus mit zahlreichen Originalbauteilen zunächst in den Saal der königlichen Wache mit Schildfresken und dann in die **Halle der Doppeläxte**, wohl ein offizieller Empfangsraum, der bereits

Halle der Doppeläxte

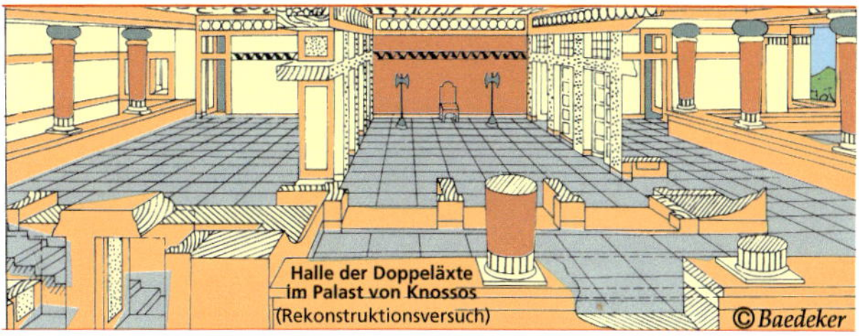

zu den königlichen Gemächern gehört und mit eingeritzten Doppelaxtmotiven an der Westwand zum Lichthof verziert war. Zusammen mit dem **Megaron des Königs**, in dem sich eine Holzthron-Nachbildung befindet, bildet die gestaffelte Raumgruppe ein eindrucksvolles Bild der minoischen Wohnkultur, die sich auch im Megaron, Baderaum und Boudoir der Königin nachvollziehen lässt. Das Herrengemach und das Frauengemach waren mit Fresken geschmückt, darunter Rosetten- und Laufspiralmotive, Delphin- und Tanzdarstellungen. Die Gemächer waren durch Pfeiler und Säulen untergliedert, die Wände von mehreren Türen durchbrochen, so dass insgesamt ein farbenfroher, offener und luftiger Raumeindruck entstand.
Im südöstlichen Teil des Palastes befindet sich noch ein weiteres kleineres Kultbassin und ein kammerartiges **Heiligtum der Doppeläxte**, benannt nach der hier gefundenen Doppelaxt aus Speckstein als Symbol göttlicher Macht. Südöstlich wird schließlich der Palastbezirk begrenzt vom Südostgebäude und vom Haus mit der heiligen Tribüne. Darin befindet sich ein gepflasterter Raum mit einer von Säulen flankierten und erhöht liegenden tribünenartigen Vorrichtung, die wohl der Aufstellung eines Kultbilds diente.

★ Kritsá

N 5

Griechisch: Κριτσά **Nomos:** Lassíthi

Kritsá zeichnet sich durch seine malerische Lage am Berghang und sein hübsches Ortsbild aus. Es ist zu einem viel besuchten Vorzeige-Bergdorf geworden. Trotzdem hat sich Kritsá eine gewisse Atmosphäre bewahrt, die vor allem spürbar wird, wenn gegen Abend der Besucherstrom versiegt.

Dorf der Handarbeiten

Zahlreiche Geschäfte bieten die bekannten Webereien und Handarbeiten an, die jedoch nicht alle aus griechischer Produktion stammen. Der Ort wird vor allem wegen der Kirche Panagía Kerá besucht. Bekannt wurde Kritsá auch durch den Film **»Griechische Passion«**, den Jules Dassin 1957 nach einem Roman des kretischen

KRITSÁ ERLEBEN

ÜBERNACHTEN

► **Günstig**

Argyro
Am Ortseingang
Tel./Fax 2 84 10 5 11 74, 6 Z.
www.argyrorentrooms.gr
Nette Pension; saubere Zimmer mit und ohne Dusche.

Dichters **Nikos Kasantzakis** mit einheimischen Darstellern drehte. Der Film hat die Passion Christi zum Thema, wobei sich Spiel und Wirklichkeit durch den Machtmissbrauch der Dorfführer zunehmend vermischen und schließlich alles in Gewalt endet.

✶✶ Panagía Kerá

Eine der großartigsten byzantinischen Kunstschöpfungen überhaupt ist die eindrucksvolle Kirche Panagía Kerá, die, von Ágios Nikólaos kommend, etwa 1 km vor Kritsá rechts der Straße zu finden ist. Bezaubernd ist ihre malerische Lage in einem Kiefern- und Zypressenhain, die eine stimmungsvolle Atmosphäre vermittelt. Berühmt ist die Kirche wegen ihrer ausdrucksvollen **Fresken, die bedeutendsten von Kreta**. Die Panagía Kerá (»Muttergottes als Herrin«) ist ein sehr schöner, harmonischer dreischiffiger Bau, obwohl die Schiffe aus verschiedenen Zeiten datieren. Das älteste ist das Mittelschiff, das Mitte des 13. Jh.s gebaut, bereits Ende dieses Jahrhunderts teilweise zerstört und wieder errichtet wurde. Auf ihm erhebt sich ein Tambour mit flacher Kuppel. Das Südschiff der hl. Anna mit Tonnengewölbe und eigener Apsis stammt aus der ersten Hälfte des 14. Jh.s und das dem hl. Antonius geweihte Nordschiff aus der Mitte des 20. Jh.s. Die mächtigen Strebepfeiler wurden später angebaut.

✶✶ **Fresken**

Die Fresken sind von unterschiedlicher Qualität. Die ältesten Fresken befinden sich im Mittelschiff, in der Apsis und im Tambour (Mitte 13. Jh.). Das Südschiff wurde während seiner Erbauung ausgemalt. Die Malereien des Mittelschiffes zeigen, dass die Anordnung der Bilder seit mittelbyzantinischer Zeit nach streng hierarchischen Prinzipien erfolgte: von der höchsten göttlichen Macht über die himmlischen Hierarchien bis hinunter zum Menschen. Künstlerisch bedeutend ist die Himmelfahrtsszene. Im Südschiff ist die Figur der hl. Anna hervorzuheben, die durch ihre realistische Wiedergabe besticht. Am ausdrucksvollsten sind die **Fresken im Nordschiff**. Öffnungszeiten: Apr. – Okt. tgl. 8.00 – 15.00 Uhr.

Umgebung von Kritsá

✶ **Lató (Λατό)**

3 km nördlich von Kritsá breiten sich in schöner Landschaft die Ruinen der dorischen Stadt Lató aus. Man erreicht sie entweder auf der Straße, die am Ortseingang von Kritsá rechts abzweigt, oder auf ei-

Die Panagía-Kerá-Kirche besitzt die bedeutendsten Fresken Kretas. →

! Baedeker TIPP

Anspruchsvolle Wanderung

Wer eine schwierigere Tour nicht scheut, kann eine der schönsten Schluchten Ostkretas entdecken: die Kritsá-Schlucht. In etwa 2 ½ Stunden führt der Wanderweg, der an der Straße nach Lató, 2 km nach der Abzweigung von der Hauptstraße an einem Bachbett beginnt, hinauf nach Tápes, vorbei an engen Schluchtwänden. Der Rückweg ist dann etwas kürzer.

nem Fußweg von der Panagía-Kerá-Kirche, der hinter der kleinen Taverne beginnt und auf den Weg nach Lató trifft. Lató, dessen Gründung in das 8. oder 7. Jh. v. Chr. fällt, ist eine **typische dorische Stadtanlage**: eine an den Berghängen eines Doppelgipfels errichtete Stadt, deren Zentrum auf dem Bergsattel liegt. Die heute sichtbaren Gebäude datieren allerdings aus dem 5. und 4. Jh. vor Christus. Um 1900 begannen französische Archäologen mit den Ausgrabungen, die in den letzten Jahren wieder aufgenommen wurden. Man sollte den Rundgang am unteren Stadttor beginnen, um die Anlage in ihrer Gesamtheit besser erfassen zu können. Ein Treppenweg führt zum Zentrum der Stadt. Rechts trifft man zunächst auf zwei kleine Läden und anschließend auf eine Färberei, in der eine Zisterne mit Bassin und ein Trog erhalten sind, und im übernächsten Raum auf den Laden eines Müllers mit einer steinernen Handmühle.

Gegenüber erhebt sich ein Wachturm. Die Treppe weiter aufwärts folgen rechts einige zusammenhängende Räume, von denen der mittlere eine Zisterne, einen Steinmörser, eine steinerne Handmühle und einen großen Bottich enthält. Der Weg mündet in einen kleinen Platz; südwestlich davon wurde ein Grab gefunden und nordöstlich sind Stufen einer Treppe zu erkennen. Man geht nun um eine lange Halle herum, kommt an einer Exedra vorbei und erreicht den bedeutendsten Teil der Stadt, die **Agora**. Diese diente als Versammlungs- und vor allem als Kultort, worauf das kleine Heiligtum hinweist. Daneben befindet sich eine tiefe Zisterne. Eine große Treppe, die von Türmen flankiert wird, führt zum Prytaneion mit an den Wänden entlanglaufenden Sitzbänken und weiter zum Speisesaal, ebenfalls mit steinernen Sitzbänken. Auf der südöstlichen Hügelkuppe wurden noch Reste eines Tempels und Theaters gefunden. Öffnungszeiten: Apr. – Okt. Di. – So. 8.30 – 15.00 Uhr.

Ágios Ioánnis (Άγιος Ιωάννης)

2 km südlich von Kritsá auf der Straße nach Kroustás sieht man rechts die **Kirche Ágios Ioánnis**. Den beiden Südschiffen ist ein Querschiff vorgelagert. Bemerkenswert sind die prächtigen Ikonostasen. Nach etwa 4 km erreicht man Kroustás und nach 4 km kommt links eine Abzweigung zu einer **weiteren Ágios-Ioánnis-Kirche**, die wegen ihrer vielen qualitätsvollen Fresken von 1347 bekannt ist. Zu sehen sind: in der Apsiswölbung die Deesis; im Tonnengewölbe Szenen aus dem Leben Jesu, unterhalb auf beiden Seiten ein Medaillonfries mit jeweils sechs Heiligen; besonders zu erwähnen ist die Geburt Christi an der Westseite der Ikonostase.

★ Lassíthi

M/N 4/5

Griechisch: Λασίθιου (Lasíthiou) **Nomos:** Lassíthi

Die schöne Lassíthi ist ein rundes fruchtbares Karstplateau (820 m ü.d.M.) im Díkti-Gebirge mit einer Größe von 8 x 5 km. Die Bewässerung, die das Wasser in Sammelbecken und dann in die schachbrettartig angelegten Bewässerungsgräben leitet, bewirkt eine reiche Vegetation.

Fruchtbare Hochebene

Die üppig grüne Lassíthi-Hochebene bietet mit den sie umrahmenden Bergen einen sehr schönes Bild, das früher noch durch die alten, mit Segeltuch bespannten Windräder (»Tal der Windmühlen«) unterstrichen wurde. Die Windräder sind in der letzten Zeit fast vollständig durch Motorpumpen ersetzt worden. Hauptanbauprodukte sind Kartoffeln, Gemüse, Äpfel und Birnen sowie Weizen. Die Dörfer liegen alle am Rand der Lassíthi, am Fuß des Gebirges.

Lassíthi-Hochebene: ein Bilderbuchmotiv vor der Kulisse des Díkti-Gebirges

Geschichte Die Hochebene, die bereits in neolithischer Zeit besiedelt war, bildete immer wieder Rückzugsgebiet der Einheimischen, so in nachminoischer Zeit, als sich die Dorer an den Küsten niederließen, und später vor den venezianischen Eroberern. Diese vertrieben 1263 alle Bewohner von der Lassíthi und den umliegenden Bergen und verboten jegliche Neubesiedlung und landwirtschaftliche Nutzung der Hochebene. Erst 200 Jahre danach erlaubten die Venezianer wegen Lebensmittelknappheit wieder die Besiedlung und Bebauung des Gebiets. Auch in der folgenden Zeit war die Lassíthi Zufluchtsstätte für die Landbevölkerung Ostkretas und **Operationsbasis der Aufständischen gegen die Türken**, die 1867 die Hochebene verwüsteten.

Ziele auf der Lassíthi-Hochebene

Kardiótissa (Καρδιώτισσα) Kurz unterhalb des 560 m hoch gelegenen Ortes Kerá, an der Straße von Norden auf die Lassíthi, befindet sich das Kloster Kardiótissa, das auch Kerá genannt wird. Die von Zypressen umgebene kleine Anlage bietet mit ihrem stimmungsvollen kleinen Hof und dem blumenreichen Gärtchen einen malerischen Anblick. Wie andere kretische Klöster war es in der Zeit der türkischen Herrschaft Bildungsstätte für die christlich-orthodoxe Bevölkerung. Die im Innenhof aufgestellte, eingezäunte **Säule** ist mit einer Legende verknüpft: Die wundertätige Marienikone an der Ikonostase im Kircheninnern war geraubt und nach Konstantinopel gebracht worden, wo sie an eine Säule angekettet wurde. Das heilige Bild ist jedoch auf wundersame Weise mitsamt der Säule ins Kloster zurückgekehrt. Die aus Bruchsteinen gebaute Kirche aus dem 14. Jh. umfasst drei Schiffe, wobei nur das Mittel- und Nordschiff Apsiden aufweisen.

Der Narthex ist an der Westfassade mit Blendbögen aus Ziegelmauerwerk verziert. Das Kircheninnere wurde mit **schönen Wandmalereien** ausgestattet. Folgende Darstellungen sind zu sehen: im Südschiff Szenen zum Jüngsten Gericht sowie Christus zwischen Maria und Johannes dem Täufer, Engel, Christus mit den klugen und törichten Jungfrauen; im Mittelschiff Szenen aus dem Leben Jesu, u. a. Geburt und Höllenfahrt Christi, Pfingsten; im Nordschiff Fragmente von Heiligenbildern; im Tonnengewölbe eine grandiose Himmelfahrt und Szenen aus dem Leben Marias, u. a. Engel verkündigt Joachim die Geburt Marias, Mariä Geburt, Tempelgang Marias; in der Apsis Panagia mit dem Christuskind. Öffnungszeiten: 8.00 – 13.00, 15.00 bis 19.00 Uhr.

> ! *Baedeker* TIPP
>
> **Schattiger Rastplatz**
>
> Lohnend ist ein Abstecher nach Krási, das nahe der Straße von Norden auf die Lassíthi liegt. Hier kann man herrlich im Schatten einer der ältesten und mächtigsten Platanen Kretas (Stammumfang: 16 m) rasten.

Herrlicher Rastplatz in Krási unter einer uralten Platane →

Kárfi (Κάρφι) Der Ausflug zu der **bedeutenden nachminoischen Siedlung** (1050 bis 990 v. Chr.) auf dem 1100 m hohen Berg Kárfi (»Nagel«) ist weniger von archäologischem Interesse, denn es sind nur noch geringe Überreste vorhanden, als wegen der herrlichen Ausblicke zu empfehlen. Das Ausgrabungsgelände ist von Tzermiádo auf der Lassíthi über das Níssimos-Plateau zu erreichen. Auf diesem Weg kommt man an kleinen Thólosgräbern vorbei. Von der Siedlung wurden etwa 100 Räume oder Häuser mit gemeinsamer Fassade, gepflasterte Gassen und Plätze gefunden; sie sind heute nur schwer zu lokalisieren. Die wichtigsten, auf dem Gelände gemachten Funde sind große weibliche Tonidole (im Archäologischen Museum Iráklion).

*** Diktaío Ántro (Δικαίο Άντρο)** Am Südwestrand der Ebene, oberhalb des Dorfes Psichró liegt die **vielbesuchte beeindruckende Tropfsteinhöhle** Diktáio Ántro (Diktäische Höhle). Dort hinauf führt ein steiler Fußweg in etwa 15 Minuten; für den Aufstieg kann man auch Esel mieten. Die bequemere Alternative ist ein Weg, der links herum zur elektrifizierten Höhle führt. Hier wurde der Sage nach **Zeus** geboren, weil seine Mutter Rhea fürchtete, der Vater Kronos würde den Sohn wie schon dessen Geschwister als Konkurrenten um die Macht verschlingen. Diese Sage macht auch die besondere Anziehungskraft der Höhle aus, die mindestens seit der minoischen Periode lange Zeit ein **Kultort** war.
Vom Eingang kommt man zunächst in die Oberhöhle, in der man ganz rechts einen heiligen Bezirk mit Keramik, Altären und Idolen fand. Die anschließende Unterhöhle ist reich mit faszinierenden Tropfsteinen versehen. Auf dem Grund breitet sich ein kleiner Teich aus, in dem Zeus gebadet worden sein soll. Rechts davon hängt ein Stalaktit, der »Mantel des Zeus« genannt wird. In dem kleinen Raum links soll der Sage nach Zeus geboren worden sein. In der Unterhöhle fanden sich zahlreiche Weihegaben wie Messer und Doppeläxte. Öffnungszeiten: tgl. 10.00 – 15.00, im Hochsommer bis 18.30 Uhr.

Ágios Geórgios (Άγιος Γεώργιος) In dem Ort Ágios Geórgios am Südrand der Lassíthi kann man ein idyllisches **Volkskundemuseum** besuchen. Es ist in einem Haus untergebracht, das als einziges auf der Lassíthi seine Originalform von 1800 bewahrt hat. Es besitzt aus Sicherheitsgründen keine Fenster. Im Hauptraum, dem Wohn- und Schlafbereich sowie der Küche, befinden sich ein Kamin mit Kochutensilien und der für jeden Haushalt obligatorische Webstuhl. Im Stall werden landwirtschaftliche Geräte und in einem weiteren Raum Werkzeuge von verschiedenen Handwerksberufen wie Schmied, Schreiner und Schuster gezeigt. Im Neubau nebenan erhält man anhand von Möbeln u. a. Einblick in traditionelle Wohnkultur. Außerdem stellt eine kleine Gemäldegalerie moderne griechische Maler und eine Fotosammlung den Dichter Nikos Kazantsakis vor. Öffnungszeiten: tgl. 10.00 – 16.00 Uhr.
Unweit vom Volkskundemuseum ist ein kleines **Museum zum Andenken von Eleftherios Venizelos** (► Berühmte Persönlichkeiten) eingerichtet. Vor dem Museum steht eine Büste des Politikers.

Mália

M 4

Griechisch: Μάλια
Einwohnerzahl: 4000
Nomos: Iráklion

Der Badeort Mália, in einer intensiv landwirtschaftlich genutzten Gegend (Orangen, Melonen, Bananen) an der Nordküste gelegen, ist einer der wichtigsten Touristenorte Kretas.

Trubeliger Ferienort

Hier reihen sich dementsprechend zahllose Hotels, Restaurants, Bars, Souvenirläden und Diskotheken aneinander. Ein besonders reges Leben entfaltet sich Nacht für Nacht. Die Attraktivität des Ortes beruht vor allem auf dem kilometerlangen hervorragenden Sandstrand mit Dünen, wo es viele Wassersportmöglichkeiten gibt. Nur im kleinen historischen Ortskern südlich der Durchgangsstraße entdeckt man noch idyllische Ecken.

MÁLIA ERLEBEN

AUSKUNFT

www.cityofmalia.gr

ÜBERNACHTEN

▶ Luxus

Cretan Malia Park
Tel. 289 70 314 61/2
Fax 289 70 314 60
www.cretanmaliapark.gr
53 Z., 136 Bung.
Die umweltfreundliche Anlage in ruhiger Umgebung besteht aus dem Haupthaus sowie Bungalows und verfügt über einen schönen Garten und einen eigenen Strand, zudem werden diverse Sportmöglichkeiten und Kinderbetreuung geboten.

▶ Komfortabel

Ikaros Village
Tel. 289 70 312 68/9, Fax 289 70 313 41
www.ikarosvillage.gr, 193 Z.
Malerischer Hotel- und Bungalowkomplex im kretischen Dorfstil, über dem Meer, am Strand gelegen, und mit hübschem Garten.

Kernos Beach
Tel. 289 70 278 00, Fax 289 70 317 74
www.kernosbeach.gr, 271 Z.
Ferienanlage am feinen Sandstrand mit gepflegtem Garten.

Malia Bay
Tel. 289 70 328 53/6, Fax 289 70 322 25
www.maliabay.gr, 92 Z., 55 Bung.
Die All-inclusive-Anlage liegt an einem Sandstrand, unweit des malerischen Dorfzentrums; diverse Wassersportmöglichkeiten.

Sirens Beach
Tel. 289 70 351 00, Fax 289 70 313 25
www.sirensbeach.gr, 252 Z.
Wie der Name schon sagt, liegt die Ferienhotel direkt am Strand und trozdem in Ortsnähe.

Phaedra Beach
Tel. 289 70 315 60/1, Fax 289 70 317 24
www.phaedrabeach.com, 132 Z.
Legere Hotelanlage mit schönem Sandstrand.

▸ **Günstig**

Artemis
Tel. 28 70 315 83, 34 Z.
Familiär geführtes, kleines Hotel.

Malia Holidays
Tel. 289 70 312 06
Fax 289 70 315 65, 106 Z.
Zentral und doch ruhig gelegenes Hotel.

ÜBERNACHTEN IN DER UMGEBUNG VON MÁLIA

▸ **Luxus**

Aldemar Royal Mare Village
Limin Chersonisou
Tel. 289 70 272 00
Fax 289 70 216 64, 391 Z.
www.aldemarhotels.com
Das 1997 eröffnete, am Strand gelegene Hotel verfügt über ein großes Gesundheits- und Schönheitszentrum, in dem die Thalasso-Therapie durchgeführt wird.

Aldemar Knossos Royal Village
Limin Chersonisou
Tel. 289 70 274 00
Fax 289 70 231 50
www.aldemarhotels.com
364 Bung, 49 Villa-Suiten
Die Anlage verfügt über elegante zweistöckige Bungalows direkt am Strand und hervorragende Restaurants; zudem bestehen diverse Sportmöglichkeiten.

Creta Maris
Limin Chersonisou
Tel. 289 70 270 00
Fax 289 70 221 30
www.maris.gr
216 Z., 229 Bung.
Die hervorragend geführte und beliebte Creta Maris, eines der besten Hotels Kretas, liegt inmitten eines schönen großen Gartens, direkt am Strand und ist ein stilbildender Baukomplex mit Würfel-Häusern, Gässchen und Brunnen; umfangreiches Sportangebot und Animationsprogramme sowie Kinderbetreuung.

▸ **Komfortabel**

Aldemar Cretan Village
Limin Chersonissou
Tel. 289 70 276 00
Fax 289 70 22 30 00
www.aldemarhotels.com, 322 Z.
Großzügiges, am Strand gelegenes Village in kretischer Architektur mit breitgefächertem Sport- und Freizeitangebot sowie Kindergarten.

Aphrodite Beach Club
Gouves
Tel. 289 70 411 02
Fax 289 70 413 79
www.aphrodite-hotel.net, 251 Z.
Zwei miteinander verbundene Hoteltrakte; Animationsprogramme, auch für Kinder.

Blue Island
Limin Chersonisou
Tel. 289 70 215 45
Fax 289 70 234 75

www.blueislandhotel.gr, 36 Z.
Modernes Hotel in zentraler Lage und mit einem kleinen Pool hinterm Haus; gut für eine Zwischenübernachtung oder für ein intensives Eintauchen ins Nachtleben geeignet.

King Minos Palace
Limin Chersonisou
Tel, 289 70 228 81/4
Fax 28 97 02 27 81
www.kingminospalace.com
140 Z.
Ruhig gelegene Hotelanlage; Animationsprogramme.

Nana Beach
Limin Chersonisou
Tel. 289 70 229 50
Fax 289 70 229 54
www.nanabeach.gr
89 Z., 177 Bung.
Weitläufiger All-inclusive-Komplex am Sand-Kiesstrand mit Wassersportmöglichkeiten sowie Animations- und Unterhaltungsprogramm.

Venus Melena
Limin Chersonisou
El. Venizelou 134
Tel. 289 70 228 92
Fax 289 70 231 66
www.venusmelena.gr
57 Z.
Im Ortszentrum, 200 m vom Strand entfernt gelegen.

► Günstig

Anna
Stalis
El. Venizelou 148
Tel. 289 70 315 06
www.villamary-anna.gr
16 Apt.
Im kretischen Stil erbautes Haus in der Nähe des Hafens mit Pool.

Pela-Maria
Limin Chersonisou
Tel. 289 70 221 95
117 Z.
Zweckmäßig eingerichtetes Hotel in der Nähe eines Sandstrandes.

★ Mália (Palastruinen)

3 km östlich von Mália liegen die Reste des mittelminoischen Palastes von Mália, der neben den Palästen von Knossós und Festós die wichtigste Anlage Kretas ist.

Von dem Badeort Mália ist die Ausgrabungsstätte nach einem knapp einstündigen Strandspazierweg zu erreichen. Zu sehen sind heute überwiegend die Ruinen des neuen Palastes, vom älteren Komplex ist nur noch wenig vorhanden. Die Baukonzeption weist eine archaischere und weniger verfeinerte Art als Knossós auf.

Öffnungszeiten:
Juni – Sept.
tgl. 8.30 – 15.00
sonst Mo. geschl.

Geschichte

Der Sage nach war **König Sarpedon**, der Bruder von Minos, Besitzer des Palastes. Siedlungsreste lassen sich bis in die frühminoische Periode (2700 – 2250 v. Chr.) zurückverfolgen. Der Palast wurde von 1900 bis 1800 v. Chr. errichtet, von 1800 bis 1700 v. Chr. erneuert und um 1420 durch die Mykener zerstört. Mália entwickelte sich durch seine Lage am Schnittpunkt des Hauptverkehrsweges zwischen

Mália: die archaischere Version des minoischen Palastbaus

Mittel- und Ostkreta bald zu einer der bedeutendsten Städte der Insel. Die archäologischen Ausgrabungen wurden von Chatzidakis begonnen und von der französischen Schule fortgesetzt, die sie bis heute weiterführt. Da der minoische Name des Palastes nicht bekannt ist, nannte man ihn nach dem nahe gelegenen Ort Mália.

Rundgang Der Besucher sollte zunächst den Palast besichtigen und anschließend die weiteren überdachten Ausgrabungen nordwestlich. Das kleine Museum gleich links nach dem Eingang dokumentiert die hiesigen Ausgrabungen und präsentiert ein **Modell der Palastanlage**.
Bei dem Rundgang durch den Palast betritt man zunächst den Westhof und erreicht über eine gepflasterte Gasse den Nordeingang. Es folgt ein Vorhof, an den hinter einem gewinkelten Portikus im Norden und Osten Magazine und im Westen Werkstätten angrenzen. Ein weiterer Hof schließt sich an. Westlich führt eine Vorhalle in die **königlichen Privatgemächer**, die u.a. ein Polithyron und südwestlich anschließend ein Bad umfassen.
Südlich dieser Raumfolge fand man ein Archiv. Vor dem Korridor, der von dem erwähnten Hof zum Mittelhof führt, liegt ein in späterer Zeit schrägwinklig errichteter Raum, der wahrscheinlich als Heiligtum gedient hat. An die Nordseite des Mittelhofes, auf dem ein Altar steht, schließt sich ein Vorraum mit einem Pfeiler und ein Pfeilersaal an, der nach Ansicht von Archäologen als Speisesaal genutzt

Palastruinen Malia Orientierung

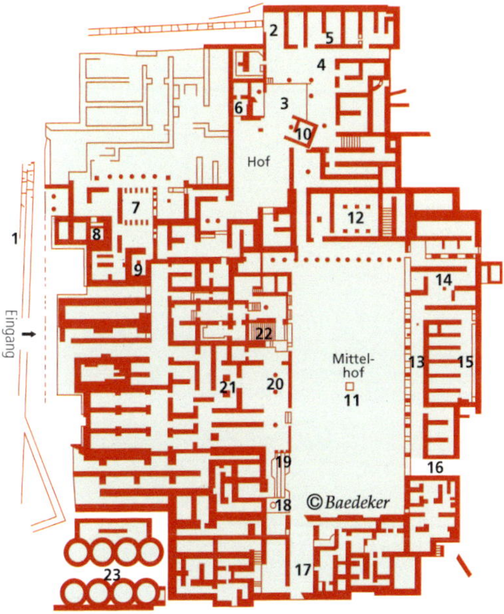

1 Westhof
2 Nordeingang
3 Vorhof
4 Portikus
5 Magazine
6 Werkstätten
7 Polithyron
8 Bad
9 Archiv
10 Heiligtum (?)
11 Altar
12 Pfeilersaal
13 Halle
14 Küche
15 Ostmagazine
16 Südosteingang
17 Südeingang
18 Kernos
19 Schautreppe
20 Vorhalle
21 Pfeilerkrypta
22 »Loggia«
23 Rundbauten

wurde. Seine Ostseite ist von einer Halle begrenzt, die abwechselnd von Pfeilern und Säulen gegliedert wurde. Dahinter liegen nördlich die Küche und im Osten **Magazine**, in denen im Fußboden noch Abflussrinnen für ausgelaufene Flüssigkeiten zu erkennen sind.
Südlich davon stößt man auf den Südosteingang und an der Südwestecke des Mittelhofes auf den Südeingang des Palastes. In dieser Ecke ist der berühmteste Fund von Mália zu sehen: ein **Kernos**, ein runder Opfertisch mit Vertiefungen für Früchte als Ernteweihegaben. Daneben verläuft eine Schautreppe. Weiter nördlich kommt man in eine von zwei Säulen getragene Vorhalle mit anschließender so genannter Pfeilerkrypta. Die Treppe ins Obergeschoss und die »Loggia«, ein ehemals prunkvoller Raum, schließen sich nördlich an. Die acht Rundbauten an der Südwestecke der Palastanlage werden entweder als Zisternen oder Getreidespeicher gedeutet.

Agora

Nordwestlich des Palastes liegen weitere Ausgrabungen, die durch Überdachungen geschützt sind. Zunächst kommt man zur Agora, bei der es sich wahrscheinlich um einen Versammlungsort für profane Zwecke handelt. Westlich schließt sich die Krypta an, eine Folge von eingetieften Räumen, die über eine Treppe mit einer Reihe von Magazinen verbunden sind. Die Archäologen vermuten, dass hier geheime Sitzungen der Stadtältesten stattfanden.

Quartier My Westlich der Agora breitet sich das bedeutende Quartier My aus, in dem drei **Werkstätten** zutage kamen: eine Metallwerkstatt, eine Keramikwerkstatt und eine Siegelwerkstatt. Im Bauabschnitt A befindet sich ein kleines Heiligtum mit einem Kultbassin. Neben vielen Keramikgegenständen entdeckte man in dem Quartier auch Archivstücke mit minoischen Hieroglyphen.

Weitere Ziele in der Umgebung von Mália

Chersónisos (Χερσόνησος) Chersónisos (11 km nordwestlich von Mália), eines der großen Touristenzentren von Kreta, besteht aus dem alten, zwischen Olivenhainen gelegenen Dorf Chersónisos abseits der Küste mit schönem Dorfplatz und dem Badeort **Limín Chersónisou** (»Hafen der Halbinsel«). Dieser trubelige Touristenort besitzt die meisten Hotels auf Kreta, zudem viele Bars, Tavernen und Diskotheken. Das Nachtleben ist dementsprechend ausgedehnt und intensiv. Die Sand-Kies-Strän-

Limín Chersonisou: Jubel, Trubel, Heiterkeit

de sind für den Touristenandrang schon zu klein. Wer im Urlaub etwas erleben möchte und Kontakt sucht, ist hier richtig.

Überreste von frühchristlichen dreischiffigen Basiliken mit Fußbodenmosaiken findet man im westlichen Ortskern von Limín Chersónisou auf einer kleinen Halbinsel oberhalb des Bootshafens sowie im Osten auf dem Gelände des Hotels Nora. Direkt auf der Hafenpromenade steht noch ein **römischer Brunnen** (2./3. Jh.) mit Mosaiken – Verweis auf die Bedeutung des Orts in jener Zeit. **Aquaworld** (Filikis Etirias 7) präsentiert Meerestiere und Reptilien. Öffnungszeiten: tgl. 10.00 – 18.00 Uhr; www.aquaworld-crete.com.

◂ Lychnostátis

Das interessante Freilichtmuseum des kretischen traditionellen Lebens Lychnostátis, östlich von Limín Chersónisou liegt an der Beach Road, neben Caravan Camping. Hier kann man ein **typisches kretisches Dorf** mit Kapelle, Windmühle, Weberei, Parfümerie, Töpferei und Färberei besichtigen. Außerdem werden in einem Garten Kräuter und Blumen gezogen. Eine Sammlung der kretischen Gesteinsarten rundet das Museumsbestand ab. Öffnungszeiten: Mo. – Fr., So. 9.00 – 14.00 Uhr; Führung zu jeder vollen Stunde.

! *Baedeker* TIPP

Traditionelle Handwerke

Wie wär' s mit einem Einblick in überkommene kretische Arbeitstechniken? Das Freilichtmuseum Lychnostátis bei Limín Chersónisou bietet einmal pro Woche eine Demonstration beispielsweise der Weinherstellung oder des Raki-Brennens. Anschließend kann man im Café kretische Getränke wie soumáde (Mandelmilch) oder kannélada (Zimtgetränk) probieren (Infos: Tel. 289 70 236 60).

Star Waterpark, Aqua Splash

Eine breite Palette Möglichkeiten zum Ausüben diverser Sportarten bietet der Star Waterpark am östlichen Ortsausgang von Limín Chersonísou. Neben zahlreichen Wassersportarten (Wasserski, Surfen, Schwimmbad, Tauchschule, Bootsverleih) verfügt er auch über Einrichtungen für Billard, Minigolf, Parasailing und Volleyball sowie einen Kinderspielplatz und ein Restaurant. Südlich von Limín Chersonísou, an der Straße nach Kastélli, zieht Jung und Alt Aqua Splash an, **der größte Wasserpark Kretas**, mit langen Wasserrutschen und Wellenbecken.

Koutoulofári (Κουτουλοφάρι), Piskopianó (Πισκοπιανό)

Als ruhigere Alternative zu Limín Chersónisou empfehlen sich die beiden Orte Koutoulofári und Piskopianó am Berghang oberhalb des Badeortes. Koutoulofári wartet mit einigen netten Tavernen und einem schönen Ausblick auf. Im blumengeschmückten Ort Piskopianó gibt es ein in einer alten Olivenfabrik untergebrachtes Volkskundemuseum, das u. a. anhand einer Tischlerei, einer Schmiede und einer Böttcherei Einblick in kretisches Handwerk gewährt.

Milátos (Μίλατος)

3 km östlich des Ortes Mílatos (13 km östlich von Mália) erstreckt sich die weit verzweigte gleichnamige Tropfsteinhöhle (nicht beleuchtet); der Weg dorthin ist ausgeschildert. 1823 wurden 2700 Frauen und Kinder sowie 150 Männer, die sich vor den Türken in

der Höhle versteckt hatten, wochenlang belagert. Nachdem sich die Versteckten hatten ergeben müssen, wurden viele von ihnen getötet, außerdem Frauen und Männer in die Sklaverei verkauft. Zum Gedenken an dieses Ereignis stehen in der Höhle eine **Kapelle** und ein kleines Beinhaus mit den Gebeinen einiger Opfer. Man erreicht die beleuchtete Kapelle, nachdem man den niedrigen Eingang passiert hat. Die weitere Erkundung der Höhle sollte man allerdings unterlassen, da dies zu gefährlich ist.

Gouverniótisas (Γουβερνιότυσας)

Etwa 200 m vor dem Ort Potamiés, 11 km südwestlich von Mália auf dem Weg zur Lassíthi-Hochebene gelegen, führt links ein Weg zum verlassenen Kloster Gouverniótisas, wahrscheinlich um das Jahr 1000 erbaut. Von dem Kloster beeindruckt vor allem die kleine Kreuzkuppelkirche (meist ist ein Aufseher zum Aufschließen da). Zunächst erreicht man die Kapelle Sotíros Christou, die mit gefühlvollen Fresken aus der ersten Hälfte des 14. Jh.s ausgemalt ist. Die **Panagía-Gouverniótisas-Kirche** weist einen hohen Tambour mit Blendbogengliederung auf. Das Innere schmücken lebendige, jedoch teilweise nur noch schlecht erhaltene Fresken aus der zweiten Hälfte des 14. Jh.s.

Avdou (Αβδού)

In Avdou (6 km südöstlich von Potamiés) sind mehrere **byzantinische Kirchen** bemerkenswert. Die bekannteste ist die Einraumkapelle Ágios Antónios, die erreichbar ist auf dem Weg, der gegenüber dem ersten Kafenion nach dem Ortseingang, von Potamiés kommend, abzweigt. Sie besitzt ungewöhnlich ausdrucksvolle Fresken in dominierenden Brauntönen aus dem frühen 14. Jh. auf. Im nördlichen Teil des Tonnengewölbes sind dargestellt: die Kreuzigung, Abendmahl und Fußwaschung; der südliche Teil des Gewölbes zeigt folgende Szenen: Verklärung, Höllenfahrt, Geburt und Taufe Christi.
Wenn man vor dem Ortseingang rechts die Straße einschlägt, kommt man zum gut 1 km entfernten, ebenfalls sehenswerten **Ágios-Konstantínos-Kirchlein**. Die Einraumkapelle beherbergt schlecht erhaltene Fresken der Brüder Manuel und Johannes Fokas aus dem Jahr 1445. Am Dorfende steht noch die **Panagía-Kirche**, eine Kreuzkuppelkirche, vermutlich aus dem 16. Jh., mit venezianisch-gotischen Stilelementen.

Pigí (Πηγή)

Im Ort Pigí, 27 km südwestlich von Mália, ist die **Ágios-Panteléimon-Kirche** architektonisch interessant. Sie liegt südlich des Dorfes unter hohen Eichen an einer Quelle, die einst ein viel besuchtes Heiligtum war. Darauf weist auch der Ortsname Pigí (»Quelle«) hin.
Das dreischiffige Gotteshaus mit einem Spitztonnengewölbe (12./13. Jh.) ist teilweise aus byzantinischen und römischen Bauelementen errichtet. So sieht man Marmorblöcke mit griechischen Inschriften im Mauerwerk sowie im Innern eine aus vier korinthischen Kapitellen zusammengesetzte »Säule« und an der Südwand Grabstelen aus römischer Zeit. Die Südfassade ist reich mit Blendbögen verziert, und die drei Apsiden sind mit Bogenfenstern versehen. Der Kirchen-

raum enthält Fresken des 13. und 14. Jh.s. Die Apsis wird beherrscht von Maria mit dem Jesusknaben, flankiert von zwei Engeln, darunter sind Christus mit den Jüngern beim Abendmahl und noch weiter darunter Kirchenväter dargestellt.

Lilianó (Λιλιανό)

In dem 8 km südlich von Pigí gelegenen Ort Lilianó steht die sehenswerte **Ágios-Ioánnis-Kirche**, die wahrscheinlich aus dem 11./13. Jh. stammt. Die Kirche umfasst einen Narthex und drei tonnengewölbte Schiffe, die in drei Apsiden enden. Bei ihrem Bau wurden antike Bauteile verwendet, z. B. Grabplatten an der Außenmauer und Säulen mit korinthischen Kapitellen. Auf der teilweise noch erhaltenen Säule an der Südwand befand sich wahrscheinlich eine über Stufen erreichbare Kanzel. Einen befremdenden Eindruck hinterlassen Reste von Inschriften deutscher Flieger aus dem Zweiten Weltkrieg, die die Kirche als Befehlsstand benutzten.

Sklaverochóri (Σκλαβερόχώρι)

Links vor dem Ort Sklaverochóri, von dem 4 km entfernten Pigí kommend, steht die **Einraumkapelle Ossódhia Theotókou** aus dem 13./14. Jh. mit, die mit hervorragenden Fresken (15. Jh.) geschmückt ist. Hervorzuheben ist die seltene Darstellung des hl. Franziskus an der Nordwand.

Paleochóra

B 4

Griechisch: Παλαιοχώρα
Nomos: Chaniá
Einwohnerzahl: 1500

Paleochóra beeindruckt durch seine herrliche Lage auf einem Kap an der Südküste, umrahmt von Bergen. »Die Braut des Libyschen Meeres«, wie die Einwohner ihren früher sehr isoliert gelegenen Küstenort nannten, ist ein gut besuchter und ansprechender Badeort mit langen Kies- und Sandstränden, in dem sich Pauschal- und Individualurlauber sowie Familien versammeln.

Touristenort mit attraktivem Strand

Besonderer Anziehungspunkt ist der kilometerlange **Sandstrand Páchia Ámmos** in der Westbucht, an dem die Blaue Flagge hohe Qualität garantiert. Das ganze Ortszentrum ist voll mit Tavernen, Geschäften und Cafés; an Übernachtungsmöglichkeiten gibt es überwiegend kleine Pensionen und Apartmenthäuser. Besonders angenehm ist es hier am Abend, wenn der Verkehr verbannt ist und man ungestört das Leben und Treiben genießen kann.
Der Name Paleochóra (»Alte Stadt«) weist darauf hin, dass in dieser Gegend einst eine antike Stadt gelegen haben soll. Im Jahr 1282 erbauten die Venezianer auf dem Kap dass **Kastell Selínou**, das 1539 von Chaireddin Barbarossa zerstört wurde. Von hier kann man oft die Insel Gávdos sehen.

PALEOCHÓRA ERLEBEN

ÜBERNACHTEN

▸ Komfortabel

Elman
Tel. 282 30 414 12
www.elman.gr, 23 Z.
Am Sandstrand gelegenes Hotel mit Garten und Dachterrasse; komfortable Zimmer mit Balkon; gutes Frühstücksbüffet.

▸ Günstig

Aghas
Tel. 282 3041155
Fax 282 30 415 03
13 Z.
Hotel in der Nähe des Páchia-Ámmos-Strandes und des Zentrums; Zimmer teilweise mit Klimaanlage.

Rea
Peraki
Tel. 282 30 413 07
Fax 282 30 416 05
22 Z.
Hotel mit gepflegten Zimmern; einfaches Frühstück.

Umgebung von Paleochóra

Anýdri (Ανύδροι) Zu dem 180 m hoch gelegenen Bergdorf Anýdri, 5 km nordöstlich von Paleochóra, kann man eine schöne Wanderung unternehmen. Dort ist die **Ágios-Geórgios-Kirche** (im Kafenion nach dem Schlüssel fragen) in der Dorfmitte sehenswert.
Sie war eine Einraumkapelle, die mit der im 20. Jh. südlich angebauten Kapelle durch deren Verlängerung nach Westen und den Durchbruch ihrer Südwand verbunden wurde. Die Wandmalereien im Kircheninnern von Ioannis Pagomenos aus dem Jahr 1323 sind zum Teil noch gut erhalten. Hervorzuheben sind die Darstellungen des hl. Georg, des Kirchenpatrons. Zwei Kilometer unterhalb des Dorfes liegen drei kleine, nur zu Fuß oder per Boot zu erreichende Strandbuchten, die Anýdri Beach.

Prodrómi (Προδρόμι) Sehr malerisch wirkt die oberhalb von Prodrómi (5 km nordöstlich von Anýdri) an der Straße nach Teménia gelegene Kirche **Panagíatis Skafidianís**, die eine Apsis mit Ziegeldekoration aufweist. Sie ist zudem mit sehenswerten Fresken aus dem Jahr 1347 geschmückt. Sehr schön ist die Darstellung der Pferde der Hll. Georg und Dimitrios an der Südwand.

Azogyrés (Αξογυρές) Fährt man von Paleochóra 10 km in nordöstlicher Richtung, erreicht man den stillen Bergort Azogyrés. Am Ortseingang führt ein Weg rechts an einer immergünen Platane zu einem kleinen Historischen Museum und einer Kapelle. Im weiteren Verlauf der Hauptstraße geht links ein Weg zur **Höhle der »Heiligen Väter« (Ágii Patéres)** ab, wo im 12. Jh. Eremiten lebten. Am hinteren Ortsausgang lädt ein idyllischer Bach zu einer angenehmen Rast ein.

Taverne in Paleochóra: Ein lauer Sommerabend, griechischer Salat und ein Glas Retsina – was will man mehr?

Kántanos (Κάντανος)

18 km nördlich von Paleochóra liegt das große Dorf Kántanos, das 1941 von der Wehrmacht als Vergeltungsaktion für den Überfall auf einen deutschen Fallschirmjägerzug zerstört wurde. Gedenktafeln auf der Platia erinnern an die Opfer beider Seiten. Fast alle Gebäude des Ortes wurden nach dem Krieg neu errichtet.

Anisaráki (Ανισαράκι)

In dem Ort Anisaráki (2 km nordöstlich von Kántanos) sind vier einfache **byzantinische Einraumkapellen** sehenswert. Die Agía-Anna-Kirche besitzt Fresken von 1462 und eine für Kreta seltene steinerne Ikonostase. Auf dem Friedhof stehen die Panagía-Kirche, die vollständig mit teilweise sehr schlecht erhaltenen Fresken ausgemalt ist, und die Paraskeví-Kirche mit z. T. stark verblichenen Fresken des 14. Jh.s. Ziegeldekor schmückt die Apsis-Außenwand der Kirche Ágios Geórgios, die auch mit Fresken (um 1400) geschmückt ist.

Sotíros

Bei Teménia, 11 km südlich von Kántanos, ist die in ihrer Architektur einzigartige Sotíros-Kirche aus dem 13./14. Jh. sehenswert, die

1 km südlich des Ortes rechts der Straße steht. Das Gebäude besteht aus der älteren Einraumkapelle mit einfachem Tonnengewölbe und einer Apsis sowie einer jüngeren kleinen Kreuzkuppelkirche, die jedoch architektonisch interessanter ist. Deren Kuppel ist recht niedrig, und die Querarme sind durch schmale Nischen erweitert. Bei den Fresken ist die Pfingstdarstellung von künstlerischer Qualität; ikonografisch herausragend sind die seltenen Pilatusszenen.

Moní (Μoví)

In Moní, 8 km östlich von Teménia, ist die landschaftlich reizvoll gelegene **Ágios-Nikólaos-Kirche** von Interesse. Man erreicht sie, indem man von Norden kommend am Dorfrand bei einem Brunnen – in dem Haus hier ist der Kirchenschlüssel zu bekommen – links einen Pfad hinuntergeht. Der einschiffige Bau weist dicke Mauern mit großen Pfeilern und einen später angebauten Kreuztonnen-Westnarthex (wohl 14. Jh.) auf. Der ungewöhnliche frei stehende Glockenturm mit Wendeltreppe verleiht ihm einen einzigartigen Anblick. Ioannis Pagomenos hat die Fresken, die heute teilweise zerstört sind, im Jahr 1315 gemalt. Unter den Malereien ragt das überlebensgroße Porträt des Kirchenpatrons heraus.

Soúgia (Σούγια)

Obwohl sich der 6 km südlich von Moní gelegene Ort Soúgia – das antike Syia – an der Südküste seit etlichen Jahren zum **Ferienort** mit Hotels und Pensionen sowie Cafés und Tavernen entwickelt hat, ist er doch die ruhigere und idyllische Alternative zu Paleochóra. Sougia besitzt zwei gute, im Sommer recht belebte Kieselstrände, die teilweise von Höhlen gesäumt sind.
Die Dorfkirche ist an der Stelle einer **frühchristlichen Basilika** errichtet, von der sich ein sehenswerter Mosaikfußboden aus dem 6. Jh. erhalten hat. Dessen Dekor besteht vorwiegend aus geometrischen Mustern, aber auch aus figürlichen Darstellungen wie Vögeln und dem Christussymbol des Fisches.

Lissós (Γισσός)

Von Sougia führt ein Pfad in etwa 1 ½ Std. über die westliche Höhe in die Nachbarbucht Ágios Kirikós. Zu dieser Bucht kommt man von Sougia zwar auch mit dem Boot, die kleine Wanderung dorthin ist aber wegen der Landschaftseindrücke zu empfehlen. Die Bucht ist die Stelle des **antiken Lissós**, das besonders in römischer Zeit für seine Heilquellen berühmt war. Hier sind vor allem noch die Überreste vom Tempel des Asklepios-Heiligtums aus hellenistischer Zeit zu sehen. Von dem Tempel sind Cellamauern, ein Mosaikfußboden, eine Basis für Kultstandbilder und daneben ein Opferkasten erhalten. Unter dem Fußboden läuft das Wasser von der heiligen Quelle zu einem Brunnen in der Nordwestecke des Tempelinnern. Weiterhin sind im Norden des Geländes spätrömische Häuser und am Westhang Grabstätten aus hellenistischer und römischer Zeit zu finden.
In der Nähe des Ufers stehen eine **Ágios-Kirikós-Kapelle** und westlich des Tempels eine **Panagía-Kapelle**; beide wurden über den Resten frühchristlicher Basiliken erbaut.

Ein Mosaikfußboden blieb von dem Asklepios-Heiligtum des einstigen Heilbads Lissós erhalten.

Sklavopoula (Σκλαβοπούλα)

Die Fresken der Ágios-Geórgios-Kirche in dem 20 km nordwestlich von Paleochóra gelegenen Ort Sklavopoula gehören mit der Entstehungszeit um 1300 zu den ältesten Kretas; sie sind allerdings nur teilweise erhalten. Unter den Malereien sind die Darstellungen der Hll. Georgios und Theodoros sowie des Erzengels Michael hervorzuheben. In einem Olivenhain finden sich zwei weitere Kapellen: die Panagía-Kapelle und die Sotíros-Christou-Kapelle, die beide schlecht erhaltene Fresken des 15. Jh.s bergen.

★ Réthymnon

F 3

Griechisch: Ρέθιμνο (Réthymno)
Einwohnerzahl: 30 000

Hauptort des Nomos Réthymnon

Réthymnon, auf einer kleinen Halbinsel an der Nordküste gelegen, ist die drittgrößte Stadt Kretas und Verwaltungssitz des gleichnamigen Nomos. Von der venezianischen wie auch von der türkischen Herrschaft geprägt, weist es eine reizvolle Kulturmischung auf, die sich vor allem in der malerischen Altstadt zeigt.

Réthymnon hat ein reges Kulturleben; im Sommer finden Gastspiele griechischer und ausländischer Musik- und Theatergruppen statt. Der **Dichter Pantélis Prevelákis** (► Berühmte Persönlichkeiten S. 78) hat seiner Heimatstadt Réthymnon in dem Buch »Chronik einer Stadt« (1938) ein literarisches Denkmal gesetzt.
An der äußeren Hafenmole beginnt der 12 km lange **Sandstrand**, der von vielen Hotels, Pensionen und Apartmenthäusern gesäumt wird. Auf der Landseite dehnt sich jenseits der ehemaligen Stadtmauer, deren Verlauf heute weitgehend von einer Hauptverkehrsstraße markiert wird, die weitläufige Neustadt aus.

Geschichte Von der Stadtgeschichte ist wenig bekannt. Besiedelt war die Halbinsel von Réthymnon vielleicht erst seit spätminoischer Zeit. In der Antike erlebte die Stadt unter dem Namen Rhythymna ihre Blütezeit. Für die **Venezianer** war sie die wichtigste Stadt nach Iráklion und Chaniá. Im Jahr 1303 erlitt Réthymnon durch ein Erdbeben große Zerstörungen. Nach der Eroberung von Konstantinopel und des Peloponnes durch die Türken siedelten sich 1460 Flüchtlinge von dort in der Stadt an. Einige Überfälle von Piraten im 16. Jh. veranlassten die Venezianer zum Bau einer Stadtmauer und der Fortezza. Schon 1646 eroberten die Türken Réthymnon und machten es zu ihrem Verwaltungszentrum.

Sehenswertes in Réthymnon

★ Altstadt Die Altstadt mit ihren reizenden kleinen bepflanzten Gassen, den zahlreichen Überresten aus venezianischer Zeit, den türkischen Häusern mit überdachten Holzgitterbalkonen und den Moscheen und Minaretts bietet ein malerisches Bild.

Megáli Porta Am Beginn der Ethnikis-Antitaséos-Straße, in der ein buntes Geschäftstreiben herrscht, hat sich noch eines der alten venezianischen Stadttore erhalten, die Megáli Porta (16. Jh.).

San Francesco Die einschiffige ehemalige Klosterkirche San Francesco aus dem 16./17. Jh., in einer von der Ethnikis-Antitaséos-Straße abgehenden kurzen Sackgasse gelegen, wird z. Zt. renoviert. An ihrer Nordseite sieht man ein **schönes Renaissance-Portal** mit korinthischen Pilastern und Halbsäulen. Ein weiteres venezianisches Portal, verziert mit Reliefs von Markuslöwen, führt neben der Kirche auf den großen Hof einer Schule. In türkischer Zeit setzte man diesem Portal ein kleineres Tor ein, das mit Halbmonden geschmückt ist.

Moschee tis Nerandses Markant im Stadtbild ist die Moschee tis Nerandses (Vernardou; geschlossen) mit ihren Kuppeln und dem Minarett. Der Bau wurde von den Venezianern im 16. Jh. als Kirche errichtet und später zur Moschee umgestaltet. Heute ist hier eine Musikschule mit Konzertsaal untergebracht.

Rethymnon Orientierung

sen
Castellvecchio
Samaria

Übernachten
① Palazzo Rimondi
② Fortezza
③ Dokimaki

Unweit der Moschee wurde in einem venezianischen Gebäude aus dem 17. Jh. das Historische und Volkskundliche Museum (Vernardou 28 – 30) eingerichtet. Sehr ansprechend wird im Obergeschoss eine wertvolle Sammlung kretischen Kunsthandwerks präsentiert: Webereien, Stickereien, Keramik, Korbflechterei und Spitzenklöppe-

Historisches und Volkskundliches Museum

RÉTHYMNON ERLEBEN

AUSKUNFT

EOT
S. Venizelou
GR-74100 Rethymnon
Tel. 283 10 2 91 48Fax 283 10 5 63 50
www.rethymno.gr

ESSEN

► **Erschwinglich**

① ***Castellvecchio***
Chimaras 29
Tel. 283 10 551 63
Kleine Taverne nahe der Fortezza mit schönem Blick über die Altstadt; serviert werden kretische Hausmannskost und frischer Fisch.

La Rentzo
Radamanthiou 9, Tel. 283 10 267 80
Ein gepflegtes Restaurant in einem jahrhundertealten Gewölbe, stilvoll mit schönen Antiquitäten eingerichtet; griechische und internationale Küche; in der Saison sollte man einen Tisch vorbestellen.

Eingang zum Restaurant La Rentzo

② ***Samaria***
El. Venizelou 39 – 40
Tel. 283 10 246 81
Alteingesessene Taverne, beliebt bei Einheimischen; vorzügliches, aber nicht billiges Essen; empfehlenswert ist die Fischsuppe.

ÜBERNACHTEN

► **Luxus**

El Greco (Grecotel)
Tel. 283 10 711 02, Fax 283 10 712 15
www.grecotel.gr, 238 Z., 87 Bung.
Großzügige Anlage mit Haupthaus und terrassenförmig gebauten Bungalows in weitläufigen Gartenanlagen mit typischer Mittelmeervegetation und einem 400 m langen Sandstrand; umfangreiches Sport- und Unterhaltungsangebot sowie Kinderclub.

Creta Palace (Grecotel)
Tel. 283 10 551 81/3
Fax 283 10 540 85
www.grecotel.gr
154 Z., 177 Bung., 1 Villa
Das 4 km von Réthymnon entfernte Hotel, direkt am breiten Sandstrand gelegen, lässt keine Wünsche offen; kretische Architektur wird mit modernem Design kombiniert; vielfältiges Unterhaltungsprogramm und breites Angebot von Sporteinrichtungen; zudem Kinderbetreuung.

① ***Palazzo Rimondi***
H. Trikoupi
Tel. 283 10 512 89, Tel. 283 10 510 13
www.palazzorimondi.com
Geschmackvoll restaurierter Palast in der Altstadt mit Apartments; hübscher Patio mit kleinem Pool.

Rithymna Beach
Tel. 283 10 710 02
Fax 283 10 716 68
www.aquilahotels.com
436 Z., 106 Bung.
Das Rithymna Beach ist eines der beliebtesten Hotels und das beste

Kinderhotel von Kreta, 7 km östlich von Réthymnon, direkt am Strand gelegen; eine große gepflegte Anlage mit mehreren Restaurants sowie vielen Unterhaltungs- und Sportmöglichkeiten; im Restaurant »Ancient Eleftherna« exklusive französische Küche.

► **Komfortabel**

Adele Mare
Tel. 283 10 718 03/8
Fax 283 10 718 06
www.adelemare.gr, 114 Z.
Architektonisch reizvolles Hotel an einem langen Sand-Kiesstrand, 7 km von Réthymnon entfernt.

Eva Bay
Tel. 283 10 717 13
Fax 283 10 716 94
www.evabay.com, 108 Z.
Familienfreundliche Bungalowanlage inmitten eines weitläufigen Geländes mit alten Baumbestand direkt am Meer.

Adele Beach
Tel. 283 10 710 81
Fax 283 10 717 37
www.adelebeach.gr, 90 Z.
Beliebter Bungalowkomplex in gepflegtem Garten.

(7) ***Fortezza***
Melissinou 16
Tel. 283 10 555 51
Fax 283 10 540 73
www.fortezza.gr, 54 Z.
Modernes, harmonisch in die Altstadt eingepasstes Haus mit Swimmingpool unterhalb der Fortezza.

► **Günstig**

(3) ***Dokimaki***
Nikolaou Plastira 7 A
Tel. 283 10 223 19
12 Studios, 1 Apt.
Venezianisches Haus mit zwei hübschen Innenhöfen und einem Blumengarten nahe dem Venezianischen Hafen.

ÜBERNACHTEN IN AGÍA GALÍNI

► **Komfortabel**

Adonis
Tel. 283 20 913 33
Fax 283 20 913 34, 20 Z.
Familiär geführtes Hotel in ruhiger Lage.

Palazzo Greco
Tel. 283 20 911 87
Fax 283 20 914 91, 28 Z. und Apt.
Ansprechendes Haus im oberen Ortsteil, 400 m vom Hafen entfernt gelegen; unterhalb breitet sich der Strand aus; schöne Dachterrasse und Zimmer teilweise mit herrlichem Meerblick.

Irini Mare
Tel. 283 20 914 88, Fax 283 20 914 89
www.irinimare.com, 41 Z.
Das Hotel, 100 m vom Kiesstrand entfernt gelegen, ist vor allem bei deutschen Gästen beliebt; auf der Terrasse schöner Blick über die Bucht von Agía Galíni; Kinderbetreuung wird angeboten.

ÜBERNACHTEN IN PLAKIÁS

► **Komfortabel**

Neos Alianthos Garden
Tel. 283 20 312 80, Fax 283 20 312 82
www.alianthos.gr, 94 Z.
Im kretischen Stil eingerichtetes Hotel mit familiärer Atmosphäre.

► **Günstig**

Sophia Beach
Tel. 283 20 312 51
Fax 283 20 312 52, 25 Z.
Das legere Hotel liegt unweit des Hafens.

lei. Zudem sind noch Haushalts- und landwirtschaftliche Geräte zu sehen, die einen Einblick in die Alltagswelt früherer Zeit gewähren. Öffnungszeiten: Mo. – Sa. 9.30 – 14.30 Uhr.

✶ Rimondi-Brunnen

Im Zentrum des Tavernenviertels steht der sehr schöne venezianische Rimondi-Brunnen (Platia Titou Petichaki) aus dem Jahr 1629, der drei wasserspeiende Löwenköpfe zwischen schlanken, mit korinthischen Kapitellen geschmückten Halbsäulen aufweist. Auf einem Architrav ist eine fragmentarische Inschrift zu erkennen. In türkischer Zeit erhielt der Brunnen ein Vordach mit einer Kuppel, von dem man noch Reste sehen kann. Hier ist ein angenehmes Plätzchen für eine Erfrischung.

Venezianische Loggia

Die venezianische quadratische Loggia (Arkadiou), eines der schönsten Beispiele für Renaissancearchitektur auf Kreta, stammt aus dem 17. Jh. und war Treffpunkt des venezianischen Adels. Heute befindet sich hier ein Geschäft, das autorisierte, sehr schöne Repliken von Kunstwerken aus griechischen Museen verkauft.

✶ Venezianischer Hafen

An der Ostseite der Altstadt zieht sich der romantische Venezianische Hafen mit Mole und türkischem **Leuchtturm** hin. Er hatte immer wieder das Problem von Sandablagerungen, auch der neue Hafen mit seiner sehr langen Mole hat das gleiche Problem. Am Hafen, der von vielen Cafés, Tavernen und Restaurants gesäumt wird, herrscht vor allem abends reges Leben.

Zentrum für zeitgenössische Kunst

Im Zentrum für zeitgenössische Kunst und in der Kanakakis-Galerie (Messalongion) sind Werke zeitgenössischer Maler bzw. des **einheimischen Künstlers Lefteris Kanakakis** (1934 – 1985) ausgestellt. Öffnungszeiten: Di. – Fr. 9.00 – 14.00, Mi. zusätzlich 17.00 – 21.00, Sa., So. 10.00 – 15.00 Uhr; www.rca.gr.

✶ Archäologisches Museum

Das im ehemaligen venezianischen Gefängnis bei der Fortezza eingerichtete Archäologische Museum bietet eine für Kreta in museumspädagogischer Hinsicht besonders gute Ausstellung mit hervorragend präsentierten Exponaten. Die chronologisch geordnete Sammlung umfasst den Zeitraum vom Neolithikum bis zum Hellenismus. Von den Ausstellungsstücken seien zunächst die spätminoischen Adorantinnen erwähnt. Die herausragenden Exponate des Museums stammen aus der minoischen Nekropole von Arméni. Dazu zählen vor allem die **Sarkophage** mit der Darstellung von Jagdszenen und Kulthornmotiven. Unter den Münzen aus verschiedenen Epochen sieht man eine bemerkenswerte Goldmünze aus Knossós mit der Dar-

! *Baedeker* TIPP

Jugendtreff

Die junge studentische Szene der Stadt trifft sich abends in der Altstadtgasse Vernardou, wo sich ein Musiklokal ans andere reiht. Man trinkt Rakí und genießt kretische Spezialitäten.

Besonders stimmungsvoll ist ein Abendessen am Venezianischen Hafen von Réthymnon.

stellung eines Labyrinths. Beachten sollte man noch die ausdrucksvollen weiblichen Tonfiguren und Köpfe der dädalischen und archaischen Epoche. Öffnungszeiten: Di.–So. 8.30–15.00 Uhr.

Fortezza ✶

Eine der Hauptsehenswürdigkeiten von Réthymnon ist die Fortezza, die von den Venezianern von 1573 bis 1580 errichtet wurde. Ihre Außenmauern sind gut erhalten, während die Bauten im Innern größtenteils zerstört sind, zum einen durch Erdbeben und zum anderen durch Bombenangriffe im Zweiten Weltkrieg. Nach der Eroberung der Stadt durch die Türken 1646 wandelten diese die Nikolauskirche in der Festung in eine Moschee um und versahen sie mit einer gewaltigen Kuppel. Die **Sultan-Ibrahim-Moschee**, die eine schönen Gebetsnische (Mihrab) besitzt, ist neben den Resten einer Kapelle und zahlreichen Zisternen heute noch zu sehen. Im Sommer finden auf der Fortezza kulturelle Veranstaltungen unter freiem Himmel statt. Öffnungszeiten: Mai–Okt. tgl. 9.00–19.00 Uhr.

Moschee Kara Mussa Pascha

Die kleine Kara-Mussa-Pascha-Moschee (Arkadiou) im südöstlichen Teil der Altstadt weist Reste von Bemalung in der Gebetsnische und alte türkische Grabsteine auf.

Moschee Veli Pascha

Die von mehreren Kuppeln gekrönte Veli-Pascha-Moschee (17. Jh.) südlich hat ein mit Rankenmotiven verziertes Portal.

Umgebung von Réthymnon

Pánormos (Πάνορμος)

In griechischer Zeit war Pánormos (22 km östlich von Réthymnon) der Hafen der antiken Stadt Elefthérna, von dem an der Küste noch geringe Reste zu sehen sind. Der schöne Ort, wo es auch in der Hauptsaison relativ ruhig ist, wartet mit vielen restaurierten Gebäuden auf. Oberhalb des Ortes findet man die Grundmauern der **frühbyzantinischen Basilika Agía Sofía** aus dem 5. Jh., die bereits im 7. Jh. zerstört wurde. Die dreischiffige Kirche hat eine Mittelapsis und einen Narthex. Im Westen schließt sich ein ummauerter Hof mit quadratischer Zisterne in der Mitte an. Vorhanden sind zudem noch einige Säulenreste und Kapitelle.

Melidóni (Μελιδόνοι)

Die **beeindruckende Tropfsteinhöhle** Melidóni, 11 km südlich von Pánormos bei dem gleichnamigen Ort gelegen, ist der Mythologie nach die Wohnung des Riesen Talos. Seit minoischer Zeit war sie Kultort. Außerdem steht die Höhle im Zusammenhang mit dem griechischen **Widerstand gegen die Türkenherrschaft**. In der Tropfsteinhöhle hatten sich 1824 etwa 340 griechische Frauen und Kinder sowie 30 kretische Widerstandskämpfer vor den Türken versteckt. Sie wurden entdeckt und auf grausame Weise getötet. Ein Altar und ein Gedenkstein in der Höhle erinnern an dieses Ereignis. Öffnungszeiten: tgl. 9.00 Uhr bis kurz vor Sonnenuntergang.

✶ Arkádi (Αρκάδι)

23 km südöstlich von Réthymnon liegt eindrucksvoll auf einem Plateau das festungsartige Kloster Arkádi, das **Nationalheiligtum** der Kreter und eine der großen Sehenswürdigkeiten der Insel. Das Kloster wurde wahrscheinlich schon im 10./11. Jh. gegründet, die heutigen Gebäude stammen aus dem 17. Jh. und mussten nach der Katastrophe von 1866 restauriert werden. Es spielte eine herausragende Rolle im 18. und 19. Jh. als Zentrum von Aufständen gegen die türkische Herrschaft.

Ein **einschneidendes Datum für die Geschichte dieses Befreiungskampfes** war der 8. November 1866, als sich hier etwa 1000 Patrioten, davon 300 bewaffnete Kämpfer, unter Führung des Abtes Gavriel vor den 15 000 Türken verschanzten. Nachdem deren Befehlshaber die Kreter vergeblich aufgefordert hatte, sich zu ergeben, drangen die Türken tags darauf nach der Sprengung des Tores mit einer Kanone ins Innere. Hier kam es zu einem schrecklichen Gemetzel. Als keine Hoffnung mehr auf Rettung bestand, sprengten der Abt und Konstantínos Giaboudakis das Pulvermagazin, wohin sich die meisten Menschen zurückgezogen hatten, in die Luft. Nur 114 Menschen überlebten die Sprengung. Seither ist der **8. November der Nationalfeiertag** der Kreter.

Klosteranlage ► Die rechteckige Klosteranlage besitzt Zugänge an allen vier Seiten. Die Wohn- und Wirtschaftstrakte umschließen einen Innenhof, in

Kloster Arkádi: Nationalheiligtum der Kreter →

Kloster Arkadi Orientierung

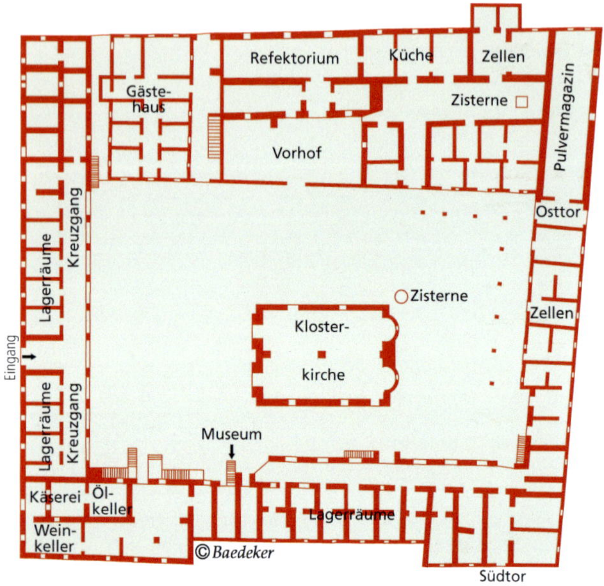

dessen Mitte die **Klosterkirche** (1587) steht. Deren prachtvolle venezianische Fassade, an der deutliche Spuren des Kampfes von 1866 zu erkennen sind, ist eine reizvolle Mischung aus Renaissance- und Barockelementen. Die beiden seitlichen Portale führen ins Kircheninnere, dazwischen befindet sich ein Scheinportal. Kannelierte Doppelsäulen mit korinthischen Kapitellen, kräftige Gesimse und geschweifte Giebelaufsätze sowie spitze Ecktürmchen gliedern die Fassade. Zudem fällt der offene, zweibogige Glockenstuhl mit volutengeschmücktem Aufsatz ins Auge.

Das Innere der Kirche stammt weitgehend vom Anfang 20. Jh.s; die aus Olivenholz geschnitzte Ikonostase wurde 1927 angefertigt. Im Westtrakt, durch den man die Anlage betritt, sind Lagerräume untergebracht und im Nordteil das Gästehaus, das Refektorium, die Küche und schließlich in der Nordostecke das mit der Klostergeschichte eng verbundene Pulvermagazin, das nicht wieder aufgebaut wurde. Die Mönchszellen sind im Osttrakt und weitere Lagerräume im Südteil untergebracht. Hier ist auch ein kleines **Museum** eingerichtet, in dem man anhand einer Reliefdarstellung die Kämpfe von 1866 nachvollziehen kann. Zudem verwahrt es Ikonen, liturgisches Gerät und Gewänder sowie das Banner des Aufstandes. Außerhalb des Eingangs steht ein Beinhaus mit den Gebeinen der Opfer des Jahres 1866. Öffnungszeiten: tgl. 9.00 bis Sonnenuntergang.

Bei Archea Eléftherna, 5 km nordöstlich vom Kloster Arkádi, liegt der gleichnamige **antike Ort**, der vor allem in dorischer Zeit von Bedeutung war. Von den Überresten der teilweise auf einem Felsrücken gelegenen Stadt ist die Ruine eines mächtigen Turmes aus römisch-frühbyzantinischer Zeit beeindruckend. Auf den Terrassen dahinter sieht man Hausfundamente, und an der Westseite des Bergrückens sind noch zwei große Zisternen mit wuchtigen Pfeilern erhalten. Außerdem wurde ein späthellenistischer Tempel entdeckt. Unterhalb des Felsrückens wurden eine gut erhaltene hellenistische Brücke und zahlreiche antike Gräber entdeckt. Gelände umzäunt.

Eléftherna (Ελεύθερνα)

Margarítes, das **bekannteste Töpferdorf Kretas**, breitet sich 6 km nordöstlich von Eléfderna ganz im Grünen auf einem Hügel aus. Hier haben sich überwiegend junge Kunsthandwerker und Keramikkünstler niedergelassen. Auch heute noch werden wie zu minoischer Zeit die großen Pithoi hergestellt. Wenn man sich für die Töpferwaren interessiert, sollte man darauf achten, dass die Gefäße aus heimischer Produktion stammen. Ein Besuch des Ortes lohnt sich auch wegen **einiger byzantinischer Kirchen**. So besitzt z. B. die Ágios-Ioánnis-Kirche gute Fresken von 1383.

Margarítes (Μαργαρίτες)

Der Fischer- und Badeort Balí (31 km östlich von Réthymnon) in einer sehr schönen Bucht hat sich durch mehrere große Hotel- und Bungalowanlagen stark gewandelt. Nur am winzigen Hafen hat sich noch etwas Ursprünglichkeit erhalten. Man badet am besten an dem **kleinen, viel besuchten Sandstrand** nördlich des Dorfes.
Hoch über Báli steht das **Kloster Ágios Ióannis** (17. Jh.), dessen Kirche eine klassizistische Fassade aufweist. Einige Fresken aus der Entstehungszeit sind noch erhalten. Vom Kloster eröffnet sich ein herrlicher Blick auf die Bucht.

Balí (Μπαλί)

Episkopí (47 km östlich von Réthymnon) kann mit der eindrucksvollen Ruine einer Kreuzkuppelkirche, die im 13. Jh. gegründet wurde, aufwarten. Sie ist zwar **Ágios Ioánnis** geweiht, wird aber »Frankoklissá« genannt, was »Frankenkirche«, aber auch katholische Kirche bedeutet. Das auf den Resten eines älteren Baus stehende Gotteshaus wurde mehrfach umgebaut, so im Jahr 1568, wie die Jahreszahl über der Nordtür angibt. Von den ursprünglich fünf Kuppeln sind noch zwei erhalten. Der Narthex im Westen ist kaum noch zu erkennen. Ungewöhnlich ist die zweigeschossige Mittelapsis ausgebildet: unten vierseitig und oben dreiseitig mit Blendbögen und einem schönen dreibogigen Fenster.

Episkopí (Επισκοπή)

In dem küstennahen ruhigen Dorf Maroulás, 10 km südöstlich von Réthymnon im Vorland des Ídi-Gebirges gelegen, hat sich noch **viel venezianische und türkische Bausubstanz** erhalten. Einige restaurierte Häuser werden an Touristen vermietet. Von dem Ort kann man einen herrlichen Blick auf die Küste genießen.

Maroulás (Μαρουλάς)

»FREIHEIT ODER TOD«

Im 19. Jh. rebellierten die Kreter in blutigen Aufständen mehrfach gegen das Joch der osmanischen Herrschaft, bis es ihnen gelang, 1898 die Unabhängigkeit ihrer Insel zu erringen.

Blutvergießen, Heldentaten, Verzweiflungsakte, Romanzen und Legenden begleiteten den Freiheitskampf der Kreter von 1770 bis 1898 gegen die osmanische Herrschaft auf ihrer Insel. »Eleftheria i thanatos« – »Freiheit oder Tod« hieß die Losung der Widerstandskämpfer und so lautet auch der Titel des Romans von **Nikos Kasantzakis**, der den Freiheitskampf am Beispiel seiner eigenen Familie literarisch verarbeitet hat. Dass es bei diesem Freiheitskampf nicht nur todesmutige und unbeugsame Aufständische, sondern auch Kollaborateure gab, darf ebenso wenig verschwiegen werden wie der Verlust vieler Menschenleben auf türkischer Seite.

Aufstände

Der erste große Aufstand gegen die osmanische Herrschaft auf Kreta fand während des russisch-türkischen Krieges (1768 bis 1774) im Jahr 1770 statt, angestachelt von russischen Agenten mit Billigung der orthodoxen Kirche. Unter Leitung des Dorflehrers **Daskalojannis** setzten sich die Bewohner in den Bergen von Sfakiá gegen die Türken zur Wehr. Die Erhebung wurde unterbunden, als Daskalojannis unter dem Vorwand von Verhandlungsbereitschaft in eine Falle gelockt, festgenommen und öffentlich gehäutet wurde. Trotz dieser Abschreckung war die allmähliche Verbreitung der Ideen der Französischen Revolution in der Folgezeit nicht aufzuhalten, die unter den Griechen den Ruf nach einem eigenen Staat immer lauter werden ließen. Die Festlandsgriechen rebellierten 1821 gegen die osmanische Herrchaft mit Erfolg, und der revolutionäre Funke sprang auf Kreta über, wurde aber zunächst von den Türken im Keim erstickt. Die **orthodoxe Kirche** nahm zunächst gegenüber der türkischen Herrschaft eine konsensbereite Haltung ein. Diese Haltung änderte sich in den bedeutenden orthodoxen Klöstern, als sie Gefahr liefen, an Einfluss zu verlieren. Unter dem Schutz der Kirche zogen sich die Widerständler in die schwer zugänglichen Bergregionen zurück. 1823/1824 spitzten sich die Konflikte zu, und es kam zu immer größeren Opfern unter der Zivilbevölkerung. In der Höhle von Mílatos wurden 2700 Frauen und

Die neuere kretische Geschichte ist geprägt von Aufständen gegen die türkische Herrschaft.

Kinder sowie 150 Männer von türkischen Truppen eingeschlossen und zur Aufgabe gezwungen. Die Männer wurden sofort getötet, Frauen und Kinder zum Teil in die Schlucht gestürzt oder versklavt. Um die Ordnung auf Kreta wiederherzustellen, rief die Hohe Pforte in Istanbul den ägyptischen Vizekönig Mehmed Ali zu Hilfe, der 1824 Kreta besetzte. Die Unabhängigkeit Griechenlands 1829/1830 hatte keine Eingliederung Kretas in den Nationalstaat zur Folge.

Im Gegenteil, die europäischen Mächte arrangierten sich mit dem Sultan, Kreta blieb unter osmanischer Oberhoheit und wurde schließlich 1830 dem Vizekönig von Ägypten unterstellt. Das allzu selbstherrliche Gebaren der ägyptischen Besatzer war jedoch 1840 vorbei, und die Hohe Pforte hatte wieder das Sagen. Trotz zahlreicher Niederlagen in der Vergangenheit gaben die Kreter niemals moralisch auf. Die Gewaltspirale aus patriotischer Verpflichtung und wütender Rache, aus Volkserhebungen, Massenmorden und Vergeltungsmaßnahmen erreichte ihren Höhepunkt 1866, als sich in einer Verzweiflungstat, durchdrungen von »filótimo«, dem kretischen Ehrbegriff in seiner reinen und erhabenen Form, 964 Kreter, darunter 325 Männer und 45 Mönche, nach vorheriger Absprache im **Arkádi-Kloster** selbst in die Luft sprengten angesichts der Übermacht von 15 000 osmanischen Soldaten. Jetzt erst sahen sich die europäischen Großmächte zum Handeln gezwungen. Zwischen 1868 und 1878 erhielt Kreta einen autonomen Status, der den Bewohnern eine größere Mitsprache bei der Verwaltung der Insel einräumte. In den 1890er-Jahren war jedoch die kretische Volksvertretung vom Sultan untermininiert worden und zur beratenden Instanz verkümmert. Erneute Aufstände, Petitionen und endlose Spannungen waren die Folge. Als ein Brand im christlichen Viertel von Chaniá 1897 wieder zu revolutionären Umtrieben führte, griffen die Großmächte Großbritannien, Russland, Frankreich und Italien vermittelnd ein und teilten als Schutzmächte Kreta in vier Kontrollzonen auf unter Beibehaltung der osmanischen Oberhoheit. Ein Zwischenfall im August 1898, bei dem 14 britische Soldaten und der britische Vizekonsul von Türken in Iráklion getötet wurden, führte im November zum **endgültigen Abzug der Truppen des Sultans**, der einen Krieg mit den Europäern fürchtete. Unter dem Schutz der vier europäischen Großmächte erhielt Kreta die Unabhängigkeit. Und schließlich erfolgte auf Betreiben des kretischen Politikers Elefterios Venizelos 1913 der Anschluss Kretas an Griechenland.

Prassiés (Πρασσιέσ) Das Bergdorf Prassiés, 11 km südlich von Réthymnon, ist ein schönes Ausflugsziel. Man bummelt durch das Dorf und lässt es sich dann bei einfacher Hausmannskost in der Taverne »Prassies« schmecken.

Méronas (Μέρωνας) Méronas (24 km südöstlich von Prassiés) liegt im Obstbauzentrum der Region. Hier ist die dreischiffige **Panagía-Kirche** sehenswert. Das Äußere besticht durch harmonischen Architekturschmuck: Blendbögen und Pilaster an den Apsiden. Im Kircheninnern sind zahlreiche, teilweise noch nicht freigelegte Fresken von ausgezeichneter künstlerischer Qualität vorhanden. Die schlecht erhaltene Panagia-Ikone vom Ende des 14. Jh.s ist das zweitälteste Tafelbild Kretas.

Thrónos (Θρόνος) In Thrónos (6 km nördlich von Méronas) ist die **Panagía-Kirche** in der Dorfmitte von Interesse. Sie birgt Fresken aus dem 14. und 15. Jh., von denen die im Altarraum etwas älter und die im Kirchenraum jünger sind. Der Mosaikfußboden im Innern, von dem außerhalb des Gotteshauses auch noch Teile zu finden sind, stammt von einer frühchristlichen Basilika. Thrónos nimmt die Stelle der antiken Stadt Sybrita ein, die wohl in dorischer Zeit gegründet wurde. Einige Ruinen dieser Stadt sind oberhalb des Dorfes erhalten.

Vizári (Βιζάρι) Eine der wichtigsten Sehenswürdigkeiten der Gegend, die Ruinen einer **frühchristlichen Bischofsbasilika**, findet man etwa einen Kilometer westlich von Vizári (8 km südöstlich von Thrónos). Die große Kirche (umzäunt) aus dem 7. Jh. weist drei Schiffe mit gleich vielen Apsiden und einen Narthex auf. In der Apsis des südlichen Seitenschiffes steht noch ein längliches Taufbecken.

Apodoulou (Αποδούλου) Gut 1 km vor Apodoulou (13 km südlich von Vizári) liegt links oberhalb der Straße ein **mykenisches Kuppelgrab**. Eine weitere Sehenswürdigkeit von Apodoulou ist die **Ágios-Geórgios-Kirche**, bei der die großen Arkaden auffallen. Die Fresken von volkstümlichem Charakter stammen aus dem 14. Jahrhundert.

Agia Paraskeví (Αγία Παρασκευί) 18 km südlich von Vizári liegt der Ort Agía Paraskeví, wo die **Panagía-Kirche** wegen ihrer hervorragenden Fresken aus dem Jahr 1516 einen Besuch lohnt.

Agía Iríni (Αγία Ειρήνη) Das Kloster Agía Iríni (4 km südlich von Réthymnon) stammt aus dem 11./12. Jh. v. Chr. und gehört damit **zu den ältesten Klöstern Kretas**. Nachdem es mehrmals zerstört worden war, begann man auf Initiative einiger Nonnen in den 1990er-Jahren mit dem Wiederaufbau des Klosters. Diese vorbildlichen Restaurierungen wurden sogar mit dem »Europa Nostra«, einem Preis zum Schutz des architektonischen und Naturerbes, ausgezeichnet. In der Kirche sieht man noch Futtertröge aus der Zeit, als das Gebäude als Viehstall genutzt wurde. Etwas außerhalb des Klosterareals steht die historische Kirche, die ebenfalls restauriert werden soll.

Mýli (Μύλοι)

Rechts der Straße vom 8 km nördlich entfernten Réthymnon her liegt das moderne Mýli, 1,5 km weiter links unten im Tal das alte, inzwischen menschenleere Mýli. Dieses Dorf wurde wegen ständigen Steinschlags aufgegeben. Man geht durch verlassene Gassen an Blumengärten und überwucherten Innenhöfen vorbei. Neben der alten Kirche plätschert vom Herbst bis zum Frühjahr ein Wasserfall.

Chromonastíri (Χρομοναστήρι)

Das 3 km südlich von Mýli gelegene Dorf Chromonastíri weist noch venezianische und türkische Bauten auf. Wer sich für byzantinische Kunst interessiert, kann von hier zu **zwei kleinen alten Kirchen** wandern. Ágios Eftíchios, einen der wichtigsten Sakralbauten Kretas, erreicht man, indem man am nördlichen Dorfeingang den Weg in östliche Richtung geht. Die Kirche stammt aus dem 10. Jh. und verbindet die Basilika- mit der Kreuzkuppelform. In der Apsis sind spärliche Freskenfragmente vorhanden. Das zweite sehenswerte Gotteshaus ist die Kreuzkuppelkirche Panagía Kerá, die in verschiedenen Bauphasen des 11. bis 14. Jh.s entstand. Von der Innenausstattung sind eine bis unter die Kuppel reichende Ikonenwand und gut erhaltene Fresken zu erwähnen; besonders eindrucksvoll ist hierbei die Deesis in der Apsiswölbung.

! *Baedeker* TIPP

Durch das Tal der Mühlen

Eine empfehlenswerte Rundwanderung führt von Xirochorio durch das grüne Mühlental mit einigen Mühlenruinen hinauf nach Chromonastíri. Die 9 km lange bequeme Tour folgt einem Pfad entlang des Mühlbaches bis Chromonastíri und geht in einem Bogen auf einem Fahrweg zurück zum Ausgangsort.

Roústika (Ρούστικα)

Der malerische Gebirgsort Roústika (16 km südwestlich von Réthymnon) mit venezianischer Bausubstanz lädt zu einem Bummel ein. Auch die zweischiffige **Panagía-Kirche** lohnt einen Besuch, denn sie besitzt wertvolle Fresken aus den Jahren 1381/1382 im Nordschiff und eine wundertätige Ikone. Am südlichen Ortsrand findet man das von einem üppigen Garten umgebene **Kloster Profítis Ilías** aus dem 19. Jahrhundert.

Argyroupolis (Αργηρούπολις)

Das 7 km westlich von Roustika in waldiger Umgebung gelegene Argyroupolis befindet sich an der Stelle der **antiken Stadt Lappa**, von der nur noch wenige, nicht ausgegrabene Ruinen vorhanden sind. Nach der Zerstörung durch die Römer 67 v. Chr. wurde Lappa von Oktavian, dem späteren Kaiser Augustus, wieder aufgebaut. Unterhalb des Ortes, an der Straße nach Asigonía, kann man in den Tavernen an einem hübschen Platz mit Wasserfällen unter alten Platanen rasten.

Myriokéfala (Μυριοκέφαλα)

Sehenswert in Myriokéfala (6 km südlich von Argyroupolis) ist die um 1000 gegründete ehemalige Klosterkirche Panagía, ursprünglich eine kleine Kreuzkuppelkirche, die durch Modernisierungsmaßnahmen des 20. Jh.s verschandelt ist. Auffallend an der Kirche sind die verkürzten Kreuzarme und das erhöhte Bema. Die älteren Fresken aus der Entstehungszeit des Gotteshauses, die vor allem in der Kuppel vollständig erhalten sind, zeigen eine frontale Darstellung mit klaren Umrissen. Hervorzuheben sind hier die Evangelisten Matthäus und Markus im südlichen Kreuzarm. Von den jüngeren Fresken (12. Jh.) sollte man besonders die Szenen aus dem Passionszyklus im Gewölbe des westlichen Kreuzarmes beachten.

Arméni (Αρμένοι)

Nördlich von Arméni (9 km südlich von Réthymnon) legten Archäologen direkt neben der Hauptstraße eine große **minoische Nekropole** frei. In viele der 280 Gräber kann man hineinschauen, einige sind begehbar und mit Licht versehen. Es handelt sich um kleine Felskammergräber mit 3 bis 5 m langen Dromoi. Die hier gemachten Funde sind in den Archäologischen Museen Réthymnon und Chaniá ausgestellt, darunter einige bemalte Totenkisten. Öffnungszeiten: Di. – So. 8.30 – 15.00 Uhr

Kourtaliótiko (Κουρταλιώτικο)

Auf der Fahrt zum Préveli-Kloster kommt man nach der Abzweigung von der Hauptstraße Réthymnon – Agía Galíni bei Koxare in Richtung Süden durch die wilde beeindruckende Kourtaliótiko-Schlucht. In der Mitte der Schlucht führt ein Weg in die Tiefe, wo eine Ágios-Nikólaos-Kirche steht und einige Quellen entspringen, die den Fluss Megalou Potamou bilden.

Asómatos (Ασώματος)

Auf der weiteren Fahrt zum Préveli-Kloster kommt man zu dem Ort Asómatos. Hier gibt es das **Museum Papa Michalis Georgoulakis**, in dem ein z. T. recht kurioses Sammelsurium von Objekten aus dem 20. Jh. gezeigt wird. Öffnungszeiten: Mo. – Sa. 10.00 – 15.00 Uhr.

Káto Préveli (Κάτο Πρέβελη)

Kurz darauf folgen die Ruinen des Klosters Káto Moní Préveli, das bis ins 16. Jh. zurückreicht und im 19. Jh. aufgegeben wurde. Es war einst Nebenkloster von Piso Moní Préveli und bewirtschaftete umfangreiche Ländereien.

Agia Fotini

Einen Kilometer weiter steht links in der Kourtaliótiko-Schlucht die **Einraumkapelle** Agía Fotiní mit guten Fresken (1500). Zu erwähnen sind die eindrucksvollen weiblichen Heiligen an der Südwand.

*** Piso Préveli (Πίσω Πρέβελη)**

Nach 3 km ist das **Mönchskloster** Piso Moní Préveli erreicht, das vor allem wegen der grandiosen Landschaft und seiner beeindruckenden Lage sehenswert ist. Die vielleicht schon 1000 Jahre alte Anlage, deren Gebäude aber sehr viel jünger sind, gehörte mit ihren umfangreichen Ländereien zu den wichtigsten Klöstern Mittelkretas. Das Kloster spielte eine Rolle in zahlreichen Aufständen gegen die Türkenherrschaft im 18. und 19. Jahrhundert, und im Zweiten Weltkrieg war es ein **Zentrum des Widerstandes** gegen die deutschen Besatzer. Von hier gelang in dieser Zeit mit Hilfe der Mönche vielen Englän-

Kloster Préveli: Ort des Widerstandes gegen die Türken

dern, Australiern und Neuseeländern die Flucht mit dem U-Boot nach Ägypten. Von dem Friedhof mit zwei Grabkapellen links vor dem Kloster hat man einen guten Gesamtüberblick über die Anlage. Ins Auge fallen die mit spitzen Hauben versehenen Schornsteine des Zellentraktes. Nach dem Klostereingang kommt man zunächst in einen tiefer gelegenen Hof mit einem **Brunnen**, der eine Inschrift vom 15. Juni 1701 trägt – das älteste Datum für die Anlage. Die dem Apostel Johannes geweihte **Klosterkirche** (1836) weist zwei Schiffe mit Apsiden und an der Westseite einen Glockenstuhl auf. Von der Innenausstattung sind die Ikonostase mit vielen alten Ikonen, die geschnitzte Kanzel und ein ebenfalls mit Ikonen versehener Buchständer bemerkenswert. Auf dem Altar im Südschiff sieht man ein prächtig verziertes goldenes Kreuz mit einem Splitter vom Kreuz Christi, dem Heilkraft zugeschrieben wird.
Angeschlossen ist ein ein **kleine Museum**, in dem kostbare Messgewänder, liturgisches Gerät, Bischofskronen, darunter eine reich mit Diamanten und Smaragden geschmückt, und Votivgaben ausgestellt sind. Das wichtigste Dokument des Museums ist die Urkunde von 1798, in der das Kloster direkt dem Patriarchen von Konstantinopel unterstellt wird. Öffnungszeiten: Apr., Mai 8.00 – 19.00; Juni – Okt. Mo. – Sa. 8.00 – 13.30, 15.30 – 19.30 Uhr.

★ Strand von Préveli

Der herrliche Palmenstrand von Préveli erstreckt sich an der Mündung des grün schimmernden Megalou Potamou zwischen Felsen am klaren grün-blauen Meer. Hinter einer Lagune bildet der Fluss einen kleinen See. Der Palmen-Canyon wurde im Sommer 2010 von

Der außergewöhnliche Strand von Préveli an einer Flussmündung

einem verheerenden Brand heimgesucht. Man erreicht den Strand, indem man auf der Straße zum Kloster etwa 1 km zurückkehrt und dann rechts bis zu einem Parkplatz auf einem Hügelplateau weiterfährt. Zu Fuß klettert man anschließend in etwa 20 Minuten über das Plateau in die Schlucht hinunter.

Plakiás (Πλακίας) In schöner Lage in der gleichnamigen Bucht, begrenzt von hohen Bergen, breitet sich der beliebte Badeort Plakiás 13 km nordwestlich vom Préveli-Kloster an der Südküste aus. Die Attraktion des Ortes ist der herrliche 2 km lange Sandstrand, der sogar einige Dünen besitzt. Im **»Windloch des Südens«** kann es allerdings sehr windig werden. Der Ort ist vor allem Urlaubern zu empfehlen, die Sonne, Sand und Meer genießen wollen.

Lambíni (Λαμπίνη) Lambíni (17 km südlich von Arméni) ist wegen einer der Panagia geweihten, recht formschönen **Kreuzkuppelkirche** aus dem 14. Jh. besuchenswert, die allerdings zur Zeit restauriert wird. Die Fassade und die Tambourkuppel sind mit feingliedrigen Blendbögen geschmückt. Am Eingang findet man eine Gedenktafel, die an einen Aufstand gegen die Türken im Jahr 1827 erinnert. Diese steckten die Kirche in Brand, in die die Einheimischen geflüchtet waren.

Spíli (Σπήλι)

Das Bergdorf Spíli (5 km weiter auf der Hauptstraße nach Agía Galíni), Sitz eines Priesterseminars, ist berühmt wegen seiner vielen **Heilquellen**. Hauptsehenswürdigkeit des Ortes ist ein venezianischer Brunnen mit Löwenköpfen als Wasserspeier, dessen Wasser sehr erfrischend ist. Empfehlenswert ist auch ein Bummel durch die engen, blumengeschmückten Gassen.

Agía Galíni (Αγία Γαλίνι)

24 km südöstlich von Spíli liegt malerisch am Golf der Messará das einst idyllische Dorf Agía Galíni (»Heilige Ruhe«), dessen Name heute nun wirklich nicht mehr passt. Es hat sich nämlich zu einem lebhaften **Touristenzentrum** entwickelt, das den Besucher mit entsprechend vielen Hotels, Tavernen und Bars erwartet. Der Ort ist deshalb nur für Gäste zu empfehlen, die Trubel und Kontakt suchen. Der Ortsstrand erstreckt sich östlich des Hafens. Die beiden Badebuchten Ágios Geórgios und Ágios Pávlos westlich des Ortes sind am besten mit Ausflugsbooten zu erreichen.

Georgioúpolis (Γεωργιούπολη)

Der Ortsname Georgioúpolis (23 km westlich von Réthymnon) erinnert an den Hochkommissar Prinz Georg. Der Ort mit seiner großen Platia und schönen Sandstränden hat sich zu einem viel besuchten **Ferienort** entwickelt.

Kournás-See (Λήμνη Κουρνά)

Der bis zu 45 m tiefe Kournás-See, **Kretas größter Binnensee**, liegt hübsch von Bergen umrahmt unweit der Bucht von Georgioupolis. In dem Süßwassersee gibt es harmlose Wasserschlangen und Schildkröten. Man kann hier baden und mit dem Tretboot fahren; für das leibliche Wohl sorgen zudem einige Tavernen.

Kournás-Höhle (Σπηλιά Κουρνάς)

An der Straße vom See nach Kournás kommt man nach zwei Kilometern zu der engen und niedrigen Tropfsteinhöhle Kournás. Sie ist nicht beleuchtet, und die Deckenhöhe ist oft unter einem Meter. Man sollte deshalb die Höhle nur mit einer Führung besichtigen, die in der Taverne gegenüber angeboten wird.

★ Samariá-Schlucht

C 4

Griechisch: Φαραγγι Σαμαριάς **Nomos:** Chaniá

Die Samariá-Schlucht, die längste Schlucht Europas, ist einer der landschaftlichen Höhepunkte Kretas und das Wanderziel zahlloser Touristen. Sie ist 18 km lang, bis 600 m tief und bei den »Eisernen Pforten« (»Síderoportes«) nur 3 bis 4 m breit.

★★ Landschaftsbild

Die Schlucht wurde 1962 zum 4500 ha großen Nationalpark erklärt, um die kretische Wildziege Agrími, die schon auf minoischen Kunstwerken abgebildet war, zu retten. Die Tiere bekommt man mittlerweile wieder öfters zu sehen. Die Schlucht ist zudem die Heimat zahlreicher Pflanzen (Kiefern, Platanen, Kermeseichen, Zedern, Feldahorn sowie Zypressen mit einem Umfang bis zu 7 m) und Tiere (Adler, Falken, Schleiereulen). Darüber hinaus gedeihen hier **endemische Pflanzen**, d. h. solche, die sonst nirgends auf der Welt vorkommen. Zugänglich ist die Schlucht von 7.00 bis 15.00 Uhr; der nächtliche Aufenthalt ist verboten. Nach 15.00 Uhr darf man von beiden Seiten nur noch 2 km in sie hineingehen. Je nach Witterungsverhältnissen wird die Klamm etwa von November bis April wegen Steinschlag- und Hochwassergefahr gesperrt.

Samaria-Schlucht

Die einmalige, jedoch anstrengende **Wanderung** durch die Samariá-Schlucht hinunter zum Libyschen Meer ist etwa 17 km lang und dauert etwa sechs Stunden. Für die Unternehmung sind festes Schuhwerk, Sonnenschutz und Proviant unerlässlich. Busse verbinden Chaniá mit der Ómalos-Hochebene. Am Ende der Wanderung fährt man von Agía Rouméli mit dem Boot nach Chóra Sfakíon, wo die Busse für die Rückfahrt nach Chaniá warten. Auch nach Paleochóra gibt es Schiffsverbindungen. Wer die Anfahrt zur Schlucht mit dem eigenen Fahrzeug unternehmen möchte, stellt dieses am Schluchteingang ab und unternimmt die Wanderung. Entweder er übernachtet nun in Agía Rouméli und wandert den nächsten Tag zurück oder fährt mit dem Schiff nach Sougia und mit dem Taxi zurück zum Schluchteingang.

Die Wanderung beginnt an der **Xylóskala**, der »Holztreppe«, von wo man einen eindrucksvollen Blick hinunter in die Schlucht und auf die umliegenden Berge hat. Kurz vorher führt links ein Pfad aufwärts

Die spektakuläre Samariá-Schlucht →

zur Kalérgi-Hütte (1680 m) des griechischen Bergsteigerklubs EOS, die Übernachtungsmöglichkeiten bietet. Der steile, früher »hölzerne« Serpentinenweg führt im Anblick des 2080 m hohen Gíngilos durch Zypressen und Kiefern abwärts. Dabei sieht man je nach Jahreszeit Weiße Lilien, Weiße Päonien und Alpenveilchen und an den Felswänden endemische Pflanzen. Nach einer Viertelstunde ist ein kleiner Rastplatz über einer steilen Felswand erreicht und eine halbe Stunde später die **Quelle Neroutsiko** (»Wässerchen«; 940 m) unter einer alten Platane. Zwischen immer höher ansteigenden Felsen geht es weiter steil abwärts bis auf den von einem Bach durchflossenen Grund der Schlucht. Der nächste Rastplatz liegt bei der **Quelle Riza Sikias** (»Wurzel der Feige«).
Man kommt an der Alm Ágios Nikólaos (660 m) mit einer Kapelle vorbei, die von mächtigen Zypressen umgeben ist. Der Wanderer erreicht nun das **verlassene Dorf Samariá** (300 m), das von den Einwohnern aufgegeben werden musste, als die Schlucht zum Nationalpark wurde. Hier ist ein schattiger Rastplatz mit Brunnen angelegt. Es geht vorbei an der **Kapelle Ossia Maria** (1379), deren Name, verkürzt zu »Sa Maria«, auf das Dorf und die Schlucht überging. Auf dem weiteren Weg verengt sich die Schlucht immer mehr, bis sie bei den **Sideroportes** (»Eisernen Pforten«) nur noch 3 bis 4 m breit ist – der eindrucksvollste Teil der Wanderung. Die Felswände ragen hier fast 600 m senkrecht auf. Die letzten vier Kilometer legt man dann in einer weiten und kahlen Küstenebene bis Agía Rouméli zurück.

Agía Rouméli (Αγία Ρουμέλι)

In Agía Rouméli am Ausgang der Samariá-Schlucht treffen am Nachmittag die Wanderer ein. Der Ort hat sich ganz auf den Wandertourismus mit Tavernen und Zimmervermietung eingestellt.

Ágios Pávlos (Αγιος Πάυλος)

Empfehlenswert ist von Agía Rouméli der etwa 4 km lange Fußweg, der stets knapp oberhalb des Strandes entlangführt, zur Ágios-Pávlos-Kirche (10./11. Jh.) in eindrucksvoller Lage am Meer. Die ansprechende Kreuzkuppelkirche ist aus Quadern und Bruchsteinen errichtet. Der Legende nach soll der **Apostel Paulus** hier gewesen sein, was jedoch in der biblischen Apostelgeschichte nicht belegt ist.

Sitía

Q 4

Griechisch: Σήτεια
Einwohnerzahl: 8000
Nomos: Lassíthi

Sitía, die östlichste Stadt Kretas, ist ein in der Südwestecke der gleichnamigen Bucht malerisch gelegener Hafenort, dessen überwiegend neuere Bebauung sich breit ausladend einen niedrigen Hang hinaufzieht.

Die Uferstraße, die im Osten am guten Sandstrand beginnt, führt um den Hafen herum. An dessen zentrumsnaher Mole liegen Fischerboote und Jachten und an der äußeren Mole Frachter und Fähren. Schiffsverbindungen bestehen vor allem mit den Inseln Kárpathos und Rhódos sowie zu den Kykladen. Der zentrale Platz von Sitía ist die von Palmen bestandene **Platia Iroon Politechniou** am Hafen, wo man in den Cafés eine Erfrischung zu sich nehmen kann. Im Umkreis befinden sich alle wichtigen Geschäfte und Tavernen.

Östlichsten Außenposten Kretas

Sitía, das schon in minoischer Zeit besiedelt war, hieß in der Antike **Etía**. Es wurde in den Jahren 1303 und 1508 durch Erdbeben und 1538 von dem türkischen Admiral Chaireddin Barbarossa zerstört. Nach der erneuten Zerstörung durch die Türken 1651 verließen die Venezianer die Ortschaft, deren Neubesiedlung erst 1870 durch die Türken stattfand. Deshalb stammen die meisten Häuser in der Altstadt aus der Zeit um die Jahrhundertwende. Sitía ist die Heimat von **Vintzentios Kornaros** (► Berühmte Persönlichkeiten S. 78), der die noch heute in Griechenland bekannte epische Dichtung »Erotokritos« (hg. 1713) schrieb.

SITÍA ERLEBEN

AUFKUNFT

www.sitia.gr

ESSEN

► Erschwinglich

The Balcony
Fountalidou
Restaurant in einer klassizistischen Villa; kreative und traditionelle griechische Küche.

Zorbas
Platia Kosma Zotou
Große Taverne am Hafen, die gutes Essen auf den Tisch bringt, vor allem frische Fische.

ÜBERNACHTEN

► Komfortabel

Sitia Bay
3is Septemvriou 8
Tel. 284 30 248 00, www.sitiabay.com
19 großzügige Apartments direkt, an der Uferstraße Richtung Vai gelegen, mit Pool.

Sitia Beach
Leoforos Karamanli
Tel 284 30 288 21/7, Fax 284 30 288 26
www.sitiabeach.com, 162 Z.
Strandhotel am Stadtrand; Wassersportmöglichkeiten.

► Günstig

Apostolis
N. Katzantzaki 27
Tel. 284 30 281 72, 5 Z.
Sehr gepflegte moderne Zimmer in der 2. Etage eines Stadthauses.

El Greco
Tel./Fax 284 30 231 33
www.elgreco-sitia.gr, 15 Z.
Zentrumsnah und trotzdem ruhig.

Itanos
K. Karamanli 4
Tel. 284 30 229 00
www.itanoshotel.com, 72 Z.
Modernes Hotel in zentraler Lage; Zimmer mit Blick auf den Hafen.

Etwas gemächlicher als in anderen Ferienorten geht es in Sitía zu.

Sehenswertes in Sitía

Kasárma

Die **Festung** Kasárma (»casa di arma« = »Waffenhaus«), das einzige bedeutende Bauwerk von Sitía, stammt in seinem heutigen Erscheinungsbild aus dem Jahr 1631. Erhalten blieb neben den zinnenbekrönten Mauern ein dreigeschossiger Turm. Von der Festung hat man einen schönen Ausblick. Im Sommer finden hier Theater- und Konzertaufführungen statt. Öffnungszeiten: unregelmäßig.

Römische Fischbecken

Unterhalb der Festung Kasárma am Meer liegen knapp unter dem Wasserspiegel Fischbecken in Hufeisenform aus römischer Zeit, in denen Fische aufbewahrt wurden.

★ Archäologisches Museum

Das moderne Archäologische Museum zeigt Funde aus Ostkreta, vor allem aus Káto Zákros, vom Neolithikum bis zur römischen Zeit. Die Exponate sind zwar sehr gut präsentiert, aber mangelhaft beschriftet. Die Vitrinen wurden chronologisch geordnet; die Nummerierung beginnt auf der linken Seite des Raumes und verläuft im Uhrzeigersinn.

Gleich nach dem Eingang ist in der Mitte das herausragende Ausstellungsstück des Museums zu sehen: eine minoische Elfenbeinstatuette aus Palékastro. Das durch Brand beschädigte Kunstwerk beeindruckt durch die außergewöhnliche Feinheit der Ausführung. Die Augen sind aus Bergkristall und das Haar aus Serpentin.

✶ ◄ Elfenbeinstatuette

Ebenfalls aus Palékastro stammt das beachtenswerte **Rhyton in Form eines Stierkopfes**. Von den Funden aus dem Palast von Káto Zákros sei die **Weinpresse** links hinten im Raum hervorgehoben. Spätminoische Sarkophage stehen vor den Fenstern zum Innenhof. Öffnungszeiten: Di. – So. 8.30 – 15.00 Uhr.

Volkskundemuseum

Im Ortszentrum befindet sich ein kleines interessantes Volkskundemuseum. Hier ist eine Sammlung von Hausrat, Trachten, Arbeitsgeräten sowie von alten Stick- und Webarbeiten in original kretisch eingerichteten Räumen untergebracht. Öffnungszeiten: Mo. – Sa. 10.00 – 13.00 Uhr.

Umgebung von Sitía

Ausgrabungen

In Petrás (1 km östlich von Sitía) laufen noch Ausgrabungen einer **minoischen Stadt** mit Palast (noch nicht zur Besichtigung freigegeben). Nochmals gut 1 km weiter auf der Straße nach Vái führt links eine Piste zu der hellenistischen Stadt **Trypitós**. Etwa 3 km weiter befindet sich nördlich von Agía Fotiá, unterhalb der Straße eine **frühminoische Nekropole** mit über 250 Schacht- und Kammergräbern (eingezäunt). Reste eines **minoischen Landhauses** sind noch 3 km südlich von Sitía, an der Straße nach Ierápetra, zu finden.

✶ **Toplou (Τοπλού)**

Auf der Straße nach Vái passiert man eine herbe Landschaft von eigenartigem Reiz und erreicht nach 15 km das festungsartige Kloster Toplou, das mindestens bis auf das 14. Jh zurückgeht. Es ist **eines der meistbesuchten, bedeutendsten und reichsten Klöster Kretas**. In dem Namen steckt das türkische Wort »top« (»Kanone«), was darauf hinweist, dass das Kloster in venezianischer Zeit zur Abwehr von Seeräubern eine Kanone besaß. Die Anlage wurde mehrfach zerstört, so 1612 durch ein schweres Erdbeben. Das Kloster war Stützpunkt des Widerstandes gegen die Türken und Zufluchtsstätte vor den Deutschen im Zweiten Weltkrieg. Heute produziert es ausgezeichnete Bio-Olivenöle und -Wein, die im Laden verkauft werden.

Durch ein schönes Rundbogentor gelangt man zunächst in einen Vorhof und durch das Tor des Glockenturms (1558) in den malerischen Innenhof, der von dreistöckigen Gebäuden mit Galerien umgeben ist, von denen aus die Mönchszellen zugänglich sind. Bei der Architektur ist der venezianische Einfluss unverkennbar. An der Fassade der **Klosterkirche** sind einige interessante Steintafeln zu sehen: ein Relief der Panagia mit dem Kind, zwei Inschriften, die vom Wiederaufbau des Klosters 1612 unter dem Abt Gavriil Pantogalos mit finanzieller Unterstützung Venedigs berichten, sowie eine weitere Inschrift, die einen Vertrag (70 v. Chr.) zwischen Ítanos und Hierapytna (Ierápetra) zum Gegenstand hat. Die Kirche weist zwei Schiffe auf: Das nördliche ältere ist der Gottesmutter und das südliche jüngere dem Evangelisten Johannes geweiht. Im Nordschiff wurden wertvolle Fresken des 14. Jh.s freigelegt. Unter den **Ikonen** ragt vor allem die Darstellung »Groß bist Du, Herr« (1770) von **Ioannis Kornaros** heraus, auf der in Miniaturmalerei zahlreiche biblische Szenen dargestellt sind. Die Hauptthemen sind (v. o. n. u.): Heilige Dreieinigkeit, Taufe Christi, Muttergottes mit Adam und Eva sowie Höllenfahrt Christi.

Im **Museum** wird die Rolle des Klosters bei den Befreiungskämpfen des 19. und 20. Jh.s beleuchtet; zudem sind Stiche und Urkunden zur Kirchengeschichte ausgestellt. Öffnungszeiten: Apr. – Okt. 9.00 bis 18.00 Uhr.

★★ Vái (Βάι)

9 km nordöstlich vom Kloster Toplou erstreckt sich an der gleichnamigen schönen Sandbucht der **einzige Palmenhain Kretas**. Er ist zwar im Sommer überlaufen, lohnt aber der ungewöhnlichen Landschaft wegen einen Besuch. Der Palmenhain wurde wegen zunehmender Verschmutzung unter Naturschutz gestellt und ist eingezäunt. Wohnen und Zelten kann man hier allerdings nicht. Von dem Restaurant etwas oberhalb hat man einen guten Überblick über den

Vái: Kretas berühmter Palmenstrand

Strand und die Felsenküste. Der Überlieferung nach geht die Entstehung des Palmenhains auf die Sarazenen zurück, die hier im Jahr 824 lagerten und nach dem Essen Dattelkerne liegen ließen, aus denen dann die Palmen wuchsen. Es handelt sich hier jedoch tatsächlich um eine endemische Palmenart (Phoenix theophrastii); es ist trotzdem eine nette Geschichte. Zugänglich: tgl. 7.00 – 21.00 Uhr; die Besucherzahl ist limitiert.

Ítanos (Ίτανος)

Die antiken Reste von Ítanos, 3 km weiter nördlich bei Erimoupolis, sind nur dem archäologisch besonders Interessierten zu empfehlen. Bedeutung hatte der Ort in antiker Zeit als **Hafenplatz für den Mittelmeerhandel**. Durch das Bündnis mit Hierapytna (Ierápetra) im 2. Jh. v. Chr. beherrschte Ítanos zusammen mit diesem Ort Ostkreta. Nach dem Erdbeben im Jahr 795 wurde die Stadt wiederaufgebaut und im 15. Jh. wegen Piratenüberfällen endgültig aufgegeben. Auf dem küstennahen Felsen stand einst die **Akropolis**, von wo sich ein schöner Ausblick auf die Küste bietet. Unterhalb sieht man noch Teile eines Stadtviertels. Ebenfalls am Hang der Akropolis sind zudem die Grundmauern einer dreischiffigen, teilweise aus Spolien errichteten **Basilika** (5./6. Jh.) erhalten, in deren Mittelschiff in mittelbyzantinischer Zeit eine kleine kreuzförmige Kirche gebaut wurde.
Nördlich der Stadt stößt man auf eine große **Nekropole** mit einem gut erhaltenen Grab aus hellenistischer Zeit. Drei schöne und wenig besuchte **Strände** mit Palmen laden hier zum Baden ein.

Palékastro (Παλαίκαστρο)

Palékastro, das östlichste Großdorf Kretas, 23 km östlich von Sitía, ist ein beliebter **Urlaubsort für Individualreisende**, der seine Ursprünglichkeit jedoch weitgehend bewahrt hat. An der westlichen Ausfallstraße wurde ein **Volkskundemuseum** eingerichtet. Es ist ein Haus im traditionellen kretischen Stil mit Schlafraum und Küche. Öffnungszeiten: Di. – So. 10.00 – 13.00, 17.00 – 20.00 Uhr.
2 km östlich von Palékastro erstreckt sich der hübsche **Sand-Kies-Strand Chióna**, wo einige Fischtavernen für das leibliche Wohl der Besucher sorgen.

Rousolákkos, Petsofás

In Strandnähe wurden die Grundmauern und Straßenzüge einer **minoischen Stadt** mit Namen Roussolákkos (»Rote Höhle«) freigelegt. Da nicht mehr allzu viel erhalten ist, sind sie nur für den eingefleischten Hobbyarchäologen von Interesse. Roussolákkos, die neben Gourniá bedeutendste minoische Stadt Kretas, erlebte ihre Blütezeit in der mittelminoischen Periode und ging in spätminoischer Zeit unter. In der Antike war es unter dem Namen Heleia bekannt. Ein großer Teil der Anfang des Jahrhunderts durchgeführten Ausgrabungen wurde im Zweiten Weltkrieg zerstört.
Südlich auf dem Petsofás-Hügel liegen die Reste des gleichnamigen **Gipfelheiligtums**; von dort kann man eine großartige Aussicht genießen. Die hier gefundenen Votivgaben sind in den Archäologischen Museen von Sitía, Ágios Nikólaos und Iráklion untergebracht.

★ Káto Zákros (Κάτω Ζάκρος)

Öffnungszeiten:
Mai – Okt.
tgl. 8.00 – 19.30
Nov. – Apr. Di. – So.
8.30 – 15.00

Von Palékastro gelangt man auf einer zunächst nur mäßigen, in ihrem letzten Abschnitt dann jedoch prächtigen Panoramastraße hoch über dem Meer zu den 25 km südöstlich gelegenen Ruinen des bedeutenden minoischen Palastes von Káto Zákros in der gleichnamigen Bucht.

Geschichte

Das Gebiet ist seit frühminoischer Zeit (2700 – 2250 v. Chr.) besiedelt. Der **Palast mit der Hafenstadt** bestand von 1600 bis 1410 v. Chr. und erlebte durch den Handel mit Ägypten und dem Orient seine größte Blüte. Nach der Zerstörung der Stadt durch die Mykener wurde zwar der Ort für mehr als ein Jahrhundert nochmals besiedelt, der Palast aber weder wieder aufgebaut noch geplündert. Die Ausgrabungen, bei denen viele seltene Fundstücke zu Tage kamen, wurden von dem britischen Archäologen David G. Hogarth 1901 begonnen und von Nikolaos Platon ab 1962 fortgesetzt.

Tal der Toten

Um die Ausgrabungsstätte zu erreichen, sollte man den Fußweg durch das Tal der Toten wählen. Dieser Name geht auf die hiesigen Felshöhlen zurück, in denen die Toten in minoischer Zeit bestattet wurden. Für den Weg durch das Tal gibt es zwei Möglichkeiten: zum einen von Zákros aus in mehr als 2 Std. oder von dem Parkplatz aus, der 2 km nach Zákros an der Straße zur Ausgrabungsstätte liegt, in etwa 1 Stunde. An dieser Straße findet man auch kurz nach dem Ortsausgang eine spätminoische Villa.

Palastanlage

Der Besucher betritt das Ausgrabungsgelände von Osten über die Hafenstraße, die Häuser mit Werkstätten und Läden säumen, links beispielsweise eine Metallschmelze. Die Straße führt links zu einer Treppenstraße zum Nordosthof, an dessen Nordecke sich ein Kultbassin befindet. Auf der Westseite dieses Hofes kommt man durch einen engen Korridor in den Mittelhof. Die quadratische Einfassung in der Nordwestecke des Hofes wird als Altar gedeutet. Ein Portikus im Nordosten des Mittelhofes leitet in eine Halle mit sechs Pfeilern, die wohl als Küche und Speisesaal gedient hat. In dem benachbarten kleinen Raum wurden nämlich viele Küchengeräte entdeckt. Daneben führt eine Treppe ins Obergeschoss.

An der Nordseite des Mittelhofes führt ein schmaler Korridor zu einem quadratischen Raum mit Ziegelfußboden, von wo im Norden Vorratskammern sowie südöstlich eine Vorhalle mit einer Säule und die Haupttreppe erreichbar sind. Kehrt man zurück, kommt man im Südwesten in einen von Säulen gesäumten Lichthof. Diesem schließt sich ein **Säulensaal** an, der für königliche Repräsentationszwecke genutzt wurde. An ihn grenzt südlich der so genannte **Bankettsaal**, wo zahlreiche Trinkgefäße gefunden wurden. Der Raum westlich wird als Werkstatt bezeichnet, weil man hier große Mengen verschiedener Steinarten entdeckte.

Das Ausgrabungsgelände des bedeutenden minoischen Palastes Káto Zákros

Ebenfalls westlich folgt die so genannte **Schatzkammer** mit Steinkästen, in denen feinste Keramik, Steingefäße und Einlegearbeiten mit kostbaren Materialien wie Elfenbein und Bergkristall zutage gefördert wurden (im Archäologischen Museum Iráklion). In das benachbarte Kultbassin führen einige Stufen hinunter. Westlich gelangt man in das Heiligtum, in dem religiöse Feiern und Zeremonien stattfanden. Ihm schließt sich das so genannte Archiv an, wo Tontäfelchen mit Linear-A-Inschriften gefunden wurden. Die südwestlich angebaute Werkstatt mit Toilette hat einen separaten Eingang im Süden. In der Südwestecke des Mittelhofes liegt der Südzugang des Palastes mit einem langen Durchgang, der zu dem südlichen Stadtviertel führte. Werkstätten und Lagerräume waren im Südflügel untergebracht.
Im Ostflügel befinden sich ein runder Brunnen, nordöstlich ein quadratisches Becken mit Stufen und anschließend ein großes rundes Wasserbecken, in das Stufen hinabführen, wahrscheinlich eine Zisterne. Von den beiden westlich angrenzenden Räumen bezeichnet man den nördlichen als **»Megaron der Königin«** und den südlichen als **»Megaron des Königs«**. Sie werden zum Hof hin durch eine mit Pfeilern versehene Veranda abgeschlossen. Nördlich an die Palastanlage grenzen die Wohngebiete.

Weitere Ziele in der Umgebung von Sitía

Achládia (Αχλάδια)

Ein Besuch von Achládia (8 km südlich von Sitía) empfiehlt sich wegen der **minoischen Villa** (an der Straße ausgeschildert) und des spätminoischen, vollständig erhaltenen **Kuppelgrabes**, das allerdings schwer zu finden ist; 1 km östlich des Ortes führt südlich leicht aufwärts der Weg zu dem Grab. Ein steiler Dromos leitet in das Grab, an dessen Rückseite sich eine kleine Grabkammer anschließt.

Káto Episkopí (Κάτο Επισκοπή)

Architektonisch bemerkenswert ist die Bischofskirche **Ágii Apóstoli** (11. Jh.) auf dem Friedhof am Ortsende von Káto Episkopí, 3 km südlich von Sitía. Sie hat einen dreijochigen Aufbau mit kurzen Seitenarmen, die innen halbrund und außen dreiseitig sind. Über dem mittleren Joch erhebt sich eine achteckige Tambourkuppel mit Trompen. Die Apsis ist nur innen aus der dicken Ostmauer herausgearbeitet und deshalb von außen nicht sichtbar.

Zoú (Ζού)

Fährt man 2 km weiter südlich, liegen vor dem Ort Zoú rechts oberhalb die wenigen **Reste eines minoischen Herrenhauses** aus der mittelminoischen Periode. Sichtbar ist u. a. noch ein Raum mit einer Sitzbank.

Presós (Πραισός)

Die **Reste der antiken Stadt** Presós (14 km südlich von Sitía) findet man 2 km nördlich des gleichnamigen Dorfes. Besondere Bedeutung hatte die Stadt als Rückzugsgebiet der minoischen Bevölkerung, die ihre Sprache bis in griechische Zeit bewahren konnte.
Der Besucher trifft auf ein tholosförmiges Grab und in den Fels gehauene Kammergräber. Auf zwei der drei Hügel mit Architekturresten breitete sich die von einer Mauer umschlossene Stadt aus. Reste eines Heiligtums wurden auf dem Hügel außerhalb der Stadt, dem so genannten Altarhügel, gefunden. Der höchste Hügel zeigt gut erhaltene Quadermauern und ein hellenistisches Haus mit einem Becken zum Auffangen von Regenwasser und mit einer Olivenpresse.

Chandrás-Hochebene

Von Néa Presós führt eine schmale Straße südlich weiter durch eine interessante Landschaft auf die Chandrás-Hochebene, die mit ihren Weinreben ein Zentrum der Sultaninenproduktion ist. Die bessere Alternative, auf die Hochebene zu kommen, ist die gut ausgebaute Strecke, die von der Hauptstraße südöstlich über Etiá (s. u.) und Arméni führt. Die Dörfer auf der Chandrás haben sich ihre Ursprünglichkeit bewahrt.

Reste der antiken Stadt Présos

Etwa 1 km nordöstlich des Ortes Chandrás erkennt man am Hang die Ruinen des zerstörten mittelalterlichen Dorfes **Voilá**. Erhalten ist ein Wohnturm einer venezianischen, zum Islam übergetretenen Adelsfamilie. Außerdem sind noch eine Ágios-Geórgios-Kirche aus dem 16. Jh., die die Grabstätte der Familie Salamos mit einem bemerkenswerten Fresko birgt, und schöne türkische Brunnen sehenswert.

Zíros (Ζίρος)

In Zíros, 4 km östlich von Chandrás, steht eine **Agía-Paraskeví-Kirche** mit Fresken aus dem Jahr 1523 und einem Ossuarium. Dieses enthält die Gebeine der Einwohner des einst südwestlich gelegenen Ortes Skaliá, der von den Türken im 17. Jh. zerstört wurde.

Etiá (Ετιά)

Beim verlassenen Weiler Etiá, (4 km westlich von Chandrás) sieht man einen dreistöckigen **venezianischen Palazzo** (z. Zt. wird er renoviert). Er wurde im 15. Jh. von der Familie di Mezzo erbaut und während der Revolution von 1897 von den Griechen zerstört. Erhalten sind noch einige Räume des teilweise restaurierten Gebäudes.

Faneroménis (Φανερομένις)

Verlässt man Sitía auf der Straße nach Ágios Nikólaos, zweigt nach etwa 3 km eine Straße zu einer kleinen Bucht ab, in der man am Kiesstrand oder von Felsplatten baden kann. Das **Kloster** Faneroménis steht inmitten eines meist menschenleeren Ortes mit gepflegten Häusern. Der Ort ist nämlich nur zur Zeit der Wein- und Olivenernte bewohnt. Seinen Namen »Die Erschienene« erhielt das Kloster von einer Ikone, die in einer nahe gelegenen Höhle gefunden wurde. Die Kirche geht wohl auf das Jahr 1679 zurück, wie auf einer Tafel vermerkt ist.

Chamézi (Χαμέζι)

In dem noch sehr urwüchsigen **Bergdorf** Chamézi (10 km westlich von Sitía) lohnt das kleine private **Volkskundemuseum** einen Besuch. Es ist ein mit zahlreichen Gebrauchsgegenständen eingerichtetes einräumiges Bauernhaus.
Von der Straße nach Ágios Nikólaos biegt man nach dem Ortsende auf einer Passhöhe unterhalb von zwei Windmühlenstümpfen nach links auf einen Feldweg ab, der nach 700 m auf einer Hügelkuppe endet. Hier stehen die Grundmauern eines **mittelminoischen Gutshofes** mit ungewöhnlichem ovalem Grundriss.

Móchlos (Μόχλος)

Das **Fischerdorf** Móchlos, 30 km westlich von Sitía an der Küste gelegen, hat noch seinen ursprünglichen Charakter bewahrt. Hier erstreckt sich eine wildromantische Küste mit steilen Klippen und nur übers Meer erreichbaren Sandbuchten. Am östlichen Ortsrand kann man einen spätminoischen Steinbruch und am westlichen Ortsrand Reste eines ebenfalls spätminoischen Handwerkerviertels entdecken.
Auf der dem Ort 150 m vorgelagerten **gleichnamigen Insel** wurden zahlreiche Grabkammern freigelegt, in denen Geräte und Grabbeigaben aus frühminoischer Zeit gefunden wurden. Diese Funde sind heute in den Archäologischen Museen von Ágios Nikólaos, Iráklion und Sitía ausgestellt. Außerdem sind römische – darunter Fischbassins – und byzantinische Siedlungsreste vorhanden.

REGISTER

VERZEICHNIS DER KARTEN & GRAFISCHEN DARSTELLUNGEN

BILDNACHWEIS

AKG S. 36, 77, 79, 227, 271
Baedeker Archiv S. 115, 127
Boldt S. 149
20th century S. 73
Ehrenfried-Warmen S. 186
Hackenberg S. 7, (oben), 12 (Mitte), 25, 33, 52, 67, 70, 74, 76, 87, 124, 129 (unten), 131 (rechts), 135 (oben), 139, 141, 157, 180, 183 (unten links), 185, 196, 198, 201, 216, 241, 243, 284, 287, 288
HB Verlag/Modrow S. 3, 4 (unten), 10, 11 (Mitte, unten), 12 (oben), 12 (unten), 14, 46, 62, 94, 97, 105, 117, 121, 126/127, 128 (2x), 133 (oben), 135 (unten), 137 (2x), 138 (links), 147, 149, 155, 159, 167, 169, 170, 176, 178, 183(oben), 193, 203, 205, 215, 221, 222, 225, 230, 235 (unten), 245, 252, 256, 259, 265, 275, 276, 278, 282
Haltner S. 248
Henseler S. 40, 54, 129 (oben), 142, 153, 210, 237
Huber S. 6, 8/9, 11 (oben), 80/81, 91, 140/141, 144
laif S. 92
laif/Hapsis S. 138 (rechts), 161
laif/Harscher S. 26
laif/Modrow S. 119, 235 (oben Mitte und oben rechts), 257
laif/Tophoven S. 162
picture alliance/dpa/dpaweb S. 34
picture alliance/dpa S. 50, 235 (oben links)
Schumann S. 20
Strobel S. 267
Strüber S. 1, 7 (unten), 9, 22, 31, 57, 59, 60, 89, 99, 131 (links), 133 (unten), 183 (unten links) 195, 212, 213, 218, 236, 250, 262

Titelbild: age fotostock/LOOK-foto

atmosfair

Reisen bereichert und verbindet Menschen und Kulturen. Jedoch wer reist erzeugt auch CO_2. Dabei trägt der Flugverkehr mit bis zu 10% zur globalen Erwärmung bei. Wer das Klima schützen will, sollte sich somit nach Möglichkeit für die schonendere Reiseform entscheiden (wie z. B. die Bahn). Wenn keine Alternative zum Fliegen besteht, kann man mit atmosfair handeln und klimafördernde Projekte unterstützen.
atmosfair ist eine gemeinnützige Klimaschutzorganisation unter der Schirmherrschaft von Klaus Töpfer. Die Idee: Flugpassagiere spenden einen kilometerabhängigen Beitrag für die von ihnen verursachten Emissionen und finanzieren damit Projekte in Entwicklungsländern, die dort den Ausstoß von Klimagasen verringern helfen. Dazu berechnet man mit dem Emissionsrechner auf **www.atmosfair.de** wieviel CO_2 der Flug produziert und was es kostet, eine vergleichbare Menge Klimagase einzusparen (z.B. Berlin – London – Berlin 13 Euro). atmosfair garantiert die sorgfältige Verwendung Ihres Beitrags. Auch Karl Baedeker Verlag fliegt mit *atmosfair*. Unterstützen auch Sie unser Klima. Alle Informationen dazu auf www.atmosfair.de.

nachdenken • klimabewusst reisen
atmosfair

IMPRESSUM

Ausstattung:
134 Abbildungen, 26 Karten und grafische Darstellungen, eine große Inselkarte
Text:
Carmen Galenschovski mit Beiträgen von Helmut Linde, Reinhard Strüber und Andrea Wurth
Überarbeitung:
Klaus Bötig
Bearbeitung:
Baedeker Redaktion
(Carmen Galenschovski)
Kartografie:
Franz Huber, München;
MAIRDUMONT GmbH & Co KG/Falk Verlag, Ostfildern (Inselkarte)
3D-Illustrationen:
jangled nerves, Stuttgart
Gestalterisches Konzept:
independent Medien-Design,
München (Kathrin Schemel)

Sprachführer in Zusammenarbeit mit Ernst Klett Sprachen GmbH, Stuttgart,Redaktion PONS Wörterbücher

Chefredaktion:
Rainer Eisenschmid,
Baedeker, Ostfildern

10. Auflage 2011

Urheberschaft:
Karl Baedeker Verlag, Ostfildern
Nutzungsrecht:
MAIRDUMONT GmbH & Co KG; Ostfildern

Printed in China
Gedruckt auf 100% chlorfrei gebleichtem Papier

BAEDEKER VERLAGSPROGRAMM

- Ägypten
- Algarve
- Allgäu
- Amsterdam
- Andalusien
- Argentinien
- Athen
- Australien
- Australien • Osten
- Bali
- Baltikum
- Barcelona
- Bayerischer Wald
- Belgien
- Berlin • Potsdam
- Bodensee
- Brasilien
- Bretagne
- Brüssel
- Budapest
- Bulgarien
- Burgund
- Chicago • Große Seen
- China
- Costa Blanca
- Costa Brava
- Dänemark
- Deutsche Nordseeküste
- Deutschland
- Deutschland • Osten
- Djerba • Südtunesien
- Dominik. Republik
- Dresden
- Dubai • VAE
- Elba
- Elsass • Vogesen
- Finnland
- Florenz
- Florida
- Franken
- Frankfurt am Main
- Frankreich
- Frankreich • Norden
- Fuerteventura
- Gardasee
- Golf von Neapel
- Gomera
- Gran Canaria
- Griechenland
- Griechische Inseln
- Großbritannien
- Hamburg
- Harz
- Hongkong • Macao
- Indien
- Irland
- Island
- Israel
- Istanbul
- Istrien • Kvarner Bucht
- Italien
- Italien • Norden
- Italien • Süden
- Italienische Adria
- Italienische Riviera
- Japan
- Jordanien
- Kalifornien
- Kanada • Osten
- Kanada • Westen
- Kanalinseln
- Kapstadt • Garden Route
- Kenia
- Köln
- Kopenhagen
- Korfu • Ionische Inseln
- Korsika
- Kos
- Kreta
- Kroatische Adriaküste • Dalmatien
- Kuba
- La Palma
- Lanzarote
- Leipzig • Halle
- Lissabon
- Loire
- London
- Madeira
- Madrid
- Malediven
- Mallorca
- Malta • Gozo • Comino
- Marokko
- Mecklenburg-Vorpommern
- Menorca
- Mexiko
- Moskau
- München

- Namibia
- Neuseeland
- New York
- Niederlande
- Norwegen
- Oberbayern
- Oberital. Seen • Lombardei • Mailand
- Österreich
- Paris
- Peking
- Piemont
- Polen
- Polnische Ostseeküste • Danzig • Masuren
- Portugal
- Prag
- Provence • Côte d'Azur
- Rhodos
- Rom
- Rügen • Hiddensee
- Ruhrgebiet
- Rumänien
- Russland (Europäischer Teil)
- Sachsen
- Salzburger Land
- St. Petersburg
- Sardinien
- Schottland
- Schwäbische Alb
- Schwarzwald
- Schweden
- Schweiz
- Sizilien
- Skandinavien
- Slowenien
- Spanien
- Spanien • Norden • Jakobsweg
- Sri Lanka
- Stuttgart
- Südafrika
- Südengland
- Südschweden • Stockholm
- Südtirol
- Sylt
- Teneriffa
- Tessin
- Thailand
- Thüringen
- Toskana
- Tschechien
- Tunesien
- Türkei
- Türkische Mittelmeerküste
- Umbrien
- Ungarn
- USA
- USA • Nordosten
- USA • Nordwesten
- USA • Südwesten
- Usedom
- Venedig
- Vietnam
- Weimar
- Wien
- Zürich
- Zypern

BAEDEKER ENGLISH

- Andalusia
- Austria
- Bali
- Barcelona
- Berlin
- Brazil
- Budapest
- Cape Town • Garden Route
- China
- Cologne
- Dresden
- Dubai
- Egypt
- Florence
- Florida
- France
- Gran Canaria
- Greece
- Iceland
- India
- Ireland
- Italy
- Japan
- London
- Mexico
- Morocco
- New York
- Norway
- Paris
- Portugal
- Prague
- Rome
- South Africa
- Spain
- Thailand
- Tuscany
- Venice
- Vienna
- Vietnam

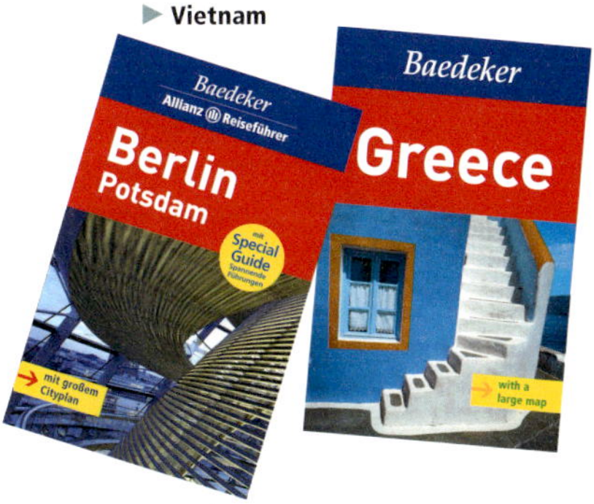

LIEBE LESERINNEN, LIEBE LESER,

ein herzliches Dankeschön, dass Sie sich für einen Baedeker Allianz Reiseführer entschieden haben. Er wird Sie zuverlässig auf Ihrer Reise begleiten und Sie nicht im Stich lassen.
Natürlich beschreibt er die wichtigen Sehenswürdigkeiten, aber er empfiehlt auch die schönsten Strände, dazu Hotels für den großen und kleinen Geldbeutel, gibt Tipps für Restaurants, Shopping und für vieles mehr, was eine Reise zum Erlebnis macht. Dafür hat unser Autor Klaus Bötig Sorge getragen. Er ist für Sie regelmäßig nach Kreta gereist und hat all seine Erfahrungen und Kenntnisse in diesen Reiseführer gepackt.

Trotzdem: Die Erfahrung zeigt, dass Fehler und Änderungen nach Drucklegung, für die der Verlag keine Haftung übernehmen kann, nicht ausgeschlossen werden können. Für Kritik, Berichtigungen und Verbesserungsvorschläge sind wir Ihnen außerordentlich dankbar. Schreiben Sie uns, mailen Sie uns oder rufen Sie an:

► **Verlag Karl Baedeker GmbH**
Redaktion
Postfach 3162
D-73751 Ostfildern
Tel. (0711) 4502-262, Fax -343
E-Mail: info@baedeker.com

Besuchen Sie uns auch im Internet unter www. baedeker.com. Hier finden Sie jeden Monat den aktuellen Reisetipp der Redaktion und das gesamte Verlagsprogramm. Hier können Sie auch lesen, wer Karl Baedeker war und wie er seinen ersten Reiseführer geschrieben hat. Mit seinen über 180 Jahren ist der Karl Baedeker Verlag der älteste Reiseführer-Verlag der Welt.

www.baedeker.com

ZU GEWINNEN: STADTREISE NACH LONDON

Unter allen Einsendungen verlost der Verlag am Jahresende – unter Ausschluss des Rechtswegs – eine Städtekurzreise für zwei Personen nach London.
Freuen Sie sich auf ein spannendes Wochenende in London. Natürlich ist ein Baedeker Allianz Reiseführer London auch dabei!